2025학년도 대학수학능력시험 대비 파이널 언매 모의고사 1-10회

국어 영역

성명		수험 번호					–			

○ 문제지의 해당란에 성명과 수험 번호를 정확히 쓰시오.

○ 답안지의 필적 확인란에 다음의 문구를 정자로 기재하시오.

내 장점이 뭔지 알아? 바로 전형태인 거야

○ 답안지의 해당란에 성명과 수험 번호를 쓰고, 또 수험 번호와 답을 정확히 표시하시오.

○ 문항에 따라 배점이 다릅니다. 3점 문항에만 점수가 표시되어 있습니다. 점수 표시가 없는 문항은 모두 2점입니다.

※ 시험이 시작되기 전까지 표지를 넘기지 마시오.

전형태 모의고사

[35~36] 다음 글을 읽고 물음에 답하시오.

일상적인 언어생활에서 '아니하다'를 '않다'로, '고등학교 졸업'을 '고졸'로 쓰는 등 말을 줄여 쓰는 경우를 볼 수 있다. 언중은 같은 의미를 더 간략히 표현하는 언어의 경제성을 지향하는데, '준말' 역시 그 예로 볼 수 있다.

준말은 단어나 구의 일부분이 줄어듦에 따라 음절 수가 줄어든 말이다. 이때 준말에 상대되는, 즉 줄어들지 않은 말을 본말이라고 한다. 준말은 형성 방식에 따라 크게 둘로 나뉜다. 첫째는 단어나 구를 이루는 말소리가 줄어 이루어지는 준말이다. 이 경우에는 음절의 핵을 이루는 모음이 줄어 준말이 되는데, 이는 다시 모음의 교체를 동반하는 유형, ㉠ 모음의 탈락을 동반하는 유형, ㉡ 모음의 축약을 동반하는 유형, ㉢ 음절 자체가 탈락하는 유형으로 나눌 수 있다. 둘째는 일상에서 준말로 여겨지는 '두자어'이다. 두자어란 여러 단어의 첫머리를 따서 만들어진 단어이다. 가령, '노동'과 '조합'의 합성어인 '노동조합'은 각 어근의 첫머리를 따 '노조'로 줄일 수 있다.

준말은 본말이 줄어든 형태이기에 본말의 의미를 대신 나타낼 뿐이다. 그렇기에 준말의 형성은 새로운 대상이나 개념을 나타내는 단어의 형성법으로 보기는 어렵다. 그러나 실제 언어생활 중에는 준말로 본말을 대체하기 어려운 경우가 있는데, 이는 준말의 독자적 위치를 암시한다. 이러한 경우는 크게 셋으로 나뉜다. 첫째는 준말의 의미가 본말과 달라진 경우이다. '사이'의 준말인 '새'는 제한된 문맥에서만 '사이'를 대체하는데, 가령 '잠시 한눈판 사이'에서는 '사이'를 대체하는 반면, '지구와 달 사이'와 같은 문맥에서는 대체하지 못한다. 이는 '사이'와 '새'의 의미에 차이가 있음을 보여 준다. 둘째는 다른 형태소와의 결합 제한이 발생하는 경우이다. '갖다'는 '가지다'의 준말이지만, '-면, -니, -려'와 같은 어미 앞에서는 '가지다' 대신 쓰일 수가 없다. 셋째는 관용어구에서 대체될 수 없는 경우이다. 가령, '내일'의 준말 '낼'은 '밝은 내일이 기다린다'와 같은 관용어구에서는 '내일'을 대체할 수가 없다. 이처럼 본말에 대한 준말의 대체 불가능성은, 준말이 본말로부터 도출된 후 독자적으로 의미의 변화를 겪고 있음을 보여 준다.

35. 윗글의 ㉠~㉢에 해당하는 예를 <보기>에서 고른 것으로 적절한 것은?

< 보기 >
가마(<가마니)	갈았다(<가라았다)
갖가지(<가지가지)	막대(<막대기)
뵈다(<보이다)	쌔다(<싸이다)

	㉠	㉡	㉢
①	가마, 갈았다	갖가지, 뵈다	막대, 쌔다
②	갈았다, 갖가지	뵈다, 쌔다	가마, 막대
③	갖가지, 뵈다	가마, 쌔다	갈았다, 막대
④	뵈다, 쌔다	가마, 갈았다	갖가지, 막대
⑤	막대, 쌔다	가마, 뵈다	갈았다, 갖가지

36. 윗글을 바탕으로 <보기>의 ⓐ~ⓔ를 이해한 내용으로 적절하지 않은 것은?

< 보기 >
ⓐ 학교 끝나고 (우리/*울) 공원에 놀러 가자.
ⓑ 너 어제 올라온 (인터넷 강의/인강) 다 들었니?
ⓒ 홀로 객지 생활을 하면 (*조금/좀) 힘들겠습니까?
ⓓ 무슨 일이든지 뿌린 대로 (거두는/*걷는) 법이다.
ⓔ 무심코 (건드려/*건들어) 버리자 아기가 깨 버렸다.

(*은 비문법적인 표현임.)

① ⓐ : 체언 '우리'가 '울'로 줄어들면서 관형격 조사와의 결합 제약이 발생하였다.
② ⓑ : '인강'은 '인터넷 강의'와 다른 새로운 대상을 가리키는 것은 아니기에 준말로 볼 수 있다.
③ ⓒ : 준말 '좀'은 본말 '조금'에서 도출된 뒤 독자적인 의미를 획득하였다.
④ ⓓ : '거두는' 대신 준말 '걷는'이 쓰일 수 없는 것은 준말이 관용어구에서 쓰이기가 어색하기 때문이다.
⑤ ⓔ : '건드리다'의 준말 '건들다'는 활용할 때 결합할 수 있는 어미가 제한된다.

37. <보기 1>의 ㉠~㉤에 따라 <보기 2>의 ⓐ~ⓔ를 분류한 결과로 적절한 것은? [3점]

< 보기 1 >
합성어의 분류 기준에는 크게 '어근의 배열 방식'과 '어근 간의 의미 관계'가 있다. 먼저 합성어를 어근의 배열 방식에 따라 분류할 경우, '새해', '알아보다'와 같이 국어의 정상적 단어 배열에 따르는 ㉠ 통사적 합성어와, '덮밥, 검붉다'와 같이 정상적 단어 배열에서 어긋나는 ㉡ 비통사적 합성어로 나뉜다. 다음으로 합성어를 어근의 의미 관계에 따라 분류할 경우, '앞뒤', '오가다'와 같이 어근끼리 대등한 의미 관계로 결합하는 ㉢ 대등 합성어, '돌다리', '솟아오르다'와 같이 앞 어근이 뒤 어근을 수식하는 ㉣ 종속 합성어, '집안[가문]', '강산[국토]'와 같이 두 어근이 결합하여 전혀 다른 의미를 이루는 ㉤ 융합 합성어로 나뉜다.

< 보기 2 >
- 그 작품에는 작가의 ⓐ 피땀이 어리어 있다.
- 선생님께서는 평소 앓던 지병으로 ⓑ 돌아가셨다.
- 살랑살랑 부는 ⓒ 산들바람에 꽃잎들이 흩날린다.
- 그녀는 마치 ⓓ 굶주린 것처럼 밥을 먹어 치웠다.
- 수십 년이 지나도 ⓔ 첫사랑은 잊기 어려운 법이다.

① ㉠ : ⓑ, ⓒ　　② ㉡ : ⓓ, ⓔ　　③ ㉢ : ⓑ, ⓓ
④ ㉣ : ⓒ, ⓔ　　⑤ ㉤ : ⓐ, ⓓ

38. <자료>를 바탕으로 <보기>의 ⓐ~ⓔ 중 높임의 의미를 나타내는 문법 형태소가 쓰인 것만을 고른 것은?

───────── < 보기 > ─────────

ⓐ 孔子ㅣ 나 돈니시다가[공자가 나가 다니시다가]

ⓑ 긔 아니 어리니잇가[그것이 아니 어리석겠습니까?]

ⓒ 사람돌하 내 이제 즐겁과나[사람들이여, 나는 이제 즐겁도다]

ⓓ 王薦이 바미 하늘긔 비合더[왕천이 밤에 하늘께 빌되]

ⓔ 열 힛 이를 議論ᄒ리로소니[열 해의 일을 의논할 것이니]

───────── < 자료 > ─────────

중세 국어에서는 현대 국어와 다른 형태의 문법 형태소가 쓰였다. 이때 문법 형태소는 높임의 의미를 나타내거나 다른 기능을 수행하였다.

- 조사: 관형격(ㅅ), 부사격(의), 호격(하)
- 어미: 주체 높임(-시-, -샤-),
  객체 높임(-습/줍/습-, -승/줍/슬-),
  상대 높임(-이-, -잇-)

① ⓐ, ⓑ, ⓒ ② ⓐ, ⓑ, ⓓ ③ ⓐ, ⓒ, ⓔ
④ ⓑ, ⓒ, ⓓ ⑤ ⓑ, ⓒ, ⓔ

39. <보기>의 ㉮, ㉯에 들어갈 수 있는 단어로 적절한 것은?

───────── < 보기 > ─────────

선생님: 일상의 언어생활에서 여러 음운 변동이 복합적으로 일어나는 사례를 찾기란 어렵지 않습니다. 이번 시간에는 ⓐ 첨가, ⓑ 탈락, ⓒ 교체의 적용 여부를 기준으로 다음 단어들을 분류해 보도록 하겠습니다.

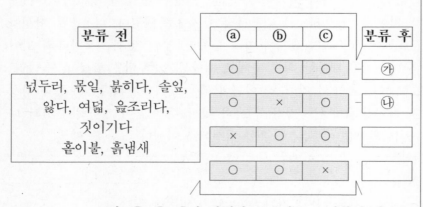

분류 전	ⓐ	ⓑ	ⓒ	분류 후
넋두리, 몫일, 붉히다, 솔잎, 앓다, 여덟, 읊조리다, 짓이기다 홑이불, 흙냄새	○	○	○	㉮
	○	×	○	㉯
	×	○	○	
	○	○	×	

(단, ⓐ, ⓑ, ⓒ가 발생하는 순서는 고려하지 않음.)

	㉮	㉯
①	여덟	읊조리다
②	앓다	솔잎
③	몫일	짓이기다
④	홑이불	흙냄새
⑤	넋두리	붉히다

[40~43] (가)는 텔레비전 방송 프로그램이고, (나)는 동아리 누리집이다. 물음에 답하시오.

(가)

진행자: 시청자 여러분, 안녕하세요? '헷갈리는 우리말 배우기' 다섯 번째 시간입니다. ㉠ 이번 시간에는 ◇◇대학에서 국어 국문학을 가르치고 계신 박○○ 교수님을 모시고 '복수 표준어'에 관해 이야기를 나눠 보도록 하겠습니다.

전문가: 안녕하세요?

진행자: 시청자 게시판에 복수 표준어에 대한 질문이 많았는데요, 교수님께서 설명해 주실 수 있나요?

전문가: 복수 표준어는 같은 의미를 나타내는 둘 이상의 형태 모두를 표준어로 삼은 것을 의미합니다. ㉡ 우리나라에서는 2011년 이후 확대되어 지금은 매년 복수 표준어가 추가되고 있습니다.

진행자: 요즘 학생들은 어떻게 생각하는지 정△△ 리포터가 □□고등학교에 나가 물어봤습니다. 함께 보시죠.

> 인터뷰
> 표준어는 시대를 반영할 수 있어야 합니다. 사람들이 자주 사용하는 새로운 단어들은 추가되어야 한다고 봅니다.
> 정말 표준어가 되어야 할 단어라면 기존 단어를 표준어에서 폐기하고 새로 단어를 등재하거나 하는 게 (좋을 것 같습니다.)

학생 1: ㉢ 표준어는 시대를 반영할 수 있어야 한다고 생각하거든요. 사람들이 자주 사용하는 새로운 단어들은 표준어 목록에 추가되는 게 옳다고 봅니다.

학생 2: 표준어가 지니는 위상이 있는데, 단지 많은 사람이 사용한다는 이유만으로 표준어로 삼는 건 좀 아니지 않나요? 정말 표준어가 되어야 할 단어라면 기존 단어를 표준어에서 폐기하고 새로 단어를 등재하거나 하는 게….

진행자: 학생들 사이에서도 의견이 나뉘는데요, 교수님께서는 어떻게 생각하시는지 궁금합니다.

전문가: 저는 언어도 사람과 마찬가지로 나이를 먹는다고 생각합니다. 사람이 살아가면서 처하는 상황이 달라짐에 따라 삶의 방식이 변하기도 하지 않습니까? 저는 유연한 태도로 언어의 변화를 지켜보자는 입장입니다.

진행자: 그런데 아까 마지막 학생이 얘기한 것처럼 많은 사람이 사용한다는 이유만으로 표준어가 된다는 점은 표준어의 의미를 가볍게 만들기도 하는 것 같아요.

전문가: 네, 그럴 수 있습니다. 그러나 복수 표준어를 선정할 때는 국어규범정비위원회나 국어심의회 등 다양한 위원회가 참여합니다. 실제로 2011년 이후 지금까지 복수 표준어로 추가 등재된 단어는 80여 개에 불과합니다.

진행자: 네. 복수 표준어를 결정하는 과정에서 여러 전문가가 참여해 이를 충분히 검토하고 있다는 말씀이군요. 그리고 시청자 게시판을 통해 특정 단어가 널리 사용된다는 점은 어떻게 확인하는지 묻는 분들이 많았어요.

전문가: ㉣ 국립국어원 누리집의 민원 게시판 혹은 국어생활종합상담실의 전화 민원 자료에 많이 건의된 단어 중 몇 가지를 선정하여 심의를 진행합니다.

진행자 : 아, 우리가 복수 표준어의 선정 과정에 참여할 방법이 있는 거군요. 몰랐던 사실이네요.

전문가 : 네. ⓜ 시청자분들께서도 표준어로 등재하고 싶은 단어가 있으시다면, 게시판에 글을 작성해 주세요.

진행자 : (웃으며) 저도 한번 남겨야겠는데요? 오늘 좋은 말씀 감사합니다. 시청해 주신 여러분, 감사합니다.

(나)

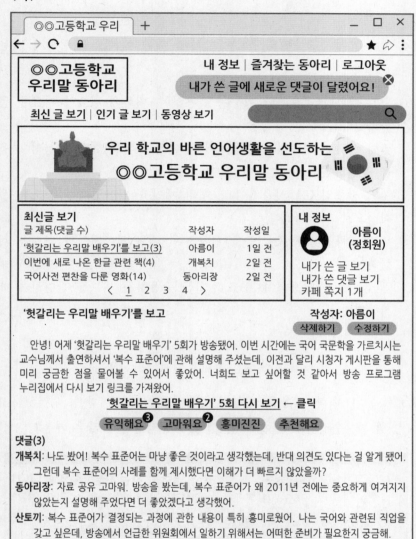

40. (가)에 나타난 정보 전달 방식으로 가장 적절한 것은?

① '진행자'는 방송의 첫머리에 방송의 취지를 밝히며 방송이 진행될 순서를 안내하였다.

② '진행자'는 시청자의 이해를 돕기 위해 '전문가'의 발언 내용을 정리하여 전달하였다.

③ '진행자'는 복수 표준어의 선정 과정에 참여할 것을 권유하며 이에 대한 시청자의 관심을 유도하였다.

④ '전문가'는 시청자가 일상적으로 겪는 상황에 비유하여 주요 용어의 개념을 정의하였다.

⑤ '전문가'는 추가 정보를 원하는 시청자를 위해 국립국어원 누리집에 접속하는 방법을 안내하였다.

41. (나)에 대한 설명으로 적절하지 <u>않은</u> 것은?

① 사용자가 작성한 글에 댓글이 추가되었음을 알리는 기능이 제공되고 있다.

② 게시물의 수용자가 다른 누리집으로 바로 이동할 수 있는 하이퍼링크 기능이 제공되고 있다.

③ 누리집을 운영하는 단체의 성격이 잘 드러나는 그림과 문자가 제공되고 있다.

④ 누리집의 게시물을 특정 기준으로 정렬하는 기능이 제공되고 있다.

⑤ 누리집의 이용자가 댓글에 공감을 표시할 수 있는 기능이 제공되고 있다.

42. (가)에 대해 (나)의 학생들이 보인 수용 태도에 대한 설명으로 적절하지 <u>않은</u> 것은?

① '아름이'는 정보 전달자의 직업에 주목하여, 방송에서 다룬 내용이 신뢰할 만하다고 판단하였다.

② '아름이'는 정보의 구성에 수용자의 의견이 포함된 점에 주목하여, 방송을 긍정적으로 평가하였다.

③ '개복치'는 복수 표준어에 대한 다양한 관점에 주목하여, 이에 대한 자신의 생각을 점검하였다.

④ '동아리장'은 복수 표준어가 2011년 이후에 확대된 사실에 주목하여, 그와 관련한 내용의 충분성을 부정적으로 판단하였다.

⑤ '산토끼'는 복수 표준어를 선정하는 과정에 주목하고, 이를 자신의 진로와 연결하여 수용한 내용을 제시하였다.

43. ㉠~㉤에 대한 설명으로 적절하지 <u>않은</u> 것은?

① ㉠: 특수 어휘 '모시다'를 사용하여, 스튜디오에 초대한 전문가를 존중하는 태도를 보이고 있다.

② ㉡: '-고 있-'을 사용하여, 복수 표준어가 매년 늘어나는 상황임을 드러내고 있다.

③ ㉢: '-어야 하다'를 사용하여, 자신의 생각에 대한 이유를 밝히고 있다.

④ ㉣: 부사 '혹은'을 사용하여, 복수 표준어가 발표되는 경로가 다양하다는 사실을 부각하고 있다.

⑤ ㉤: 연결 어미 '-면'을 사용하여, 시청자가 게시판에 글을 작성하기 위해 선행되어야 할 조건을 제시하고 있다.

[44~45] (가)는 '학교생활 안내 앱'을 최초 실행할 때의 화면이고, (나)는 학생회 누리 소통망 대화이다. 물음에 답하시오.

(가)

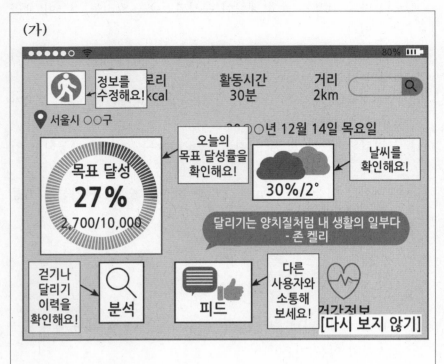

(나)

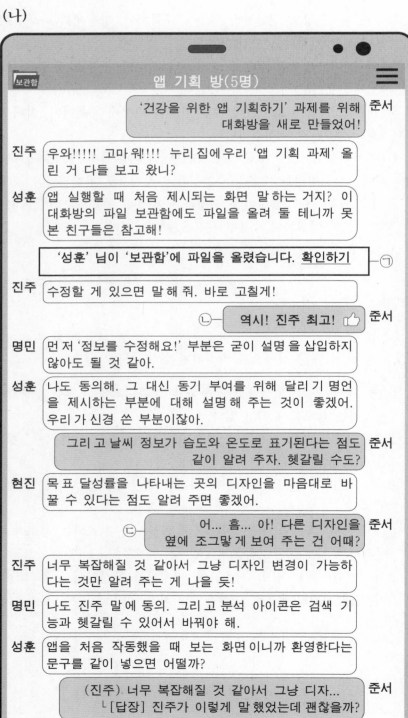

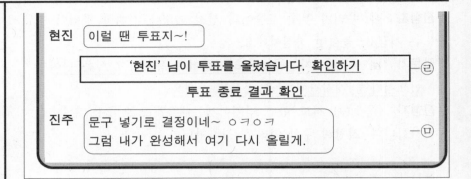

44. ㉠~㉤에 드러난 의사소통 방식에 대한 이해로 적절하지 <u>않은</u> 것은?

① ㉠: 대화방의 보관함 기능을 활용하여, 대화에 필요한 자료를 공유하였다.
② ㉡: 시각적 이미지를 활용하여, 상대방의 말에 대한 긍정적 반응을 표현하였다.
③ ㉢: 말줄임표를 사용하여, 상대의 제안을 거절하려는 의도를 우회적으로 드러내었다.
④ ㉣: 대화방의 투표 기능을 활용하여, 대화 참여자들의 의견을 취합하였다.
⑤ ㉤: 자음을 활용하여, 투표 결과를 수용하는 태도를 간단하게 제시하였다.

45. (나)의 대화 내용을 반영하여 (가)를 아래와 같이 수정했다고 할 때, 수정한 화면에 대한 설명으로 적절하지 <u>않은</u> 것은? [3점]

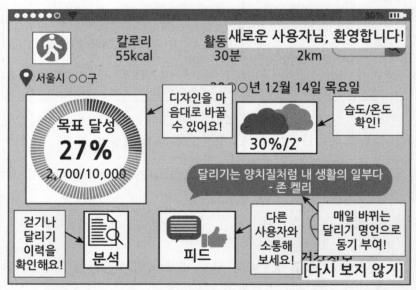

① '성훈'의 말을 반영하여, 동기 부여라는 목적을 드러내기 위해 달리기 명언이 제시된 부분에 대한 도움말을 새롭게 추가하였다.
② '준서'의 말을 반영하여, 날씨가 제시된 부분에 대한 도움말을 해당 정보의 정확한 의미가 드러나도록 수정하였다.
③ '현진'의 말을 반영하여, 목표 달성률이 제시된 부분에서 사용자가 선택할 수 있는 디자인 항목을 보여 주었다.
④ '명민'의 말을 반영하여, 분석 부분에 대한 아이콘을 다른 기능과 혼동될 가능성이 낮은 새로운 이미지로 교체하였다.
⑤ '성훈'의 말을 반영하여, 앱을 처음 구동하는 사용자를 위한 환영의 문구를 오른쪽 상단에 새롭게 추가하였다.

〔35~36〕 다음 글을 읽고 물음에 답하시오.

부정문은 부정소를 통해 명제의 내용을 부정하는 문장을 말한다. 이때 부정소란 문장의 내용을 부정하는 의미를 담은 요소로, 부정 부사 '아니(안)'와 '못', 부정 서술어 '아니하다(않다)', '못하다', '말다'가 있다.

  (1) 사람들의 취향이 너무 몰개성적이다.
  (2) 내 수중에는 돈이 한 푼도 없다.
  (3) 제가 감히 그런 일을 할 수 있겠습니까?
  (4) 철수는 악기를 못 다루지는 않는다.
  (5) 그는 결코 그 시간에 학교에 없었다.

부정소는 부정문을 결정하는 형태적 기준이기에, 부정의 의미를 나타냄에도 부정소가 없는 문장은 부정문으로 보지 않는다. (1)은 접두사 '몰–'로, (2)는 서술어 '없다'로 부정의 의미를 나타내지만 부정소가 쓰이지 않았으므로 부정문으로 보지 않는다. (3)은 수사 의문문으로, 그런 일을 할 수 없다는 부정의 의미를 나타내지만, 부정소가 쓰이지 않았기에 부정문으로 보기 어렵다. (4)는 부정소 '못'과 '않다'가 이중으로 쓰여 긍정의 의미를 나타내지만, 부정소의 유무를 기준으로 할 때 부정문으로 볼 수 있다.

특정 문장이 부정문인지를 확인하기 위해서는 '부정극어'의 활용 여부를 살펴볼 수도 있다. 부정극어란 부정의 자질을 가져 긍정문과는 어울리지 않고 주로 부정문과 결합하는 단어로 '결코', '절대로', '조금도', '도무지' 등이 있다. 따라서 부정극어가 활용된 문장은 일반적으로 부정문으로 볼 수 있다. 다만 (5)처럼 부정극어는 부정의 의미를 나타내는 서술어인 '없다', '모르다', '아니다'와도 어울릴 수 있는데, 이는 부정극어의 활용 조건에 형태적 기준뿐만 아니라 의미적 기준도 개입함을 보여 준다.

한편, 부정문에는 형태적 제약과 더불어 의미상의 제약이 존재한다. 부정문의 형태는 부정 부사로 실현되는 짧은 부정문과 부정 서술어로 실현되는 긴 부정문으로 나뉘는데, 서술어에 따라 그 형태가 제한되기도 한다. 또한, 부정문은 의미에 따라 사실을 부정하는 단순 부정과 주체의 의도를 부정하는 의도 부정, 그리고 주체의 능력을 부정하는 능력 부정으로 나뉘는데, 결합하는 표현에 따라 특정 부정문의 활용이 제한되기도 한다.

35. 윗글을 통해 추론한 내용으로 적절하지 <u>않은</u> 것은?

① '너무 조급하게 생각하지 말아라.'에서는 부정 서술어를 활용하여 부정문을 이루고 있다.

② '네 생각을 도무지 모르겠다.'는 부정소가 쓰이지 않았음에도 서술어를 통해 부정의 의미를 드러내고 있다.

③ '지금 출발하면 제때 못 도착하지는 않겠다.'에서는 부정소가 쓰였음에도 문장의 기본 명제가 부정되지 않는다.

④ '두 다리만 있다면 어디든 못 가겠는가?'는 부정의 의미가 수사 의문문만으로 실현되고 있기에 부정문으로 보기 어렵다.

⑤ '그의 출마 여부는 불확실하다.'에 쓰인 '불–'은 단어 '확실하다'의 의미를 부정할 뿐이라는 점에서 부정소로 보기 어렵다.

36. 윗글을 바탕으로 <보기>의 ㉠~㉤을 이해한 내용으로 적절한 것은?

< 보기 >
㉠ 이번 여름 방학에는 설악산에 오르려고 한다.
㉡ 나는 홀로 사우나에 들어가 삼십 분을 견뎠다.
㉢ 내가 너를 만나러 여기에 온 사실을 아무도 모른다.
㉣ 곳간에 저장한 쌀은 겨울을 나기에 넉넉하지 않았다.
㉤ 그녀는 친구들의 눈치를 살펴 교실에 들어가지 않았다.

① ㉠은 '–려고'와 같이 주체의 능력을 나타내는 표현이 쓰였으므로 의도 부정문으로 나타낼 수 없다.

② ㉡은 서술어 '견뎠다'가 '나'의 능력을 전제로 성립하는 행위이므로 능력 부정문으로 나타낼 수 있다.

③ ㉢은 부정문과 호응하는 부정극어 '아무도'가 쓰였으므로 부정문으로 볼 수 있다.

④ ㉣은 능력과 무관하게 주체의 상태를 나타내는 형용사가 쓰였으므로 능력 부정문으로 바꿀 수 없다.

⑤ ㉤은 서술어 '들어가다'가 긴 부정문만을 허용하므로 짧은 부정문으로 나타낼 수 없다.

37. <보기>의 ㉠~㉆에 대한 설명으로 적절한 것은? [3점]

< 보기 >
남편: 여보, ㉠누가 당신에게 소포를 보냈는데?
아내: 그래요? 지금 설거지 중이라서 그런데, (남편과 아들을 번갈아 보며) ㉡아무나 소포 좀 뜯어 볼래요?
아들: 엄마, 저는 곧 친구들과 화상 회의를 해야 해요.
남편: 아빠가 뜯을게. (소포를 뜯어 발신자를 확인하고) 아, 고등학교 은사님이 ㉢당신 옛날 사진을 보내셨네.
아내: (사진을 보고) 어머, 내가 이렇게 어렸을 때도 있었네요. 선생님께서는 그때도 ㉣당신께서 담임을 맡으신 학생 중 ㉤우리 여자애들을 참 예뻐하셨어요.
남편: (익살스러운 표정으로) 선생님, 사고뭉치였던 ㉥저희 남학생들은 차마 드릴 말씀이 없습니다.
아내: 실없기는. 참, ㉦우리 나중에 같이 선생님 찾아봬요.
남편: 그래 그러자고.

① ㉠은 정해지지 않은 대상을, ㉡은 알 수 없는 대상을 가리킨다.

② ㉢은 ㉣과 달리 3인칭 대상을 가리키는 표현이다.

③ ㉡과 ㉦은 모두 지시 대상으로 '남편'을 포함한다.

④ ㉤과 ㉥은 모두 1인칭을 나타내지만, ㉤과 달리 ㉥은 지시 대상을 높이고 있다.

⑤ ㉤과 ㉦은 모두 지시 대상으로 청자를 포함하는 표현이다.

38. <보기>의 ㉠~㉣에 대한 설명으로 적절하지 <u>않은</u> 것은?

―――――――― < 보기 > ――――――――

㉠ 곁 + 눈→[견눈]

㉡ 볼 + 일→[볼릴]

㉢ 읊 + 지→[읍찌]

㉣ 겉핥 + 고→[거탈꼬]

① ㉠: '속 + 눈썹→[송눈썹]'에서처럼 뒤 음운에 의해 앞 음운의 조음 위치가 바뀐 음운 변동이 있다.

② ㉠, ㉣: '꺾 + 쇠→[꺽쐬]'에서처럼 종성에서 발음될 수 있는 자음의 종류가 한정되어 일어나는 음운 변동이 있다.

③ ㉡: '관절 + 염→[관절렴]'에서처럼 새로운 음운이 첨가되는 음운 변동이 있다.

④ ㉢, ㉣: '잇 + 던→ [읻떤]'에서처럼 앞 음절의 종성에 따라 뒤 음절의 초성이 된소리로 교체되는 음운 변동이 있다.

⑤ ㉣: '몫 + -하고→[모카고]'에서처럼 자음이 축약되는 음운 변동이 있다.

39. <자료>를 바탕으로 <보기>의 ⓐ~ⓔ 중 문장 구성상 생략하기 어려운 안긴문장을 포함한 것만을 고른 것은?

―――――――― < 보기 > ――――――――

ⓐ 親친히 듣ᄌᆞ오매 다ᄅᆞ디 아니ᄒᆞ니[직접 들음과 다르지 아니하니]

ⓑ 차반 ᄆᆡᆼ글 쏘리 워즈런ᄒᆞ거늘[음식 만드는 소리가 소란하거늘]

ⓒ 브리 새ᄃᆞ록 스므챗도다[불이 (날이) 새도록 꿰뚫어 있도다]

ⓓ 이 ᄯᅡ해 橫死횡ᄉᆞᆼ홇 주리 업스며[이 땅에 횡사할 것이 없으며]

ⓔ 됴ᄒᆞᆫ 法법 닷고ᄆᆞᆯ 몯ᄒᆞ야[좋은 법 닦음을 못하여]

―――――――― < 자료 > ――――――――

<중세 국어의 전성 어미>

• 명사형 전성 어미 : -옴/움, -기
• 관형사형 전성 어미 : -ㄴ, -ㅭ
• 부사형 전성 어미 : -게, -ᄃᆞ록, -ᄃᆞᆺ

① ⓐ, ⓑ, ⓒ   ② ⓐ, ⓒ, ⓔ   ③ ⓐ, ⓓ, ⓔ

④ ⓑ, ⓓ, ⓔ   ⑤ ⓒ, ⓓ, ⓔ

[40~43] (가)는 학생회 소식을 알리는 실시간 방송이고, (나)는 이를 본 학생이 누리 소통망에 올린 게시물이다. 물음에 답하시오.

(가)

진행자 : ○○고등학교의 소식을 전하는 '○○고 뉴스'입니다. 오늘은 학생회장 □□군과 함께, 개교기념일 행사에 관한 이야기를 나눠 보겠습니다. 실시간 채팅에 참여할 학생들을 미리 선발했는데요, ⓐ 방송을 듣는 모든 학생이 참여하면 채팅방이 너무 혼잡하여 선택한 방식이므로 양해 부탁드립니다.

학생회장 : 다가오는 5월에는 우리 학교의 개교기념일이 있습니다. 일단 학생회에서 생각한 행사 내용을 말씀드리겠습니다. 먼저, '학교 사진 찍기'인데요. ⓑ 학생의 시선으로 우리 학교 곳곳을 담은 사진들을 학교 복도에 전시하는 행사입니다. 그럼 이쯤에서 저희는 방송 채팅창을 함께 볼까요?

[A] 성진 : 그건 작년에도 하지 않았나요? 평소에 잘 보지 못했던 학교 구석구석을 봐서 좋긴 했지만, 또 하는 건 좀 별로인데……

성진 학생의 의견도 충분히 이해는 됩니다. 그런데 다음 화면을 함께 보시죠.

1. 이번 개교기념일 행사에서 가장 만족한 행사는 무엇인가?				
구분	학교 사진 찍기	익명의 편지 보내기	학교 개선 아이디어 공모전	합계	전교생
응답 수 (명)	230	104	87	421	540

2. 내년에도 개교기념일 행사에 참가할 의사가 있는가?				
구분	있다	없다	모르겠다	합계	전교생
응답 수 (명)	380	32	56	468	540

지금 화면에 나오고 있는 것은 작년 개교기념일 행사가 끝난 후 실시했던 설문 조사 결과입니다. 응답자 절반 이상이 '학교 사진 찍기'에 만족했음을 알 수 있습니다. 또한 이러한 만족도가 개교기념일 행사 참가 의향으로 이어지고 있다는 점도 확인할 수 있지요.

[B] 예나 : 설문 조사 결과를 바탕으로 이야기하니까 신뢰가 가네요! 또 어떤 활동을 준비했는지 궁금한데요?

형준 : 학교 개선 아이디어 공모전에 대한 만족도가 별로 좋지 않네요. 이유가 뭘까요?

예나 학생의 말에 힘이 나네요! 다음 행사는 '나눔 장터'입니다. ⓒ 책이나 옷이나 인형도 모두 좋습니다. 내가 더 이상 쓰지 않는 물건을 필요한 사람에게 제공하는 거죠.

[C] 혜원 : 전에 지역 나눔 장터에 참가한 적이 있는데, 물건의 질이 별로라 실망했어요. 나눔 장터에서 판매되는 물건들은 학생회에서 미리 검수하나요?

연우 : 혜원님, 맞아요! 학생회에서 미리 물건을 검수하지 않으면 못 쓰는 물건들만 나올 거예요.

혜원 학생과 연우 학생이 비슷한 말을 해 줬네요. ⓓ 그래서 학생회에서는 바로 내일부터 3월 23일까지 나눔 장터 물건을 미리 기증받아 살펴볼 예정입니다. 본관 1층 학생회실 앞 상자에 물건을 넣어주세요. 아래 자막 보이시죠? 많은 참여 부탁해요!

진행자: 시청자 수가 처음보다 줄었네요. 중간에 나가 내용을 듣지 못한 학생들도 있을 것 같은데요. ⓔ 오늘 방송 내용은 학생회 누리집에 올라갈 예정입니다. 방송을 보지 못한 친구가 있다면 알려주세요. 그럼 다음에 만나요!

(나)

'○○고 뉴스' 본 사람? 이해가 안 되는 부분이 있어서 캡처해 왔어. 아래 첨부된 파일을 같이 봐주면 좋겠어. 작년 개교기념일 행사 중 '학교 사진 찍기'가 가장 반응이 좋았던 건 맞지만, 개교기념일 행사에 또 참가할 의사가 있다는 말이 '학교 사진 찍기'를 또 하고 싶다는 말은 아니잖아? 이건 학생회가 설문 조사 결과를 자기 의도에 맞춰 해석한 거야. 이러한 오해를 없애려면 학생회가 회의록을 공개해야 한다고 생각해. 그리고 실시간 채팅에 참여할 사람을 한정했으면서 모든 채팅 내용에 제대로 답변하지 않은 점도 아쉬웠어. 방송 시간이 제한적이어서 질문에 모두 답하기 어렵다면 다음 방송부터는 다른 학생회 임원이 답변을 남겨 주는 게 좋지 않을까?
　학생회 누리집에도 글을 썼는데, 내 의견에 동의한다면 그 글에 댓글을 남겨 줘. 그럼 큰 힘이 될 거야!

학생회 누리 집 바로가기 ☞클릭

첨부파일 설문 조사 결과 해석.jpg [다운로드]

40. (가)에 나타난 의사소통 방식으로 적절하지 <u>않은</u> 것은?

① 진행자는 방송의 시작에 방송 주제를 간략히 언급하며, 방송 내용을 예고하고 있다.

② 진행자는 접속자 수의 변화를 언급하며, 방송에 대한 수용자의 만족도를 확인하고 있다.

③ 학생회장은 진행자에게 질문을 하며, 다음 순서로 수용자의 실시간 반응을 확인할 것임을 알리고 있다.

④ 학생회장은 발화와 관련한 시각 자료를 제시하며, 방송 내용에 대한 수용자의 이해를 돕고 있다.

⑤ 학생회장은 자신의 발언 내용을 요약한 자막을 언급하며, 수용자의 적극적인 참여를 유도하고 있다.

41. [A]~[C]에서 알 수 있는 학생들의 수용 태도에 대한 설명으로 가장 적절한 것은?

① [A]: 성진은 작년 행사의 좋았던 점을 바탕으로 학생회의 의견을 긍정적으로 판단하였다.

② [B]: 예나는 학생회장의 직전 발화를 듣고 해당 내용의 논리적 오류를 지적하였다.

③ [B]: 형준은 방송에서 제시한 자료를 보고 학생회가 설문 조사의 대상을 잘못 선정했다고 판단하였다.

④ [C]: 혜원은 자신의 경험을 근거로 학생회가 행사에서 고려해야 할 점을 제시하였다.

⑤ [C]: 연우는 다른 수용자의 의견을 바탕으로 방송 내용이 사실과 부합하지 않는다고 판단하였다.

42. 다음은 (나)를 작성하기 위한 메모이다. ㉠~㉢이 (나)에 반영된 양상으로 적절하지 <u>않은</u> 것은? [3점]

방송을 들으며 느낀 아쉬운 점을 글로 써 봐야겠어. 일단 ㉠ 학생회장이 방송에서 보인 아쉬운 점과 ㉡ 이를 보완할 수 있는 방안을 언급해야지. 그리고 ㉢ 나에게 동의하는 친구들이 의견을 보태거나 학생회에 새로운 건의를 할 수 있는 기능을 활용해야겠어.

① ㉠ : 학생회가 설문 조사 결과를 자의적으로 해석하였다는 점을 지적하기 위해, 저장한 방송 화면의 일부를 게시글에 첨부하였다.

② ㉠ : 방송 채팅창에서 학생회의 기획안에 부정적으로 반응한 학생을 배제하고 긍정적으로 반응한 학생에게만 답변하였음을 지적하였다.

③ ㉡ : 학생회가 개교기념일 행사 기획에 관한 오해를 줄이기 위해서는 행사 기획 과정을 학생들과 공유할 필요가 있음을 건의하였다.

④ ㉡ : 시간의 제약으로 인해 방송에서 모든 질문에 대한 답변을 제공할 수 없다는 점을 이해하고, 학생회 임원이 답변을 남기는 방법을 제안하였다.

⑤ ㉢ : 글쓴이의 생각에 동의하는 학생들이 의견을 표현할 수 있도록, 같은 내용의 글이 작성된 다른 공간으로 연결되는 하이퍼링크를 제공하였다.

43. ⓐ~ⓔ에 대한 설명으로 적절하지 <u>않은</u> 것은?

① ⓐ : 연결 어미 '-므로'를 사용하여, 시청자에게 양해를 구하는 이유를 제시하고 있다.

② ⓑ : 격 조사 '에'를 사용하여, 사진을 감상할 수 있는 장소를 구체적으로 지시하였다.

③ ⓒ : 보조사 '이나'를 사용하여, 나눔 장터에 기증할 수 있는 여러 물품 중 어느 것을 제공해도 상관없음을 드러내고 있다.

④ ⓓ : 접속 부사 '그래서'를 사용하여, 학생회가 나눔 장터 행사를 기획하게 된 계기를 밝히고 있다.

⑤ ⓔ : 관형사형 어미 '-ㄹ'을 사용하여, 해당 방송의 내용이 누리 집에 게시될 것임을 드러내고 있다.

[44~45] (가)는 ○○동 행정 복지 센터 앱의 첫 화면이고, (나)는 이 앱을 사용한 학생이 행정 복지 센터 누리집 게시판에 올린 글과 직원의 답변이다. 물음에 답하시오.

(가)

(나)

질의응답

○○동 행정 복지 센터 앱 이용 관련하여... [전체 공개]
답변 상태 : 완료 / 작성자 : 김**
작성일 : 2024.04.08. / 조회 수 : 42

안녕하세요. 저는 ○○동에 살고 있는 학생입니다. 행정 복지 센터 앱 이용과 관련한 요청 사항과 질문이 있습니다.

첫 화면에서 '새 소식'을 확인할 수 있는데요, 작성일 순으로 게시글을 3개만 노출하고 있어서 내용 확인이 불편합니다. 조회수 순으로 게시글을 노출하는 '인기 소식'을 추가하면 어떨까요? 그리고 주민 자치 센터 프로그램이 '평생 학습 강좌'와 '생활 체육 강좌'로 구분되어 있는데, 첫 화면에서 구체적인 강좌를 볼 수 있으면 좋겠습니다. 그래야 혼동하지 않고 제가 원하는 강좌를 신청할 수 있을 것 같습니다. 또 다른 동네의 앱을 보니 복지 센터의 위치를 나타내는 지도 옆에 통화 연결 버튼이 있더라고요. 어르신들이 많이 사용하는 앱이니, 우리도 이를 도입하는 게 좋을 것 같습니다.

그런데 첫 화면의 날씨는 제 기기의 위치를 감지한 결과가 맞나요? 그리고 '생활 체육 강좌' 중 인기 강좌인 '요가'의 강좌 수를 늘릴 계획은 없는지도 궁금합니다!

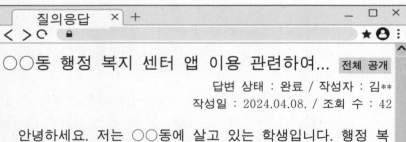

답변 : ○○동 행정 복지 센터 앱 이용과 관련하여...
작성자 : 곽** / 작성일 : 2024.04.08.
조회 수 : 23

안녕하세요. ○○동 행정 복지 센터 직원입니다.

먼저 요청 사항에 관해 답변드립니다. '인기 소식'에 관한 요청 사항이 타당하다고 판단해, '질의응답'을 삭제하고 '인기 소식' 항목을 넣기로 했습니다. 그리고 주민 자치 센터의 프로그램은 현재 30개로, 이를 모두 표기하는 것은 앱의 디자인을 해칠 것으로 판단해 현재 상태를 유지하기로 했으니 양해 바랍니다. 또 ○○동 행정 복지 센터 앱에도 통화 연결 버튼 기능이 제공되고 있습니다. 앱 상단 오른쪽에 있는 전화기 아이콘을 누르면 우리 행정 복지 센터 직원과 통화할 수 있습니다.

다음으로 질문에 관한 답변을 드립니다. 앱의 날씨 항목은 사용자의 위치와 무관하게 ○○동의 날씨를 표출합니다. 또한 요가 수업에 관한 요청이 많아 현재 수업 추가를 논의하고 있습니다. 변동 사항은 '새 소식'을 통해 알리겠습니다.

감사합니다.

44. (가)와 (나)에 대한 설명으로 가장 적절한 것은?

① (가)와 달리 (나)는 게시물의 작성일이 화면에 표시된다.
② (가)와 달리 (나)는 사용자가 자주 사용하는 기능이 화면에 표시된다.
③ (나)와 달리 (가)는 게시물을 수정·삭제할 수 있는 기능을 제공한다.
④ (나)와 달리 (가)는 게시물의 공개 여부를 전환하는 기능을 제공한다.
⑤ (나)와 달리 (가)는 주민들의 활동을 보여 주는 시각적 이미지가 화면에 표시된다.

45. ㉠~㉤과 관련하여 (나)를 이해한 것으로 적절하지 않은 것은?

① 학생은 사용자의 편의를 고려하여 ㉠에 노출되는 정보의 새로운 정렬 방식을 제안하고 있다.
② 직원은 앱 화면의 미적 완성도를 고려하여 ㉡에 정보를 추가해 달라는 요청을 수용하지 않고 있다.
③ 학생은 정보의 정확성을 고려하여 ㉢에서 사용자의 위치를 반영한 정보를 나타낼 것을 요청하고 있다.
④ 직원은 특정 강좌에 대한 요구가 많은 상황을 고려하여 ㉣과 관련한 논의가 진행되고 있음을 밝히고 있다.
⑤ 직원은 앱이 동일한 기능을 제공하고 있다는 점을 고려하여 ㉤에 기능을 추가해 달라는 요청을 수용하지 않고 있다.

[35~36] 다음 글을 읽고 물음에 답하시오.

> ㄱ. 우리 모두 같이 갑시다.
> ㄴ. 눈같이 흰 박꽃이 피었다.

ㄱ의 '같이'는 부사로 쓰였으며, ㄴ의 '같이'는 조사로 쓰였다. 이처럼 ⊙ 하나의 형태가 여러 품사로 쓰이는 경우가 있다. 이때 부사 '같이'에서는 접미사 '-이'를 발견할 수 있는 데 반해, 조사 '같이'에서는 이를 찾기 어렵다. 부사 '같이'와 조사 '같이'는 형태소 분석이 다르기 때문이다.

이처럼 실질적 의미를 지닌 어휘 범주의 형태소(명사, 동사, 형용사, 부사, 관형사 등)나 구가 문법 범주의 형태소(조사, 접사, 어미)로 굳어지는 것을 '문법화'라고 한다. 한편, 어휘 범주와 문법 범주 사이에는 중간 범주가 존재할 수 있는데, 자립성을 상실하고 의존성을 띠는 의존 명사나 보조 동사가 이에 속한다. 이때 어휘 범주의 형태소가 중간 범주의 형태소로, 혹은 중간 범주의 형태소가 문법 범주의 형태소로 바뀌는 것도 문법화로 본다.

이와는 반대로 특정 형태가 어휘 범주의 형태소로 굳어지는 '어휘화'가 일어나기도 한다. 어휘화는 문법 범주의 형태소가 어휘 범주의 형태소로 바뀌는 경우와, 구 구성이 단일 어휘로 굳어지는 경우로 나뉜다. 가령, 조사 '보다'가 '나는 보다 빠르게 뛰었다.'에서와 같이 부사로 실현되는 것은 문법 범주의 형태소가 어휘 범주의 형태소로 쓰이는 경우이다. 한편, '검은 색'이라는 구 구성이 단일 어휘인 '검은색'으로 굳어지는 것 또한 어휘화로 볼 수 있다.

문법화와 어휘화는 역사적으로 형태소가 변화하는 과정이기에, 중세 국어 형태소의 복합 구성이 문법화나 어휘화를 거치며 단일 형태소로 굳어진 것들을 현대 국어의 어휘에서 찾을 수 있다. 이러한 형태소들은 변화 과정에서 음운의 탈락, 축약이나 형태의 절단 등을 거치며 그 형태가 바뀌기도 하고, 어원의 의미와 멀어지거나 어원이 소실되어 단일 형태처럼 여겨지기도 한다. 가령 중세 국어에서 '쇠'는 명사 '쇼(소)'에 관형격 조사 'ㅣ'가 결합한 형태였으나, 현대 국어에서는 문법화되어 '쇠-'라는 접사로 굳어졌다. 이때 '쇠'는 음운 변화를 겪는 한편, 조사 'ㅣ'가 소실된 탓에 단일 형태소로 여겨지게 된다.

35. ⊙에 해당하는 예를 짝지은 것으로 적절하지 <u>않은</u> 것은?

① ┌ 저런 일에 너무 상심하지 마라.
  └ 저런, 그럼 제가 찾아가기로 하죠.

② ┌ 어제는 종일 비가 내려서 우울했다.
  └ 우리가 만나기로 한 날이 바로 어제였어.

③ ┌ 우리 반에서 키가 제일 큰 사람은 민수이다.
  └ 퇴비를 주었더니 농작물이 요새 쑥쑥 큰다.

④ ┌ 여태껏 노력한 만큼 좋은 결과가 있을 것이다.
  └ 아무리 애를 써도 나는 당신만큼은 못 하겠다.

⑤ ┌ 그녀는 자랑삼아 나에게 결혼반지를 보여 주었다.
  └ 빼곡하게 놓인 고층 건물 사이로 푸른 하늘이 보였다.

36. 윗글을 바탕으로 <자료>를 탐구한 내용으로 적절한 것은? [3점]

> ─── < 자 료 > ───
> ⓐ '비린내'는 '비린'과 '내'가 결합한 합성어이나, '비린 내'와 같이 써도 문법적으로 큰 무리가 없다.
> ⓑ 중세 국어에는 '-아/어 있-'에 해당하는 '-앳/엣-' 등이 있었는데, 이는 훗날 '-았/었-'으로 변화하였다.
> ⓒ 용언의 관형사형에 '바'가 뒤따르는 구성은 언중들이 하나의 형태로 인식하는 바람에 '-ㄴ바'로 굳어졌다.
> ⓓ 조사 '부터'는 '붙어'가 굳어져 이루어졌으나 언중이 어원 '붙다'를 떠올리기 어려워 소리 나는 대로 표기된다.
> ⓔ 신조어 '님'은 '님께 부탁드릴게요'와 같이 명사처럼 쓰이는데, '님'은 본래 '사장님'에서와 같이 접사로만 쓰였다.

① ⓐ를 보면, 합성어 '비린내'는 문법 범주의 형태소가 어휘 범주의 형태소로 바뀜에 따라 나타난 결과로 볼 수 있군.

② ⓑ를 보면, '-앳-'이 '-았-'으로 바뀌는 것은 형태소의 복합 구성이 단일 형태소로 어휘화되는 과정으로 볼 수 있군.

③ ⓒ를 보면, '바'가 '-ㄴ바'로 굳어지는 것은 어휘 범주의 형태소가 문법 범주의 형태소로 바뀌는 과정으로 볼 수 있군.

④ ⓓ를 보면, 조사 '부터'가 소리 나는 대로 표기되는 것은 문법화된 형태가 어원의 의미와 멀어진 결과로 볼 수 있군.

⑤ ⓔ를 보면, 신조어 '님'은 구 구성이 단일 어휘로 굳어지는 과정에서 그 형태의 일부가 절단된 결과로 볼 수 있군.

37. <보기>의 ⊙~ⓒ이 실현된 예문으로 적절하지 <u>않은</u> 것은?

> ─── < 보 기 > ───
> ⊙ 안긴문장에 생략된 성분이 목적어일 것.
> ⓛ 서술어가 주어 외에 필수적 부사어만을 요구할 것.
> ⓒ 주체의 일부나 소유물을 높이는 간접 높임을 활용할 것.

① ⊙+ⓛ : 나는 그가 낸 의견에 전적으로 동의한다.

② ⊙+ⓛ : 어제 만난 사람은 생김새가 우리 형과 닮았다.

③ ⊙+ⓒ : 네가 들고 있는 그릇은 우리 아버지께서 만드셨어.

④ ⓛ+ⓒ : 빌린 비품을 반납하라는 사장님의 지시가 있으셨다.

⑤ ⓛ+ⓒ : 몸이 안 좋으셔서 선생님께선 오늘 학교에 못 나오셨어.

38. <보기>의 ㉑에 들어갈 말로 가장 적절한 것은?

───── < 보 기 > ─────

선생님 : 다음은 음운 변동의 특징을 확인하기 위해 수집한 자료들이에요. ㉠~㉤에서 각각 확인되는 음운 변동의 공통점을 설명해 볼까요?

㉠ 먹물, 밥물, 실내, 물놀이
㉡ 권력, 만이, 대관령, 피붙이
㉢ 괜찮다, 눈요기, 맞히다, 한여름
㉣ 낚시꾼, 몰상식, 연꽃차, 나박김치
㉤ 좋아도, 훑이다, 가을걷이, 쌓으면서

학생 : 예, [㉑]는 공통점을 확인할 수 있습니다.

① ㉠에서는 음운 변동에 의해 조음 위치가 바뀐다.
② ㉡에서는 뒤 음운이 앞 음운의 영향을 받아 교체된다.
③ ㉢에서는 음운 변동의 결과로 음운의 개수가 달라진다.
④ ㉣에서는 음절의 종성 위치에서 음운 변동이 일어난다.
⑤ ㉤에서는 실질 형태소가 음운 변동을 유발하는 원인이다.

39. <보기>의 (가)에 들어갈 내용으로 적절한 것은?

───── < 보 기 > ─────

학습 활동	다음 자료를 보고, 중세 국어의 조사에 관해 탐구해 보자.
학습 자료	㉠ 一萬八千 짜히 다 金色이 곹ᄒᆞ야 　　[일만 팔천 땅이 다 금색과 같아] ㉡ 법답디 아니ᄒᆞᆫ 마ᄅᆞᆯ 니ᄅᆞ디 마라 　　[법답지 아니한 말을 이르지 말라] ㉢ 하야로비 沐浴ᄒᆞᄂᆞ니 엇던 ᄆᆞᅀᆞᆷ고 　　[해오라기가 목욕하노니 어떤 마음인가] ㉣ 이제 어느 ᄂᆞ초로 스당이 드러가리오 　　[이제 어느 낮으로 사당에 들어가리오] ㉤ 어미와 아ᄃᆞᆯ왜 서르 아디 몯호미 쉰ᄒᆞ러니 　　[어머니와 아들이 서로 알지 못함이 쉰 해더니]
활동 결과	(가)

① ㉠의 '짜히'와 '金色이'에서는 '이'가 주격 조사로 사용되었다.
② ㉡의 '마ᄅᆞᆯ'에서는 모음 뒤에 오는 목적격 조사가 'ᄅᆞᆯ'로 실현되었다.
③ ㉢의 'ᄆᆞᅀᆞᆷ고'에서는 보조사 '고'가 판정 의문문을 이루는 데 사용되었다.
④ ㉣의 '스당이'에서는 조사 '이'가 무정 체언 뒤에 붙어 관형어를 이루고 있다.
⑤ ㉤의 '아ᄃᆞᆯ왜'에서는 나열된 마지막 체언 뒤에도 접속 조사 '와'가 붙어 있다.

[40~43] (가)는 텔레비전 방송 프로그램이고, (나)는 동아리 누리집이다. 물음에 답하시오.

(가)

진행자 : 매주 수요일, 개봉 예정 영화를 미리 만나보는 '내일 볼 영화', 시작합니다. 오늘 방송이 끝날 때 이벤트도 있으니, 끝까지 시청해 주세요. 오늘도 지난주와 마찬가지로 신○○ 기자님이 나와 계십니다. 안녕하세요? / **기자** : 안녕하세요.

진행자 : 오늘 소개할 영화는 임△△ 감독의 두 번째 해녀 다큐멘터리 영화 '해녀의 전설'입니다. ㉠ 예고편을 보면서 기자님의 설명을 함께 듣겠습니다.

'해녀의 전설' 예고편
• 4월 18일 개봉(상영 시간 95분)
• 임△△ 감독의 두 번째 해녀 다큐멘터리

기자 : '해녀의 전설'은 4월 18일에 개봉하며, 상영시간은 95분입니다. 임 감독은 전작인 '해녀 생활'에서 해녀의 일상을 애정 어린 시선으로 그려내 호평을 받았었죠.

진행자 : 풍경이 너무 멋지네요. 이번 '해녀의 전설'은 어떤 내용을 담고 있나요?

기자 : '해녀의 전설'은 대상군 해녀 현□□씨와, 도시 생활을 접고 해녀로 새 삶을 시작하는 막내 해녀 채▽▽씨의 유대를 보여 주고 해녀의 일상을 통해 황폐화된 제주 바다의 모습을 고발하고 있습니다.

진행자 : 대상군이라는 단어가 낯설네요. 무슨 뜻인가요?

기자 : 해녀는 잠수할 수 있는 물의 깊이에 따라 대상군, 상군, 중군, 하군으로 서열이 나뉩니다. ㉡ 대상군은 약 15m 깊이의 물에 들어갈 수 있는 해녀로, 현장에서 대장이 됩니다.

진행자 : 그렇군요. '해녀의 전설'은 부산국제영화제를 비롯해 세계의 여러 영화제에 초청되기도 했다고요?

기자 : 네. '해녀의 전설'에는 아까 진행자님의 말씀대로 제주의 풍경이 멋지게 담겼는데요. 관객의 시각적 즐거움을 최대화하기 위해 드론을 활용한 상공 촬영이나 고속 촬영 등 다양한 촬영 기법을 사용하였습니다. ㉢ 이에 세계적인 다큐멘터리 영화제의 촬영상 후보에 올랐지요.

진행자 : 우리나라 풍경이 세계에 소개된다니 정말 자랑스럽네요. 지난 2일에 '해녀의 전설' 시사회가 열렸습니다. ㉣ 영화를 먼저 관람한 관람객의 평가를 들어 볼까요?

'해녀의 전설' 관람객 인터뷰
• 사라져 가는 제주의 전통 문화와 해녀의 삶을 연결한 점이 인상 깊어…
• 황폐해지는 제주 바다를 도울 방법이 없는지 고민하게 됐어
김☆☆(대학생)

관람객 : 사라져 가는 제주의 전통문화와 해녀의 삶을 연결한 점이 인상 깊었습니다. ㉤ 그리고 제주 바다가 황폐해지고 있다는 사실을 알게 되어서 제가 도울 방법이 없는지 고민하게 되었습니다.

진행자 : '내일 볼 영화'에서 '해녀의 전설' 예매권 이벤트를 진행합니다. 지금 나가는 화면을 핸드폰으로 촬영해서 우리 프로그램 누리집에 시청 인증을 해 주시면 100분에게 예매권을 드립니다. 오늘도 시청해 주셔서 감사합니다.

(나)

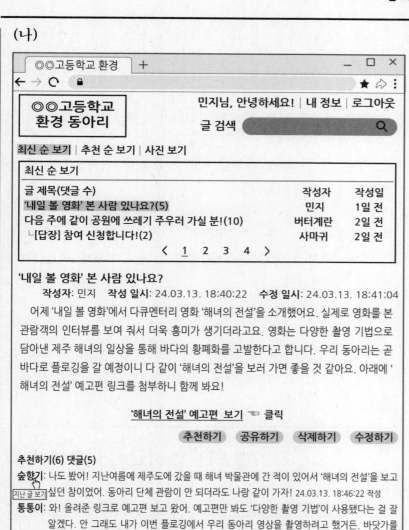

40. (가)에 나타난 정보 전달 방식으로 적절한 것은?

① '진행자'는 방송 내용에 대한 시청자의 비판적 수용을 위해 객관적인 정보만을 정리하여 전달하였다.

② '진행자'는 화제와 관련한 현황을 언급하여 방송에서 전달할 다음 내용을 자연스럽게 연결하였다.

③ '기자'는 방송 내용에 대한 시청자의 이해를 돕기 위해 화제와 관련된 용어의 개념을 비유적으로 설명하였다.

④ '기자'는 방송 내용을 놓친 시청자들을 고려하여 방송을 다시 보는 방법에 대해 안내하였다.

⑤ '화면'에서는 수용자의 신뢰감을 높이기 위해 관람객의 신분을 밝히고 방송 내용에 대한 전문 지식을 요약하여 전달하였다.

41. (나)에 대한 이해로 가장 적절하지 않은 것은?

① 정보의 범주에 따라 쉽게 분류할 수 있도록 게시물을 정렬할 수 있는 기능이 제공되고 있다.

② 게시물을 열람하지 않고 댓글 수를 알 수 있도록 글의 목록에 댓글 수가 표시되는 기능이 제공되고 있다.

③ 글의 내용을 다른 수용자에게 전달할 수 있도록 공유하는 기능이 제공되고 있다.

④ 누리집 이용자가 작성했던 글을 확인할 수 있도록 작성자의 지난 글을 볼 수 있는 기능이 제공되고 있다.

⑤ 구성원이 게시물 수정 전후 내용을 확인할 수 있도록 게시물의 수정 이력을 드러내는 기능이 제공되고 있다.

42. (나)의 학생들이 보인 수용 태도에 대한 설명으로 적절하지 않은 것은?

① '민지'는 방송에서 정보를 전달하는 방식에 주목하여 방송 내용이 영화에 대한 흥미를 끌고 있다고 판단하였다.

② '민지'는 영화의 촬영 기법에 관한 방송 내용을 영화의 내용과 연결 지어 영화를 소개하였다.

③ '숲향기'는 개인적 경험이 영화를 향한 관심으로 이어졌음을 밝히며 '민지'의 제안을 긍정적으로 수용하였다.

④ '통통이'는 '민지'가 공유한 영상의 주제 의식에 주목하여 이후 영상을 촬영할 새로운 계획을 세웠다.

⑤ '사마귀'는 방송이 시청자의 참여를 유도하는 방식에 주목하여 시청자의 입장을 충분히 배려하지 않았음을 언급하였다.

43. ㉠~㉤에 대한 설명으로 적절하지 않은 것은?

① ㉠: 연결 어미 '-면서'를 사용하여, 예고편의 송출과 함께 그에 관한 정보 전달이 이루어질 것임을 밝히고 있다.

② ㉡: 격 조사 '이'를 사용하여, 대상군의 의미를 구체적으로 설명하고 있다.

③ ㉢: 동사 '오르다'를 사용하여, 영화를 향한 관심이 이전보다 늘어난 상황을 강조하고 있다.

④ ㉣: 관형사형 어미 '-ㄴ'을 사용하여, 인터뷰를 진행한 시점이 영화 관람 이후임을 나타내고 있다.

⑤ ㉤: 접속 부사 '그리고'를 사용하여, 영화에 대한 감상평이 이어질 것임을 드러내고 있다.

[44~45] (가)는 학생회가 제작한 포스터의 초안이고, (나)는 학생회 누리 소통망 대화이다. 물음에 답하시오.

(가)

건의함 신설 ◇◇고 학생회

01 건의함이란?
학교생활에 관한 학생들의 고민 해결을 위해 도입한 방법!

02 사용 방법
1층 교무실 옆 건의함 혹은 누리 소통망의 오픈 대화방 활용

03 오픈 대화방?
◎◎ 누리 소통망에 '◇◇고 건의함' 검색
※ 익명 건의 가능

04 의견 수렴
1차 : 건의자 의견 수렴 (5일 이내)
2차 : 전교 회의 안건 상정 (전교 회의일)
※ 건의자가 원하지 않으면 1차에서 종료

(나)

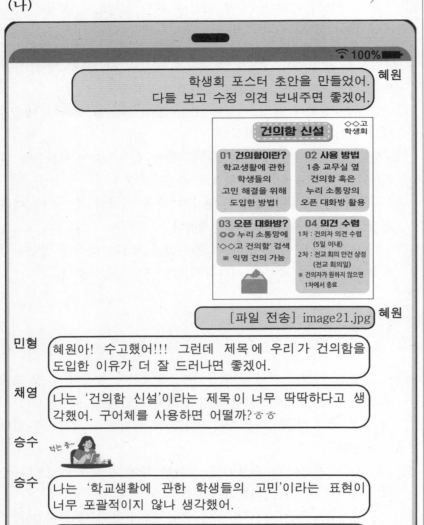

민형 혜원아! 수고했어!!! 그런데 제목에 우리가 건의함을 도입한 이유가 더 잘 드러나면 좋겠어.

채영 나는 '건의함 신설'이라는 제목이 너무 딱딱하다고 생각했어. 구어체를 사용하면 어떨까?ㅎㅎ

승수 나는 '학교생활에 관한 학생들의 고민'이라는 표현이 너무 포괄적이지 않나 생각했어.

채영 아하! 그럼 예를 들어주는 건 어때? '학교 축제 행사 제안하기' 이런 거.

승수 좋다! 학교생활 전반에 관한 고민을 받는 게 우리 목적이니까 '교우 관계 고민'과 같은 사적인 고민도 사례로 같이 제시하면 좋을 것 같아.

혜원 내 생각에 학생들이 오픈 대화방을 더 많이 이용할 것 같은데, 그 부분은 잘 설명됐다고 봐?

민형 아니면 QR 코드를 포스터에 삽입해도 되잖아? http://qrmarker.com 여기서 만들 수 있어.

혜원 오! 바로 연결되네? 편의를 위해 그걸로 하자.

채영 건의자 의견 수렴은 3일 이내로 하는 게 어때? 지금처럼 메신저로 회의하면 가능할 것 같아.

민형 흠.... 건의 사항은 빨리 처리하는 게 우리에게도 좋으니까, 그렇게 하자.

승수 또 학생들에게 건의함 사용을 권하는 문구를 넣으면 포스터의 목적이 더 잘 전달될 거야.

혜원 건의함이 말하는 것처럼 표현하면 귀엽겠지?

승수 어!!!! ㅇㅇ, 좋아!!!!! 건의함에 눈을 달아서 캐릭터처럼 만들면 좋겠다.

혜원 오늘 회의에 참여 못 한 수진이에게 개인 대화방에서 내용을 전달하고, 수정해 달라고 할게.

44. (나)에 드러난 의사소통 방식에 대한 이해로 가장 적절한 것은?

① '혜원'은 대화 참여자들에게 동시에 여러 파일을 전송하면서 대화를 시작하였다.

② '승수'는 자신을 찍은 사진을 전송하여 상대의 말을 경청하고 있음을 드러내고 있다.

③ '민형'은 하이퍼링크 기능을 이용하여 해당 대화방에서 과거에 공유된 정보를 불러왔다.

④ '채영'과 '승수'는 자음을 나열하는 표현 방법을 통해 상대방의 의견에 동의하는 뜻을 강조하였다.

⑤ '채영'과 '민형'은 감탄사를 사용하여 상대의 발화에 대한 자신의 반응을 표출하였다.

45. (나)의 대화 내용을 반영하여 (가)를 아래와 같이 수정했다고 할 때, 수정한 포스터에 대한 설명으로 적절하지 <u>않은</u> 것은? [3점]

① 포스터 상단에는 제목에 관한 '민형'과 '채영'의 의견을 반영하여 건의함을 도입한 의미를 추가하고, 친근함을 강조하기 위해 제목을 구어체로 수정하였다.

② '건의함이란?'에는 내용의 구체성에 관한 '승수'와 '채영'의 대화를 반영하여 건의함이 학교생활 전반에 관한 고민 해결을 목적으로 함을 드러내는 사례들을 추가하였다.

③ '오픈 대화방?'에는 포스터 디자인에 관한 '민형'과 '혜원'의 대화를 반영하여 수용자가 내용을 쉽게 이해할 수 있도록 누리 소통망 화면 캡처 사진을 삽입하였다.

④ '의견 수렴'에는 건의된 내용의 처리 과정에 관한 '채영'과 '민형'의 대화를 반영하여 건의자 의견 수렴이 이루어지는 기간을 이전보다 짧게 수정하였다.

⑤ 포스터 하단에는 포스터의 목적을 전달하는 방식에 관한 '승수'와 '혜원'의 대화를 반영하여 의인화된 건의함이 학생들에게 건의함 사용을 권하는 이미지로 수정하였다.

국어 영역(언어와 매체)

[35~36] 다음 글을 읽고 물음에 답하시오.

현대 국어의 표기법은 소리 나는 대로 적는 표음주의와 형태소의 원형을 밝혀 적는 표의주의를 원칙으로 한다. 가령, '나무'는 '나무[나무]'와 같이 소리 나는 대로 적고, '꽃'은 'ⓐ 꽃[꼳]'과 같이 음절 종성이 교체되어 발음되는데, 형태소가 지닌 뜻이 분명히 드러나도록 형태소의 원형을 밝혀 적는다.

그러나 이러한 표기 원칙은 20세기에 이르러 정착된 것으로, 중세 국어에서는 표음주의만을 표기 원칙으로 삼았다. 그리고 이러한 표기 원칙에 따라 표기 방식도 세부적으로 도출되었는데, 'ⓑ 고지(꽃이)'와 같이 형태소의 경계를 밝히지 않고 연음된 발음을 그대로 표기하는 '연철 표기'나 '곳(꽃)'과 같이 음절 종성에 실제 발음되는 'ㄱ', 'ㄴ', 'ㄷ', 'ㄹ', 'ㅁ', 'ㅂ', 'ㅅ', 'ㅇ'의 여덟 자만을 표기하는 '팔종성법'이 있었다.

연철 표기와 팔종성법은 대체로 일관되게 적용되었으나, 몇몇 중세 국어 문헌에서는 그 예외를 확인할 수 있다. 예컨대 'ㄴ', 'ㅁ', 'ㄹ', 'ㅇ', 'ㅿ'으로 끝나는 체언 뒤나 'ㄴ', 'ㅁ'으로 끝나는 용언 어간 뒤에 모음이 왔을 때, 형태소의 경계를 밝혀 적는 것과 같은 연철 표기의 예외를 확인할 수 있다. 또한, 일부 문헌에서 종성 'ㅈ', 'ㅊ', 'ㅍ' 등이 쓰이기도 하였다.

이 밖에도 연철 표기와 팔종성법의 예외처럼 보이는 경우들이 있었다. 가령, 'ⓒ 믈와(물과)'나 '알오(알고)'에서와 같이 체언이나 용언 어간의 끝소리 'ㄹ'이 연철되지 않는 경우가 있었다. 그러나 사실 이러한 형태는 'ㄹ' 뒤의 'ㄱ'이 약화하여 음가 있는 'ㅇ[ɦ]'으로 바뀐 결과였다. 즉, 뒤에 자음 'ㅇ'이 옴에 따라 'ㄹ'이 연음될 수 없었던 것이다. 따라서 이 경우는 연철 표기의 예외로 보기 어렵다. 이와 비슷하게, '다ᄅ-(다르-)'처럼 'ㄹ/르'로 끝나는 용언 어간 뒤에 모음이 올 때, 그 활용형이 'ⓓ 달아'와 같이 연음되지 않은 채 표기되곤 하였는데, 이 역시 음가 있는 'ㅇ'이 덧난 결과이므로 연철 표기의 예외로 보기 어렵다. 한편, 'ⓔ ᄀᅙ애(가위)'와 같이 팔종성법을 벗어나 종성에 'ㅿ'이 쓰이는 경우가 있었는데, 이는 종성에서 실제 발음되었던 'ㅿ'를 표기한 것이므로 표음주의 표기에서 벗어난 것은 아니다.

35. 윗글의 ⓐ~ⓔ을 이해한 내용으로 적절한 것은?

① ⓐ은 표음주의 원칙에는 부합하지만, 표의주의 원칙에는 어긋나는 표기 형태이다.

② ⓑ은 체언과 조사가 결합한 형태로, 음절 단위에서 체언과 조사를 구분할 수 있다.

③ ⓒ의 '와'에서 초성에 표기된 'ㅇ'은 음가 없이 음절의 형태만을 이루는 표기이다.

④ ⓓ은 용언이 활용할 때 첨가된 음운으로 인해 연음의 조건을 만족하지 않는다.

⑤ ⓔ의 'ㅿ'은 형태소의 원형을 밝히기 위한 표기 형태로, 다른 음운으로 바뀌어 발음된다.

36. 윗글을 바탕으로 <보기>의 ⓐ~ⓔ를 이해한 내용으로 적절하지 **않은** 것은? [3점]

─── < 보기 > ───
ⓐ 져비 그 지븨셔 슬피 울어늘(울-+-거늘)
[제비가 그 집에서 슬피 울거늘]
ⓑ 瓶의 므를 기러(긷-+-어) 두고사 가리라
[병에 물을 길어 두고야 가리라.]
ⓒ 殊恩이시니 뉘 아니 좇줍고져(좇-+-줍고져) 흐리
[특별한 은혜를 베푸시니 누가 좇고자 아니하리.]
ⓓ 舍利弗이 須達이 밍ᄀ론 座애 올아(오ᄅ-+-아) 앉거늘
[사리불이 수달이 만든 자리에 올라 앉거늘]
ⓔ 世尊ㅅ긔 버릇업던 일올(일+올) 魔王이 뉘으츠니이다
[세존께 버릇없었던 일을 마왕이 뉘우쳤습니다.]

① ⓐ : '울어늘'이 연음되지 않는 까닭은 어미의 'ㅇ'이 'ㄱ'이 약화하여 이루어진 소리이기 때문이군.

② ⓑ : '기러'는 표음주의에 따르면서도 연철 표기는 적용되지 않은 표기 형태로 보아야겠군.

③ ⓒ : '좇줍고져'는 형태소의 원형을 밝히고 있다는 점에서 팔종성법의 예외에 해당하는군.

④ ⓓ : '올아'가 '오라'로 표기되지 않는 데에서 '아'의 'ㅇ'이 음가를 지녔다고 추측할 수 있군.

⑤ ⓔ : '일올'에서 확인할 수 있는 표기 방식은 중세 국어 시기에는 제한된 문헌에서만 나타났겠군.

37. <보기>의 ㉠에 해당하는 예로 적절한 것은?

─── < 보기 > ───
선생님 : 합성어는 어근과 어근이 결합하여 형성되는 단어입니다. 합성어의 품사는 '올라가다'처럼 합성어를 이루는 어근에 의해 결정되는 경우도 있지만, '구석구석'과 같이 ㉠ 합성어를 이루는 어근에 의해 결정되지 않는 경우도 있습니다.

─── < 예문 > ───
ⓐ 민수는 고향을 **등지고** **일자리**를 찾아 도시로 갔다.
ⓑ 그는 사기꾼에게 **잘못 결려들어** 사업에 실패했다.
ⓒ **밤낮** 훈련에 매진하던 그 선수는 **뛰어난** 성적을 거두었다.
ⓓ 방을 **찾아보면** 어딘가에 **머리띠**가 있을 거야.
ⓔ 우리 동네에는 **어린이가** **뛰놀** 수 있는 곳이 없다.

① ⓐ   ② ⓑ   ③ ⓒ
④ ⓓ   ⑤ ⓔ

38. <학습 활동>의 ㉠, ㉡에 들어갈 예로 적절한 것은?

—————— <학습 활동> ——————

시제는 발화시를 기준으로 사건시의 시제를 나타내는 절대 시제와, 안은 문장의 사건시를 기준으로 안긴 문장의 시제를 나타내는 상대 시제가 있다. 절대 시제와 상대 시제는 동시에 나타나는데, 다음 조건에 따라 예문을 만들어 보자.

조건	예문
절대 시제가 현재이고 상대 시제가 현재인 겹문장	그 사실을 아는 동생은 친구의 집으로 향한다.
절대 시제가 과거이고 상대 시제는 현재인 겹문장	㉠
절대 시제가 과거이고 상대 시제는 미래인 겹문장	㉡
⋮	⋮

① ㉠: 집안일을 하시던 어머니는 이내 손님을 맞으셨다.
　㉡: 내가 출장을 가는 동안 서울에는 비가 많이 왔다.

② ㉠: 병원에서 웅성대는 사람들은 모두 보호자들이었다.
　㉡: 동생이 집에 도착한 직후에 나는 집을 나섰다.

③ ㉠: 205호에 묵는 사람은 언제 밖으로 나갔습니까?
　㉡: 과거의 기억 때문에 그녀는 어찌할 바를 몰랐다.

④ ㉠: 그녀는 저녁에 먹을 음식을 아직 정하지 못하였다.
　㉡: 온 국토를 휩쓸던 태풍이 내일이면 지나가겠구나.

⑤ ㉠: 봄에 우리나라를 찾은 제비는 곧 새끼를 낳는다.
　㉡: 집에서 나를 반겨 줄 아내를 위해 꽃을 준비했다.

39. <보기>는 국어사전을 토대로 '뜻'과 관련된 어휘 사이의 의미 관계를 그린 것이다. 다음 설명 중 적절한 것은?

—————— < 보 기 > ——————

뜻 명 ❶ 무엇을 하겠다고 속으로 먹는 마음.
　　　❷ 말이나 글, 또는 어떠한 행동 따위로 나타내는 속내.

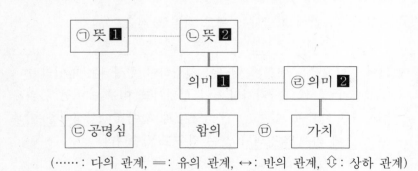

(⋯⋯ : 다의 관계, ＝: 유의 관계, ↔: 반의 관계, ⭥: 상하 관계)

① '그는 만족하지 못한 채 계속 욕심을 부렸다.'의 '욕심'은 ㉠의 상의어이다.

② '그는 과거에 응시하고자 학문에 뜻을 품었다.'의 '뜻'은 '공명심'으로 대체할 수 있으므로, ㉠과 ㉢은 '＝'으로 연결된다.

③ '네 뜻이 정 그렇다면 나는 이제 너를 응원하겠다.'의 '뜻'은 ㉡과 다의 관계이다.

④ '두 단어는 의미는 같지만, 쓰임새가 다르다.'의 '의미'는 '가치'의 유의어라는 점에서 ㉢에 해당한다.

⑤ '민주주의의 가치는 그 함의만으로 표현할 수 없다.'를 볼 때, ㉤의 표시는 '↔'가 적절하다.

[40~43] (가)는 텔레비전 뉴스의 일부이고, (나)는 (가)를 본 학생의 개인 블로그이다. 물음에 답하시오.

(가)

진행자: 안녕하세요. 시청자 여러분. 오늘의 뉴스를 시작합니다. 첫 번째 소식입니다. ㉠ 여러분은 '미디어 리터러시'라는 단어를 아시나요? '미디어 리터러시'는 매체를 이해하는 능력을 뜻하는 말입니다. 최근 가짜 뉴스가 유행하면서 미디어 리터러시 교육에 관한 법안을 도입하자는 주장이 힘을 얻고 있습니다. 취재 기자와 함께 자세한 내용 살펴보겠습니다. 김□□ 기자.

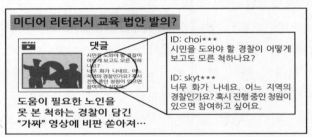

기자: 네. 먼저 영상을 하나 보시겠습니다. ㉡ 며칠 전 누리집 소통망에 올라와 무려 2만 개의 공감을 받은 영상입니다. 영상에는 시민이 어려움을 겪는데도 모른 척하는 경찰의 모습이 찍혀 있습니다. 화면에서 보시는 것처럼, 많은 누리집 소통망 사용자들이 이 영상을 보고 분노했습니다.

진행자: 노인 분이 힘들게 짐을 옮기고 있는 걸 봤는데도, 모른 척하네요? 경찰복을 입은 분이요.

기자: 네. ㉢ 그런데 이 영상은 합성을 통해 만든 가짜입니다.

진행자: 실제로 일어난 적이 없는 상황이라는 건가요?

기자: 네, 맞습니다. ㉣ 이 영상을 만든 사람이 영상 제작 과정을 자신의 누리집 소통망에 올리니 그제서야 가짜인 게 밝혀졌습니다. 보신 것처럼, 기술의 발달로 인해 최근에는 가짜 뉴스가 더욱 교묘한 방식으로 생성되고 있습니다. 이에 얼마 전 국회에서는 미디어 리터러시에 관한 법안을 발의하기도 했습니다.

진행자: 미디어 리터러시에 관한 법안에는 구체적으로 어떤 내용이 포함되어 있나요?

기자: 현 교육 과정에 미디어 리터러시 교육을 도입하자는 내용과 가짜 뉴스에 특히 취약한 고령자를 위해 지역 사회 차원에서 노인 대상의 교육 프로그램을 마련하자는 내용이 포함되어 있습니다.

진행자: 체계적인 교육이 필요하다는 거군요. 다른 나라들은 이와 같은 상황에 어떻게 대응하고 있나요?

기자: 미국 캘리포니아 주에서는 미디어 리터러시 관련 법안이 이미 통과되어 내년부터 시행됩니다. 해당 내용과 관련하여 ㉤ 캘리포니아 주의 관계자와 인터뷰를 나눠봤습니다. (영어로) 미디어 리터러시 법안을 내년부터 시행한다고요?

관계자: (영어로) 네. 우리 주에서는 미디어 리터러시 교육을 필수 교과목으로 지정하고, 미디어 리터러시 교육 인력의 전문성을 기르는 프로그램을 개발하여 진행 중입니다.

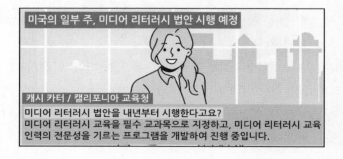

미국의 일부 주, 미디어 리터러시 법안 시행 예정

캐시 카터 / 캘리포니아 교육청

미디어 리터러시 법안을 내년부터 시행한다고요? 미디어 리터러시 교육을 필수 교과목으로 지정하고, 미디어 리터러시 교육 인력의 전문성을 기르는 프로그램을 개발하여 진행 중입니다.

기자 : 급변하는 매체 환경에 제대로 대응하려면 우리나라도 하루 빨리 대책을 세워야겠습니다.

진행자 : 네, 잘 들었습니다. 다음 뉴스입니다.

(나)

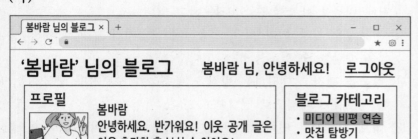

'봄바람' 님의 블로그　봄바람 님, 안녕하세요!　로그아웃

프로필	봄바람	블로그 카테고리

프로필
봄바람
안녕하세요. 반가워요! 이웃 공개 글은 이웃 추가한 후 보실 수 있어요!
이웃 추가

블로그 카테고리
· 미디어 비평 연습
· 맛집 탐방기
· 잡학 지식 모음
· 맞춤법 공부

'미디어 리터러시 교육 법안 발의?'를 보고　전체 공개

작성일: 2024. 5. 21. 10:00:44 (수정됨)　(삭제하기) (수정하기)

뉴스 화면을 캡처함. (캡처: 본인)

　어제 방송된 뉴스에서는 '미디어 리터러시'(🔗 이전에 작성한 글로 이동)를 다뤘다. 최근 화제가 되었던 가짜 뉴스를 소개하면서 그 뉴스 수용자들의 반응을 생생하게 보여 준 점이 특히 좋았다. 그런데 몇 가지 아쉬운 점도 있었다.

　먼저 뉴스에서는 가짜 뉴스가 최근 더욱 교묘한 방식으로 생성되고 있다는 점을 근거로 뉴스 수용자에 대한 미디어 리터러시 교육이 필요하다고 말했는데, 가짜 뉴스를 생성하는 이들에 대한 처벌이 강화되어야 한다는 점을 함께 언급했다면 좋았을 것 같다. 또한 고령자가 가짜 뉴스에 취약하다고 말하면서, 이를 뒷받침하는 객관적인 자료를 제시하지 않았다는 점도 아쉬웠다. 실제로 내 주변을 보면 오히려 어른들이 뉴스를 더 비판적으로 수용하는 것처럼 보이기 때문이다.

　뉴스를 시청한 이후로 미디어 리터러시에 관해 꾸준히 검색해 보면서, 최근 벌어진 일련의 상황에 우리나라가 어떻게 대응하는지 관심을 가지고 지켜보아야겠다는 생각이 들었다.

♡ 공감 15　💬 댓글 2　　　　　📇 인쇄하기 ⓦ 공유하기

버섯돌이 : 저도 어제 뉴스를 보고 미디어 리터러시에 관해 검색했다가 이 블로그에 오게 되었네요. 미디어 리터러시 교육을 교육 과정에 포함하는 것은 좋다고 생각하지만, 고령자를 대상으로 한 교육이 현실적으로 가능할까요?

하얀풍선 : 미디어 리터러시가 가짜 뉴스에 대응하는 데만 필요한 건 아닌데, 미디어 리터러시가 필요한 다른 분야는 알려주지 않아 아쉬웠어요. 우리는 정보의 생산자이기도 하니까, 정보 생산자 관점에서도 미디어 리터러시의 필요성을 다뤄주었으면 좋았겠어요.

40. (가)에 나타난 정보 전달 방식으로 적절하지 <u>않은</u> 것은?

① '진행자'는 시청자에게 질문을 던짐으로써 뉴스에서 전달할 화제를 제시하고 있다.

② '진행자'는 '기자'의 발화 내용을 요약하여 자신의 언어로 바꾸어 말함으로써 해당 정보를 간략히 전달하고 있다.

③ '기자'는 화면을 통해 방송에 대한 시청자의 반응을 제시함으로써 시청자와 실시간으로 소통하고 있다.

④ '기자'는 '진행자'의 질문에 답함으로써 뉴스에서 전달하고자 하는 정보의 내용을 구체화하고 있다.

⑤ '관계자'의 말을 번역하여 자막으로 제시함으로써 외국어에 익숙하지 않은 시청자를 배려하고 있다.

41. (나)에 대한 설명으로 가장 적절한 것은?

① 글의 댓글 기능을 활용하여 수용자가 작성한 질문에 대한 답변을 제공하고 있다.

② 글을 주제에 따라 분류할 수 있는 기능을 활용하여 인기 있는 주제를 상위에 표시하고 있다.

③ 글의 수정 여부를 확인할 수 있는 기능을 활용하여 글에서 수정된 부분을 구체적으로 나타내고 있다.

④ 글의 내용과 관련된 다른 게시글로 이동할 수 있는 기능을 활용하여 수용자의 선택에 따라 정보를 추가적으로 확인할 수 있도록 유도하고 있다.

⑤ 글에 제시된 글쓴이의 주장에 대한 공감도를 표현할 수 있는 기능을 활용하여 글에 담긴 정보의 신뢰도를 나타내고 있다.

42. (가)에 대해 (나)의 사용자들이 보인 수용 태도에 대한 설명으로 적절하지 <u>않은</u> 것은?

① '봄바람'은 뉴스가 최근의 사건과 그에 대한 실제 반응을 제시했다는 점을 긍정적으로 평가하였다.

② '봄바람'은 뉴스의 내용을 구체적으로 언급하며 그 내용에 관한 자신의 견해를 드러내었다.

③ '봄바람'은 자신의 경험을 근거로 하여 뉴스에서 구성한 정보의 문제점을 지적하였다.

④ '봄바람'과 '버섯돌이'는 추가로 정보를 탐색하여 뉴스 내용의 실현 가능성을 검토하였다.

⑤ '봄바람'과 '하얀풍선'은 뉴스에서 정보를 전달하는 관점이 균형적이지 않다는 점에 아쉬움을 표하였다.

43. ㉠~㉤에 대한 설명으로 적절하지 <u>않은</u> 것은?

① ㉠: 선어말 어미 '-시-'를 사용하여, 뉴스를 시청하는 주체를 존중하는 태도를 드러내고 있다.

② ㉡: 부사 '무려'를 사용하여, 영상에 대한 공감 수가 보편적이지 않음을 부각하고 있다.

③ ㉢: 지시 관형사 '이'를 사용하여, 바로 앞에서 언급된 진행자의 발언을 집약적으로 가리키고 있다.

④ ㉣: 연결 어미 '-니'를 사용하여, 영상이 가짜라는 사실이 밝혀진 계기를 설명하고 있다.

⑤ ㉤: 격 조사 '와'를 사용하여, 과거에 기자가 특정 행위를 함께 한 대상을 나타내고 있다.

[44~45] (가)는 인쇄 매체의 기사이고, (나)는 이를 바탕으로 나눈 누리 소통망 대화이다. 물음에 답하시오.

(가)

○○일보   **건강**   2024.10.21 월요일

청소년 눈 건강 적신호… 과도한 전자 기기 사용 삼가야

눈 검사를 받고 있는 청소년
(사진 촬영: 김□□기자)

우리나라 청소년의 10명 중 8명이 근시라는 사실이 밝혀졌다. 대한안과학회가 실시한 조사에 따르면, 우리나라 12~18세 청소년의 근시 유병률은 무려 80.4%로, 60대의 근시 유병률보다 약 4.35배 높았다. 특히 청소년 근시 환자의 과반수가 중증도 및 고도 근시 환자인 것으로 나타났다.

청소년기는 팔다리와 함께 안구의 전후 길이도 길어지므로, 이때 눈 관리에 주의를 기울이지 않으면 더욱 심한 근시가 되기 쉽다. △△대학 병원의 유◇◇ 전문의는 "청소년기에 근시가 악화되면 이후 삶의 질이 크게 떨어진다"고 말하면서, "특히 청소년기의 근시는 성인이 된 후 황반변성, 녹내장, 망막박리 등의 안질환 발생 위험을 높인다"고 덧붙였다.

그렇다면 청소년기 근시를 억제하기 위해서는 어떻게 해야 할까? 먼저, 공부할 때는 밝은 환경을 조성해야 한다. 또한 스마트폰 등의 전자 기기 사용을 하루 1시간 이하로 줄이고, 하루 1시간 이상은 야외 활동을 하는 것이 좋다. 마지막으로 취침 시에는 실내를 완전히 소등하여 눈이 편히 쉴 수 있도록 해야 한다.

김□□기자(kim-nemo@○○news.com)

(나)

가족 방(3명)
알림 꺼짐 내용 검색 영상통화

> **공지** 먼저, 공부할 때는 밝은 환경을 조성해야 한다. 또…

엄마: 오늘 신문에 좋은 기사가 있어서 사진 찍어서 보낸다.

민호: 사진이 안 왔어요!

엄마: 지금 통신 상태가 별로 안 좋은가 봐. 다시 보내볼게.

확대해서 보기 | 저장하기

민호: 아! 청소년 근시에 관한 ○○일보 기사군요! 저도 이 기사 인터넷으로 봤어요!

민호: http://○○news.com/241021heath…

엄마: 어머, 인터넷으로도 똑같은 기사를 읽을 수 있는 걸 깜빡했네. 안 그래도 내용을 복사해 오고 싶었는데.

민호: 무슨 내용이요??

엄마: 먼저, 공부할 때는 밝은 환경을 조성해야 한다. 또한 스마트폰 등의 전자 기기 사용을 하루 1시간 이하로 줄이고, 하루 1시간 이상은 야외 활동을 하는 것이 좋다. 마지막으로 취침 시에는 실내를 완전히 소등하여 눈이 편히 쉴 수 있도록 해야 한다.

엄마: 이 채팅방 공지로 등록해야겠다.

민호: ㅎㅎ 저 요즘은 게임 많이 안 해요!!

'엄마' 님이 공지를 등록했습니다. 공지는 대화방 상단에 고정됩니다.

엄마: 우리 가족 눈은 소중하니까! 다들 명심하도록!

민호: 넵! 아빠는 바쁘신지 대답이 없으시네요. 저처럼 가족 방 알림을 꺼두셨나??

아빠: 다 읽었습니다. 알림은 켜 놨는데, 바빴어! 미안!

---

44. (가)의 정보 구성 및 제시 방식으로 적절하지 <u>않은</u> 것은? [3점]

① 기사의 내용을 문자, 사진 등 복합 양식으로 구성하여 수용자가 다양한 감각을 통해 정보를 이해하도록 하고 있다.

② 기사의 내용을 요약한 제목을 제시하여 수용자가 기사를 읽기 전에 내용을 예측할 수 있도록 하고 있다.

③ 전문성을 갖춘 이의 말을 인용하여 수용자가 문제 상황의 심각성을 깨달을 수 있도록 하고 있다.

④ 질문을 던지고 대답하는 방식을 활용하여 수용자가 궁금해할 만한 정보를 효과적으로 전달하고 있다.

⑤ 정보 생산자와 연락할 수 있는 방법을 제시하여 수용자가 생산자와 소통할 수 있도록 하고 있다.

45. (가)와 (나)에서 확인할 수 있는 매체 활용에 대한 이해로 가장 적절한 것은?

① (가)는 (나)와 달리 사용자가 강조하고 싶은 내용을 매체 상단에 고정할 수 있군.

② (가)는 (나)와 달리 하이퍼링크를 활용하여 사용자가 외부 정보에 쉽게 접속할 수 있군.

③ (가)는 (나)와 달리 일대일 소통을 기반으로 하는 매체의 성격을 지니는군.

④ (나)는 (가)와 달리 시각적 이미지를 사용하여 정보를 생생하게 전달할 수 있군.

⑤ (나)는 (가)와 달리 사용자의 통신 환경에 따라 정보 공유의 속도가 달라질 수 있군.

[35~36] 다음 글을 읽고 물음에 답하시오.

　형태소 분석이란 큰 말의 단위를 의미의 최소 단위인 형태소로 분절하여 말의 구조를 밝히는 과정이다. 그런데 형태소 분석으로 용언의 구조를 밝힐 때, 접사와 어미의 분별에 따른 문제로 인해 혼란이 발생할 수 있다.

　'그림이 벽에 걸리었다.'라는 문장을 보자. 이 문장은 '그리-/-ㅁ/이/벽/에/걸-/-리-/-었-/-다'와 같이 형태소를 분석할 수 있다. 이때 '걸리었다'에서 '-리-'와 '-었-', '-다'는 모두 문법적 의미를 지닌 형식 형태소이지만, 이들의 문법적 성격은 서로 다르다. '-리-'는 '걸-'에 붙어 '걸리-'라는 단어를 파생하는 접사이고, '-었-'과 '-다'는 용언 어간 '걸리-'에 붙어 '걸리-'가 문장에서 쓰이도록 하는 어미이다. 이렇듯 접사와 어미는 문법적 의미를 나타내는 형식 형태소라는 점에서 공통적이지만, 접사는 단어 형성의 차원에서 기능하고 어미는 문장 구성의 차원에서 기능한다. 다만, 통사적 합성어 구성 시에는 어근을 연결하는 데 어미가 개입될 수 있다.

[A]
　이 외에도 접사와 어미 사이에는 많은 문법적 차이가 존재한다. 첫째는, 접사는 어미와 달리 단어의 품사나 통사 구조를 바꿀 수 있다는 점이다. 예를 들어, 형용사 어간 '높-'에 어미가 붙어 '높음', '높게', '높은'과 같이 활용하여도, 형용사 '높-'의 품사와 자릿수는 바뀌지 않는다. 반면, '높-'에 명사 파생 접사 '-이'가 붙어 '높이'가 되면 품사가 명사로 바뀔 뿐만 아니라, 문장 성분을 이끄는 서술성이 사라진다. 둘째는, 결합 가능한 어근에 제한이 있는 접사와 달리, 어미는 결합 가능한 어간에 제한이 없다는 점이다. 이는 명사를 파생하는 접사 '-(으)ㅁ'이나 '-이' 등이 모든 용언 어근과 결합하지는 않는 데서 확인할 수 있다. 셋째는, 어미와 달리 접사는 그 의미가 일정하지 않다는 점이다. 접사 '-이'의 경우 '길이'에서는 '정도'의 의미를 나타내지만, '목걸이'에서는 '사물'의 의미를 나타내고, '절름발이'에서는 '사람'의 의미를 나타낸다. 이를 볼 때, 접사를 통한 단어 형성이 어미를 통한 문장 구성보다 더 많은 제약이 부여되는 문법적 과정임을 알 수 있다.

35. 윗글을 읽고 이해한 내용으로 가장 적절한 것은?

① '짓밟혔다'는 '짓-/밟-/-히-/-었-/-다'로 분석되며, 이때 '-었-'은 파생된 용언의 어간을 이룬다.

② '덤벼들었다'는 '덤비-/-어/들-/-었-/-다'로 분석되며, 이때 '-어'는 어근에 붙어 단어 형성에 관여한다.

③ '떠밀린다'는 '떠-/밀-/-리-/-ㄴ-/-다'로 분석되며, 이때 '-ㄴ-'은 용언 어간에 문법적 의미를 더한다.

④ '짤막합니다'는 '짤막-/-하-/-ㅂ니다'로 분석되며, 이때 '-하-'는 문장 구성의 차원에서 기능하는 형태소이다.

⑤ '잡아먹히겠다'는 '잡-/-아/먹히-/-겠-/-다'로 분석되며, 이때 '-다'는 파생된 용언이 문장에서 쓰이도록 한다.

36. [A]를 바탕으로 <보기>의 ㉠~㉤을 탐구한 내용으로 적절하지 <u>않은</u> 것은?

< 보기 >
㉠ 날개를 펼친 독수리의 자태는 참으로 멋있어 <u>보였다</u>.
㉡ 재고가 <u>늚</u>에 따라 회사의 재정이 <u>악화되기</u> 시작했다.
㉢ <u>코흘리개</u>에 울보였던 네가 이렇게 의젓하게 자랐구나.
㉣ 대부분 <u>삶</u>의 문제는 선입견으로 대상을 <u>보는</u> 데서 비롯된다.
㉤ <u>달리기</u> 중에 갑자기 넘어지는 바람에 많은 사람의 <u>웃음</u>을 샀다.

① ㉠의 '날개'와 ㉢의 '코흘리개'에 쓰인 '-개'의 의미가 다른 데서 접사의 의미가 일정하지 않음을 알 수 있어요.

② ㉠의 '보였다'가 ㉣의 '보는'과 달리 목적어를 요구하지 않는 데서 통사 구조를 바꾸는 접사의 기능을 알 수 있어요.

③ ㉡의 '늚'과 달리 ㉣의 '삶'이 관형어의 수식을 받지 못하는 데서 품사를 바꾸는 접사의 기능을 알 수 있어요.

④ ㉡의 '악화되기'가 ㉤의 '달리기'와 달리 주어를 이끄는 데서 어미와 결합한 어간은 서술성을 잃지 않음을 알 수 있어요.

⑤ ㉢의 '울보'에 쓰인 '-보'가 ㉤의 '웃음'에 쓰인 '음'을 대체할 수 없는 데서 접사에 결합 제한이 있음을 알 수 있어요.

37. <학습 활동>의 ㉠~㉢에 들어갈 예문으로 적절한 것은?

<학습 활동>
<보기>의 조건이 실현된 예문을 만들어 보자.

< 보기 >
ⓐ 피동 표현을 활용할 것.
ⓑ 서술어의 자릿수가 셋일 것.
ⓒ 종결 표현으로 청자에게 행동을 요구할 것.

실현 조건	예문
ⓐ, ⓑ	㉠
ⓐ, ⓒ	㉡
ⓑ, ⓒ	㉢

① ㉠ : 태풍으로 시설이 파괴되었으니 얼른 복구해야 한다.
② ㉠ : 살림으로 거칠어진 어머니의 손이 내 이마에 얹혔다.
③ ㉡ : 버둥대는 아이를 잘 달래어서 여기에 어서 앉히세요.
④ ㉢ : 우리 선생님이 새로운 제자로 삼은 사람이 너였구나.
⑤ ㉢ : 오늘 김치를 잘 담가서 시골의 할머니께 보내 드리자.

38. 다음은 연음과 관련한 수업의 일부이다. [A]에 들어갈 말로 적절하지 <u>않은</u> 것은?

선생님 : 연음은 종성 뒤에 모음이 잇따를 때, 앞 음절 종성이 뒤 음절 초성으로 발음되는 현상입니다. 연음은, 뒤 음절의 모음이 조사, 어미, 접사와 같은 형식 형태소를 이루는 환경에서는 곧바로 이루어지지만, 뒤 음절의 모음이 실질 형태소를 이룰 때는 음절 끝소리 규칙이나 자음군 단순화가 적용된 후에 이루어집니다. 이제, 연음의 조건을 고려하며 다음 ⓐ~ⓔ의 발음들이 틀린 까닭을 설명해 볼까요?

ⓐ 몫을[모글]	ⓑ 부엌에[부어게]
ⓒ 끝을[끄츨]	ⓓ 흙 알갱이[흘갈갱이]
ⓔ 덧없다[더섭따]	

학생 : [A] 잘못된 발음입니다.

선생님 : 네, 맞아요.

---

① ⓐ의 경우, 연음되어야 할 자음이 자음군 단순화로 탈락되었기 때문에

② ⓑ의 경우, '부엌'의 뒤 모음이 형식 형태소를 이루므로 음절 끝소리 규칙이 적용되면 안 되었다는 점에서

③ ⓒ의 경우, 종성의 자음이 있는 그대로 연음되지 않고 불필요한 구개음화가 일어났기 때문에

④ ⓓ의 경우, '흙'의 뒤 모음이 실질 형태소를 이루므로 자음군 단순화가 먼저 일어났어야 하기 때문에

⑤ ⓔ의 경우, 자음군 단순화로 탈락되었어야 할 자음이 음절 끝소리 규칙이 적용된 후 연음되었기 때문에

39. <보기>의 ⓐ~ⓔ 중 명사절이 안은문장의 주성분으로 쓰인 것만을 고른 것은? [3점]

< 보기 >

ⓐ 오시 가비야오ᄆᆞ란 얻디 말라
　[옷의 가벼움일랑 얻지 말라]

ⓑ 여름 미조미 自然이리라 ᄒᆞ시다
　[열매를 맺음이 자연히 이루어지리라 하셨다]

ⓒ ᄆᆞ리 챗 그르멜 보고 녀미 ᄀᆞᆮᄒᆞ니라
　[말이 채찍의 그림자를 보고 감과 같으니라]

ⓓ ᄒᆞᆫ 번 許諾호ᄆᆞ란 엇뎨 驕慢이며 쟈랑이리오
　[한 번 허락함은 어찌 교만이며 자랑이리오.]

ⓔ 봄과 겨슬왜 섯구메 江山애 雲霧ㅣ 어득ᄒᆞ니
　[봄과 겨울이 섞임에 강산에 구름과 안개가 어둑하니]

< 자료 >

○ <보기>에 쓰인 조사 : 주격(이/ㅣ), 목적격(ㄹ) 관형격(이, ㅅ), 부사격(애/에, 이), 보조사(은, ᄋᆞ란)

---

① ⓐ, ⓑ, ⓓ　　　　　② ⓐ, ⓒ, ⓓ

③ ⓐ, ⓒ, ⓔ　　　　　④ ⓑ, ⓒ, ⓔ

⑤ ⓑ, ⓓ, ⓔ

[40~43] (가)는 텔레비전 방송이고, (나)는 (가)를 본 학생의 메모이다. 물음에 답하시오.

(가)

진행자 : ⓐ 우리나라 방방곡곡의 축제 소식을 전해 드리는 '지금 우리나라는'을 시작합니다. 김○○ 리포터. 오늘 강원도의 산천어 축제를 생생하게 전해 주신다면서요?

리포터 : 네, 저는 요즘 가장 화제가 되고 있는 강원도의 산천어 축제에 다녀왔습니다. 추운 겨울에도 축제는 많은 인파로 뜨거운 분위기였는데요. 영상으로 그 현장을 보시죠.

영상 속 리포터 : 시청자 여러분, 여기가 어딘지 아시나요? 여기는 바로 강원도의 산천어 축제 현장입니다. ⓑ 인파가 어마어마하게 몰렸는데요. 산천어 축제를 제대로 즐기는 방법, 오늘 제가 알려 드리겠습니다.

진행자 : 축제에 참여한 분들의 즐거움이 영상으로도 고스란히 전해지네요.

리포터 : 그렇죠? 축제장의 1일 최대 수용 인원은 8,000명인데, 매일 최대 수용 인원을 모두 채우고 있는 것으로 보입니다. 계속 보시죠.

영상 속 리포터 : 제가 지금 서 있는 곳은 얼음낚시를 할 수 있는 체험장입니다. 여기서 잡은 고기를 구이 터나 회 센터에 가지고 가면 맛있게 먹을 수 있습니다.

진행자 : 우와, 지금 화면에 나오는 음식이 산천어 구이지요? ⓒ 화면만 봐도 군침이 돕니다.

리포터 : 구이 터나 회 센터는 모두 축제장 내에 있습니다. 잡은 산천어를 가지고 가면 손질을 다 해주신답니다. 체험 이외에도 다양한 겨울 놀이를 즐길 수 있었는데요, 영상으로 보시죠.

영상 속 리포터 : 저는 현재 놀이터에 와 있습니다. ⓓ 아까보다 어린이 친구들이 많이 보이네요. 놀이터에서는 얼음 썰매, 눈썰매, 봅슬레이 등의 다양한 겨울 놀이를 즐길 수 있습니다. 시민 한 분과 말씀 나눠 보겠습니다. 안녕하세요. 산천어 축제에는 어떻게 오게 되었나요?

시민 : 이제 고등학교 3학년이 되는데, 공부로 인한 스트레스를 풀기 위해 가족들과 함께 오게 되었습니다.

영상 속 리포터 : 굉장히 중요한 1년을 앞두고 있군요. 이번 여행 덕에 힘낼 수 있을 것 같은가요? 어때요?

시민 : 네. ⓔ 몸에 좋은 산천어를 먹으니까 힘이 납니다.

영상 속 리포터 : 하하. 인터뷰 감사합니다. 이렇게 많은 시민분들께서 강원도의 아름다운 겨울을 즐기고 계십니다. 겨울 여행을 계획하고 계신 분들, 산천어 축제는 어떠신가요?

진행자 : 영상 잘 봤습니다. 산천어 축제 기간은 언제까지인가요?

리포터 : 산천어 축제 기간은 1월 28일까지입니다. 산천어 축제를 즐기신 뒤 근처의 민속 박물관이나 산촌 마을도 함께 관광하신다면 더욱 좋은 여행을 하실 수 있을 겁니다.

(나)

> 여행 지리 수업 시간에 강원도의 산천어 축제에 관해 발표해야겠어. ㉠ 첫 번째 슬라이드에는 리포터의 말을 참고하여 산천어 축제에서 할 수 있는 활동들을 제시하되, 정보 간 관계를 잘 드러내고 시각적 이미지도 사용해야지. ㉡ 두 번째 슬라이드에는 강원도의 산천어 축제에 방문하고 싶어 하는 학생들을 위한 정보를 제시하고, 슬라이드를 만든 목적이 잘 드러나는 제목을 넣어야겠어.

40. (가)를 시청한 학생의 반응으로 적절하지 <u>않은</u> 것은?

① 진행자는 방송의 시작에 방송 내용을 간략히 안내함으로써 수용자의 기대를 높였군.

② 진행자는 현장에 있는 리포터와 소통함으로써 외부 상황을 실시간으로 전달하였군.

③ 진행자는 화면에 나오는 내용에 대한 감탄을 표함으로써 방송 분위기를 밝게 형성하였군.

④ 리포터는 화제와 관련된 수치 자료를 언급함으로써 해당 내용에 관한 구체적인 정보를 제공하였군.

⑤ 리포터는 인터뷰 대상의 특성을 반영한 질문을 던짐으로써 화제에 대한 긍정적인 반응을 끌어내었군.

41. 다음은 (가)가 끝난 후의 시청자 게시판이다. 시청자들의 수용 태도에 대한 설명으로 적절하지 <u>않은</u> 것은?

> **시청자 게시판** × ☐
>
> **시청자 1 :** 지금 진행 중인 축제를 소개해줘서 좋았어요. 이번 주말에 바로 가 보려고 합니다.
>
> **시청자 2 :** 매일 최대 수용 인원을 채우고 있다는 내용은 객관적인 정보인가요? 체험장이 많이 붐비는지 정확히 알고 싶어요.
>
> **시청자 3 :** 찾아보니 얼음낚시와 겨울 놀이 말고도 진행되는 행사가 많던데, 언급하지 않아서 아쉬웠어요.
>
> **시청자 4 :** 저처럼 지역 축제 관련 정보를 어디서 얻어야 할지 모르는 사람들에게 정말 유용한 방송이에요.
>
> **시청자 5 :** 방송 자막보다 강원도의 풍경을 많이 보여 줘서 제 고민이 다 사라지는 것 같았어요. 고마워요!

① 시청자 1은 방송 주제의 시의성에 대한 평가를 바탕으로 리포터의 제안을 수용하고 있다.

② 시청자 2는 리포터가 제공하는 정보를 바탕으로 방송 내용의 신뢰성을 점검하고 있다.

③ 시청자 3은 방송 주제와 관련하여 새로 획득한 지식을 바탕으로 방송 내용의 충분성을 점검하고 있다.

④ 시청자 4는 방송 프로그램의 취지에 대한 평가를 바탕으로 방송의 효용성을 판단하고 있다.

⑤ 시청자 5는 방송의 화면 구성에 대한 평가를 바탕으로 방송의 정보 전달력을 점검하고 있다.

42. 다음은 (나)에 따라 제작한 발표 자료이다. 제작 과정에서 고려한 내용으로 적절하지 <u>않은</u> 것은? [3점]

① 리포터의 말을 참고하기로 한 ㉠에서는 리포터가 방문한 두 체험 공간에 관한 정보를 제시해야지.

② 정보 간 관계를 드러내기로 한 ㉠에서는 화살표를 통해 얼음낚시를 위해 준비해야 하는 것들을 단계별로 제시해야지.

③ 시각적 이미지를 활용하기로 한 ㉠에서는 강원도 산천어 축제에서 즐길 수 있는 활동을 그림으로 제시해야지.

④ 축제에 관심이 있는 수용자를 고려하기로 한 ㉡에서는 축제에 관한 추가 정보를 얻을 수 있는 방법을 제시해야지.

⑤ 슬라이드를 만든 목적이 드러나는 제목을 넣기로 한 ㉡에서는 축제에 참여하기를 권하는 내용의 제목을 제시해야지.

43. ⓐ~ⓔ에 대한 설명으로 가장 적절한 것은?

① ⓐ : 특수 어휘 '드리다'를 사용하여, 축제 소식을 전달하는 주체를 높고 있다.

② ⓑ : 선어말 어미 '-었-'을 사용하여, 축제 현장의 인파가 몰린 상황이 방송 중인 현재까지 지속되고 있음을 나타내고 있다.

③ ⓒ : 보조사 '만'을 사용하여, 축제에 직접 가지 못하는 아쉬움을 강조하고 있다.

④ ⓓ : 격 조사 '보다'를 사용하여, 현재와 비교되는 대상을 드러내고 있다.

⑤ ⓔ : 연결 어미 '-니까'를 사용하여, 뒤 절의 내용으로 인해 앞 절의 내용이 발생했음을 설명하고 있다.

[44~45] (가)는 전자책의 일부이고, (나)는 전자책을 사용한 학생이 전자책 제조사 누리집에 올린 글이다. 물음에 답하시오.

(가)

🔍 **생각의 구체화** 1/12 ❭ ─ⓐ
📶 PM 5:13
ⓑ 🔋

메모하는 습관은 작가에게만 좋은 것이 아니다. 실제로 메모를 강조하는 사람들을 우리는 👆 위에서 쉽게 만나볼 수 있다. 메모가 그토록 강조되는 이유는 무엇일까?

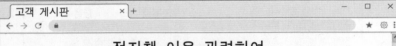
형광펜 밑줄 긋기 사전 검색 ─ⓒ

• 메모는 생각의 구체화를 가능하게 한다.
• 메모는 불완전한 기억력을 보완할 수 있다.
• 메모는 일의 우선순위를 결 │ 화면이 캡처되었습니다. 무단 전재,
유포, 공유는 법적인 제재를 받을 수
있습니다. ✖
ⓓ

≡ 목차 │ A↕ 글자 크기 │ ☀ 화면 밝기 │ 🔒 회전 잠금 │ ⚙ 설정

(나)

┌─────────────────────────────┐
│ 고객 게시판   × +   ─ □ ✕ │
│ ← → ⟳   ★ ⊕ ⋮ │
├─────────────────────────────┤

전자책 이용 관련하여...

문의 제품 모델명 : AEE-EQTT
작성일 : 2024.02.15. 18:00:03

안녕하세요. 전자책 이용과 관련하여 요청 사항과 궁금한 점이 있어서 글을 남깁니다.

먼저 검색어 기능을 활용할 때, 검색어가 포함된 본문이 여러 개일 경우 모든 본문을 처음부터 순서대로 넘겨서 보아야 하는 게 불편합니다. 검색어가 포함된 부분을 목록으로 보여 주고, 특정 목록을 누르면 바로 그 페이지로 이동할 수 있도록 하는 게 어떨까요? 또 전자책을 보고 있는 기기의 배터리가 얼마나 남았는지 숫자로 표기하면 좋겠습니다. 그리고 글의 특정 부분을 캡처할 때가 많은데, 그때마다 본문을 가리는 알림 창이 떠서 불편합니다. 저작권 관련 알림은 다른 방식으로 알려 주면 좋겠어요.

궁금한 점도 있는데요! 특정 문장을 선택하면 노출되는 선택 창에 형광펜과 밑줄 긋기 기능이 굳이 두 개 다 있어야 하나요? 그리고 누워서 책을 읽을 때 자꾸 전자책 화면이 돌아가요... 이건 어떻게 고정할 수 있는지 궁금합니다.

관리자

작성일 : 2024.02.16. 10:12:41

안녕하세요, 고객님. 문의해 주신 내용에 답변드립니다.

먼저 요청 사항에 대해 답변드립니다. 검색 기능을 사용할 때, 검색어가 포함된 모든 본문을 순서대로 넘겨보는 것이 불편하다고 하셨는데요, '❭'이 아니라 '1/n' 글자를 누르시면 그 검색어가 포함된 내용을 목록으로 보실 수 있습니다. 배터리 잔량의 숫자 표기와 관련한 요청은 타당하다고 판단해 다음 업데이트에 해당 기능을 제공할 예정입니다. 그리고 화면 캡처 후 뜨는 알림 창은 저작권 보호를 위해 반드시 노출해야 하는 것으로, 우측 하단의 'X'를 눌러 없앨 수 있습니다.

다음으로 궁금한 점에 대해 답변드립니다. 형광펜과 밑줄 긋기 기능은 내용을 구분하여 저장하고자 하는 고객들의 편의를 위해 함께 제공되고 있습니다. 그리고 화면이 돌아가는 것을 막으려면 하단의 '회전 잠금'을 누르시면 됩니다. 누워서 전자책을 보는 경우가 많다는 건, 밤에 책을 자주 읽으신다는 거겠죠? 밤에는 반드시 화면 밝기를 낮춰서 눈을 보호하시기 바랍니다. 감사합니다.

< 이전 글 : 문의드립니다.
> 다음 글 : 안녕하세요. 전자책을 사용하다가...

44. (가)와 (나)에 대한 설명으로 적절한 것은?

① (가)에서는 (나)와 달리 내용이 작성된 시각을 구체적으로 표기하고 있다.
② (가)에서는 (나)와 달리 여러 작성자의 글을 한 화면에 열람하여 비교할 수 있다.
③ (가)에서는 (나)와 달리 글자의 크기를 바꿔 화면에 제시되는 정보의 양을 바꿀 수 있다.
④ (나)에서는 (가)와 달리 검색 기능을 사용하여 사용자가 정보를 쉽게 찾을 수 있도록 편의를 제공하고 있다.
⑤ (나)에서는 (가)와 달리 사용자가 강조하고 싶은 내용을 다른 표기 방식으로 나타낼 수 있다.

45. ㉠~㉤과 관련하여 (나)를 이해한 것으로 적절하지 않은 것은?

① 학생은 정보 검색의 편의성을 고려하여 ㉠에 새로운 기능을 추가해 줄 것을 관리자에게 요구하고 있다.
② 관리자는 전자책 이용자의 편의를 고려하여 ㉡에 대한 학생의 요청 사항을 수용하고 있다.
③ 관리자는 사용자들의 정보 관리 양상이 상이하다는 사실을 바탕으로 ㉢의 기능이 필요한 이유를 알려 주고 있다.
④ 학생은 저작권 보호를 위한 알림의 효과가 미흡함을 언급하며 ㉣을 개선할 새로운 방안을 제안하고 있다.
⑤ 관리자는 학생이 전자책을 읽는 환경을 예측하여 ㉤의 기능이 학생에게 도움이 될 것임을 안내하고 있다.

[35~36] 다음 글을 읽고 물음에 답하시오.

국어에서는 명사와 명사가 결합하여 합성 명사를 이룰 때, 사잇소리 현상이라는 특수한 음운 현상이 일어날 수 있다. 사잇소리 현상에는 '물+고기→물고기[물꼬기]'처럼 된소리되기가 일어나는 것과 'ㄴ' 소리가 덧나는 'ㄴ' 첨가 현상이 있다. 또, 단어에 따라 '깨 + 잎 → 깻잎[깬닙]'과 같이 'ㄴㄴ'이 첨가되기도 한다.

하지만 합성 명사에서 항상 사잇소리 현상이 일어나는 것은 아니다. 가령 '비바람[비바람]'처럼 구성 요소가 병렬적 관계를 형성하거나, '도토리묵[도토리묵]'처럼 앞말이 뒷말의 재료가 됨을 나타내는 경우, '불장난[불장난]'처럼 앞말이 뒷말의 수단을 나타내는 경우는 사잇소리 현상이 일어나지 않는다. 반면 '밀가루[밀까루]', '어젯밤[어젣빰]'처럼 앞말이 뒷말의 기원이나 시간이 됨을 나타낼 때는 사잇소리 현상으로서의 된소리되기가 일어날 수 있다. 요컨대, 일정한 의미관계에 따라 사잇소리 현상의 적용 여부가 결정되는 것이다.

한편, 자음으로 끝난 말 뒤에 'ㅣ'나 반모음 'j'로 시작하는 말이 결합할 때는 'ㄴ'이 첨가되는 음운 현상이 일어난다. 이때 'ㅣ'나 'j'로 시작하는 말은 반드시 실질 형태소이거나 한자 계열의 접미사여야 한다. 이와 달리, 'ㅣ'나 'j'로 시작하지만 어미나 조사와 같이 고유어로 된 문법 형태소가 올 때는 'ㄴ'이 첨가되지 않는다. 이러한 ⓐ'ㄴ' 첨가 현상은 '코+날→콧날[콘날]'에서 나타나는 ⓑ 사잇소리 현상으로서의 'ㄴ' 첨가와 몇 가지 차이를 보인다. 먼저, 첨가되는 'ㄴ'의 위치가 사잇소리 현상은 앞말의 종성이지만, 'ㄴ' 첨가 현상은 뒷말의 초성이다. 다음으로 'ㄴ'이 첨가되는 음운론적 환경의 경우, 사잇소리 현상은 앞말이 모음으로 끝나고 뒷말이 비음으로 시작해야 하지만, 'ㄴ' 첨가 현상은 앞말이 자음으로 끝나고 뒷말이 'ㅣ', 'j'로 시작해야 한다. 또한 그 적용 영역이 합성어에 국한되는 사잇소리 현상과 달리, 'ㄴ' 첨가 현상은 합성어, 파생어, 단어 경계에까지 더 폭넓게 적용된다.

35. <보기>에서 윗글의 ⓐ, ⓑ에 해당하는 것끼리 바르게 짝지은 것은?

─── < 보기 > ───

ㄱ 뫼 + 마루 → [묀 : 마루] ㄴ 맨 + 입 → [맨닙]
ㄷ 눈 + 요기 → [눈뇨기] ㄹ 한 + 여름 → [한녀름]
ㅁ 배 + 머리 → [밴머리] ㅂ 이 + 몸 → [인몸]

	ⓐ	ⓑ
①	ㄴ, ㄹ	ㄱ, ㄷ, ㅁ, ㅂ
②	ㄱ, ㄴ, ㅂ	ㄴ, ㄷ, ㅁ
③	ㄴ, ㄷ, ㄹ	ㄱ, ㅁ, ㅂ
④	ㄱ, ㄴ, ㄷ, ㄹ	ㅁ, ㅂ
⑤	ㄱ, ㄴ, ㅁ, ㅂ	ㄷ, ㄹ

36. 윗글을 바탕으로 <자료>에 제시된 단어를 탐구한 내용으로 적절하지 <u>않은</u> 것은?

─── < 자료 > ───

단어	뜻
기와집	지붕을 기와로 인 집
불고기	살코기를 저며 불에 구운 음식
물불	물과 불을 아울러 이르는 말
강줄기	강물이 뻗어 흐르는 선
겨울비	겨울철에 오는 비

① '기와집'은 '도토리묵'과 달리 구성 요소가 장소의 의미 관계를 형성하므로, 사잇소리 현상이 적용되겠군.
② '불고기'는 '물고기'와 달리 구성 요소가 수단의 의미 관계를 형성하므로, 사잇소리 현상이 적용되지 않겠군.
③ '물불'은 '비바람'과 마찬가지로 구성 요소가 병렬적 관계를 형성하므로, 사잇소리 현상이 적용되지 않겠군.
④ '강줄기'는 '밀가루'와 마찬가지로 구성 요소가 기원의 의미 관계를 형성하므로, 사잇소리 현상이 적용되겠군.
⑤ '겨울비'는 '어젯밤'과 마찬가지로 구성 요소가 시간의 의미 관계를 형성하므로, 사잇소리 현상이 적용되겠군.

37. <보기>의 밑줄 친 부분에서 알 수 있는 중세 국어의 문법적 특징에 대한 설명으로 적절하지 <u>않은</u> 것은?

─── < 보기 > ───

(가) 王이 듣고 깃거 그 나모 **미틔** 가
   [왕이 듣고 기뻐하여 그 나무 밑에 가서]
(나) 앗가본 거시 몸 ㄱ티니 **업스니이다**
   [아까운 것이 몸 같은 것이 없습니다]
(다) 쏘 **부텨끠** 술보디 世尊하 녜 업스샤스이다
   [또 부처께 사뢰되 세존이시여 예 없으십니다]
(라) 사르미 살면 주그미 이실씨 모로매 **늙ᄂ니라**
   [사람이 살면 죽음이 있으므로 모름지기 늙는 것이다.]
(마) 千載上ㅅ 말이시나 **귀예** 듣논가 너기ᅀᆞᄫᆞ쇼셔
   [천 년 전의 말씀이시나 귀에 듣는 듯이 여기소서]

① (가) : 무정 명사에 결합하는 관형격 조사 '의'가 쓰였다.
② (나) : 청자를 높이는 선어말 어미 '-이-'가 쓰였다.
③ (다) : 객체를 높이는 부사격 조사 '끠'가 쓰였다.
④ (라) : 현재 시제를 나타내는 선어말 어미 '-ᄂ-'가 쓰였다.
⑤ (마) : 반모음 'ㅣ'로 끝나는 체언에 결합하는 부사격 조사 '예'가 쓰였다.

38. <학습 활동>을 수행한 결과로 적절한 것은? [3점]

<학습 활동>

아래 그림에 따라 [자료]의 ㉠~㉤을 분류할 때, ⓒ에 해당하는 것만을 있는 대로 찾아보자.

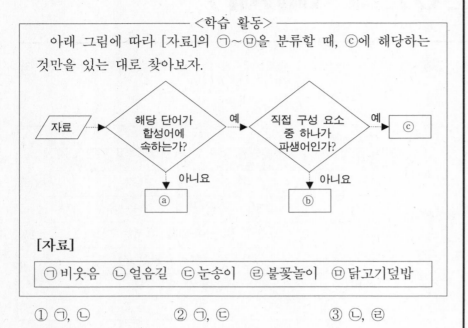

[자료]
| ㉠ 비웃음 ㉡ 얼음길 ㉢ 눈송이 ㉣ 불꽃놀이 ㉤ 닭고기덮밥 |

① ㉠, ㉡   ② ㉠, ㉢   ③ ㉡, ㉣
④ ㉠, ㉣, ㉤   ⑤ ㉡, ㉣, ㉤

39. 다음은 피동문과 관련한 수업의 일부이다. <보기>의 [A]에 들어갈 말로 적절하지 <u>않은</u> 것은?

< 보기 >

선생님 : 우리말에서 능동문을 피동문으로 바꿀 경우, 일반적으로 능동문의 주어는 대응하는 피동문의 부사어가 되고, 능동문의 목적어는 대응하는 피동문의 주어가 됩니다.

학생 : 아, 그렇군요. 그런데 선생님, 그렇다면 능동문과 피동문은 항상 일대일로 대응하는 식으로 존재하나요?

선생님 : 항상 그런 것은 아닙니다. 가령 형식상 피동문으로 보여도 의도가 개입할 수 없는 자연적인 발생이나 변화를 나타내는 경우, 또 주체의 행동에 의한 상황이 아닌 경우에는 대응하는 능동문을 설정하기 어렵습니다. 한편 능동문이라도 나타내는 행위 자체가 의미상 피동적인 경우, 또 피동문으로 바꾸었을 때 주어와 부사어가 호응이 되지 않는 경우에는 대응하는 피동문을 설정하기 어렵지요. 그럼 다음 ⓐ~ⓔ을 통해 능동문과 피동문의 대응 관계를 설명해 볼까요?

ⓐ 동생에게 화를 낸 일이 마음에 <u>걸린다</u>.
ⓑ 어제는 추웠는데 오늘은 날씨가 <u>풀렸다</u>.
ⓒ 그는 집 앞 공원을 청소하여 칭찬을 <u>들었다</u>.
ⓓ 모기 한 마리가 밤새도록 우리 가족을 <u>물었다</u>.
ⓔ 유치원에서 그 아이는 색종이를 열심히 <u>뜯었다</u>.

학생 : [A]

① ⓐ는 주체의 행동에 의한 상황이 아닌 경우를 나타내므로, 대응하는 능동문을 설정하기 어렵습니다.

② ⓑ는 주체의 의도가 개입할 수 없는 자연적인 상황 변화를 나타내므로, 대응하는 능동문을 설정하기 어렵습니다.

③ ⓒ는 행위 자체가 의미상 피동적이므로, 대응하는 피동문을 설정하기 어렵습니다.

④ ⓓ는 피동문을 만들면 의도를 가질 수 없는 무정물이 주어가 되므로, 대응하는 피동문을 설정하기 어렵습니다.

⑤ ⓔ는 피동문을 만들면 주어와 부사어가 호응이 되지 않으므로, 대응하는 피동문을 설정하기 어렵습니다.

[40~43] (가)는 동영상 플랫폼이고, (나)는 학생들이 휴대 전화 메신저로 나눈 대화의 일부이다. 물음에 답하시오.

(가)

[화면 1] 동영상 플랫폼 화면

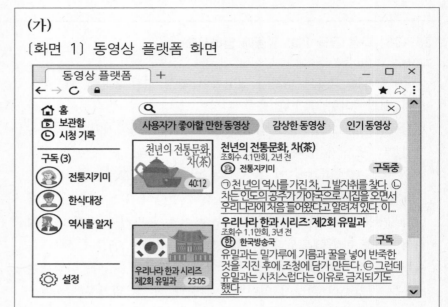

[화면 2] [화면 1]에서 '한국방송국'의 동영상을 클릭한 화면

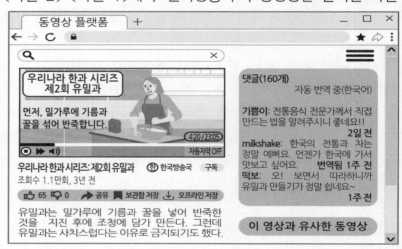

(나)

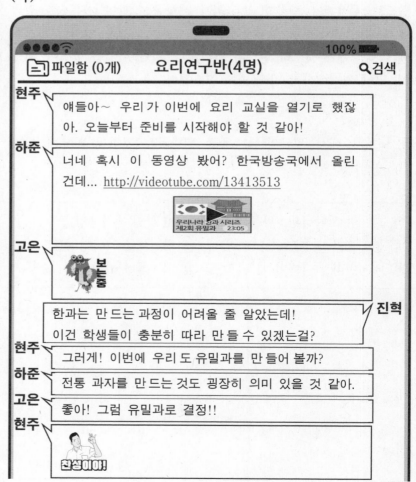

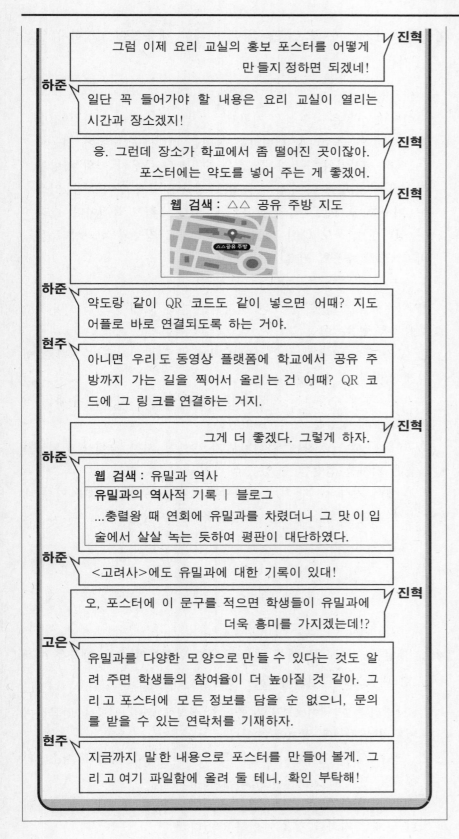

진혁 그럼 이제 요리 교실의 홍보 포스터를 어떻게 만들지 정하면 되겠네!

하준 일단 꼭 들어가야 할 내용은 요리 교실이 열리는 시간과 장소겠지!

진혁 응. 그런데 장소가 학교에서 좀 떨어진 곳이잖아. 포스터에는 약도를 넣어 주는 게 좋겠어.

진혁 웹 검색 : △△ 공유 주방 지도

하준 약도랑 같이 QR 코드도 같이 넣으면 어때? 지도 어플로 바로 연결되도록 하는 거야.

현주 아니면 우리도 동영상 플랫폼에 학교에서 공유 주방까지 가는 길을 찍어서 올리는 건 어때? QR 코드에 그 링크를 연결하는 거지.

진혁 그게 더 좋겠다. 그렇게 하자.

하준 웹 검색 : 유밀과 역사
유밀과의 역사적 기록 | 블로그
...충렬왕 때 연회에 유밀과를 차렸더니 그 맛이 입술에서 살살 녹는 듯하여 평판이 대단하였다.

하준 <고려사>에도 유밀과에 대한 기록이 있네!

진혁 오, 포스터에 이 문구를 적으면 학생들이 유밀과에 더욱 흥미를 가지겠는데!?

고은 유밀과를 다양한 모양으로 만들 수 있다는 것도 알려 주면 학생들의 참여율이 더 높아질 것 같아. 그리고 포스터에 모든 정보를 담을 순 없으니, 문의를 받을 수 있는 연락처를 기재하자.

현주 지금까지 말한 내용으로 포스터를 만들어 볼게. 그리고 여기 파일함에 올려 둘 테니, 확인 부탁해!

40. (가), (나)에 대한 이해로 가장 적절한 것은? [3점]

① (가)는 수용자의 취향을 반영하여 콘텐츠를 추천해 주므로 수용자는 정보를 효율적으로 얻을 수 있겠군.

② (나)는 정보 생산자가 익명성을 바탕으로 불특정 다수와 소통하므로 정보의 확장이 쉽게 이루어질 수 있겠군.

③ (가)는 (나)와 달리 다수의 정보 생산자가 존재하므로 수용자는 대상에 관한 다각적인 정보를 확인할 수 있겠군.

④ (나)는 (가)와 달리 시청각을 활용하여 정보를 전달할 수 있으므로 수용자는 정보를 더 깊이 이해할 수 있겠군.

⑤ (가)와 (나)는 모두 정보 생산자가 정보 생산 과정에서 수용자의 반응을 확인할 수 있으므로 인쇄 매체에 비해 수용자의 만족도가 높게 나타날 수 있겠군.

41. (가)의 ㉠~㉢에 대한 설명으로 적절하지 <u>않은</u> 것은?

① ㉠: '그'를 사용하여 앞 문장에서 언급한 대상을 다시 가리키고 있다.

② ㉠: '발자취'를 사용하여 차가 발전해 온 과정을 비유적으로 표현하고 있다.

③ ㉡: '-면서'를 사용하여 차가 우리나라에 들어오게 된 사건을 드러내고 있다.

④ ㉡: '으로'를 사용하여 인도의 공주가 차를 가지고 오게 된 이유를 밝히고 있다.

⑤ ㉢: '그런데'를 사용하여 유밀과와 관련하여 새로운 사실을 제시할 것임을 나타내고 있다.

42. (나)에 나타난 매체 활용 방식으로 가장 적절한 것은?

① '하준'은 동영상의 하이퍼링크를 공유하여 다른 대화 참여자가 정보를 빨리 얻을 수 있도록 하였다.

② '고은'은 문자를 결합한 이미지를 활용하여 '하준'이 전달한 정보와 관련된 '하준'의 행위를 드러내었다.

③ '진혁'은 자신의 현재 위치를 공유하여 '고은'의 제안에 자신이 동의하지 않는 이유를 설명하였다.

④ '하준'은 메신저에서 제공하는 웹 검색 기능을 사용하여 해당 대화방에서 이전에 나누었던 정보를 다시 공유하였다.

⑤ '현주'는 자료를 파일함에 올려 다른 대화 참여자가 시공간적 제약 없이 자료를 확인할 수 있도록 하였다.

43. (나)를 바탕으로 다음과 같은 포스터를 만들었다고 할 때, 포스터에 대해 이해한 내용으로 적절하지 <u>않은</u> 것은?

제X회 □□고 요리교실: 전통 과자 '유밀과'

연회에 "유밀과"를 차렸더니 그 맛이 입술에서 살살 녹는 듯하여 평판이 대단하였다. – 〈고려사〉

주최: □□고 요리연구반

내가 바로 유밀과!

다양한 모양 틀이 준비되어 있어요!

언제 열리나요?
20XX년 XX월 XX일(토) 오후 5시!
어디서 열리나요?
◎◎로 137번길 23, △△ 공유 주방!
★찾아오는 길: ⬅ 학교에서 오는 길을 "동영상"으로 확인할 수 있어요!
문의 사항은 3학년 진고은 010-XXXX-XXXX로 연락 주세요♥

① '하준'의 의견을 바탕으로 행사가 개최되는 시간과 장소를 대화 형식을 사용하여 제시했다.

② '현주'의 의견을 바탕으로 학교에서부터 행사 장소로 오는 길을 촬영한 동영상으로 연결되는 QR 코드를 제시했다.

③ '진혁'의 의견을 바탕으로 수용자의 관심을 유도하기 위해 행사 주제와 관련한 문헌 자료를 제시했다.

④ '고은'의 의견을 바탕으로 수용자의 참여율을 높이기 위해 다양한 형태의 유밀과를 그림으로 제시했다.

⑤ '고은'의 의견을 바탕으로 지면의 한계를 보완하기 위해 수용자가 추가로 정보를 얻을 수 있는 방법을 제시했다.

공무원 9급 공개경쟁채용 필기시험

【시험과목】

과 목	영 어

응시자 주의사항

2023 심우철 실전 동형 모의고사 1회

심슨 LAB 심슨영어연구소

SEASON I

영 어

※ 밑줄 친 부분의 의미와 가장 가까운 것을 고르시오. [문 1. ~ 문 3.]

문 1.
> It may be more efficient for parents to procure the information themselves.

① store
② share
③ obtain
④ exchange

문 2.
> Bus seats are made of special fabrics with weird patterns to mask stains.

① odd
② dark
③ vertical
④ common

문 3.
> He had a long face when he saw people he trusted appear in the music video.

① was angry
② was surprised
③ looked sad
④ looked happy

※ 밑줄 친 부분에 들어갈 말로 가장 적절한 것을 고르시오. [문 4. ~ 문 5.]

문 4.
> If your immunity decreases due to lack of exercise, you will be more _____ to various diseases, so you should maintain exercise habits.

① versatile
② susceptible
③ convenient
④ substantial

문 5.
> Both escalators in the subway station were _____, so I had to take the stairs.

① on edge
② out of order
③ second to none
④ over the moon

문 6. 어법상 옳은 것은?
① She considers punctuality a crucial trait for her assistants to have.
② His laptop had been stolen when coming back from the bathroom.
③ Even elderly people are happy to praise for what they did well.
④ We used to playing soccer in the parking lot when we were in elementary school.

문 7. 다음 글의 내용과 일치하지 않는 것은?

> Aleksandr Scriabin was a Russian composer noted for his use of unusual harmonies. Born in 1872 in Moscow, he was trained as a soldier from 1882 to 1889 but studied music at the same time and took piano lessons. His reputation stems from his grandiose symphonies and his sensitive, exquisitely polished piano music. Although Scriabin was an admirer of Frédéric Chopin in his youth, he early developed a personal style. As his thought became more and more mystical, egocentric, and ingrown, his harmonic style became ever less generally intelligible. Meaningful analysis of his work only began appearing in the 1960s, and yet his music had always attracted a devoted following among modernists.

① Scriabin is known for using unique harmonies.
② Scriabin's fame is due to his sophisticated piano music.
③ Scriabin imitated Chopin's harmonic style.
④ Even before the 1960s, Scriabin's work attracted modernists.

문 8. 밑줄 친 부분 중 어법상 옳지 않은 것은?

> A crucial early aspect of jazz — indeed, the aspect ① that many point to as the defining feature of jazz — is improvisation. This involves the musician freely ② played novel notes, notes that were not written in advance by a composer. The format of the improvisation and the degree of freedom of the performer ③ vary depending on the type of jazz. This feature marks a stark contrast with pre-twentieth century European music, in ④ which the performer was largely subservient to the composer.

문 9. 다음 글의 제목으로 가장 적절한 것은?

> We are preoccupied by the size of things: big cars, big sandwiches, and big salaries. In dreams, and in the bestselling books we buy, we seek grand thoughts. The logic we use is the bigger the idea, the bigger the value, but often that's not true. There's a myth at work here, an assumption that big results only come from radical changes. However, there's good evidence for a counter-argument. The problems that hold people back from greatness are often small things, consistently overlooked. The problem is a simple idea that is rejected by ignorance, lack of discipline or ordinary incompetence. If those simpler, smaller, ideas were set free, the effect would be as potent as any grand theory. Yet somehow we discount simple ideas for being playthings, for being too small to be worthy, dismissing the surprising power hidden in our smallest decisions.

① Small Things Make a Great Difference
② The Myth about How to Change Ourselves
③ Great Ideas That Were Originally Rejected
④ The Path of Greatness Filled with Challenges

공무원 9급 공개경쟁채용 필기시험

응시번호	
성 명	

【시험과목】

과 목	영 어

응시자 주의사항

1. 시험시작 전에 시험문제를 열람하는 행위나 시험종료 후 답안을 작성하는 행위를 한 사람은 「공무원임용시험령」 제51조에 의거 부정행위자로 처리됩니다.

2. 답안지 책형 표기는 시험시작 전 감독관의 지시에 따라 문제책 앞면에 인쇄된 책형을 확인한 후, 답안지 책형란의 해당 책형(1개)에 "●"와 같이 표기하여야 합니다.

3. 답안은 반드시 문제책 표지의 과목순서에 맞추어 표기하여야 하며, 과목순서를 바꾸어 표기한 경우에도 문제책 표지의 과목순서대로 채점되므로 유의하시기 바랍니다.

   - 특히, 선택과목의 경우 원서접수 시 선택한 과목이 아닌 다른 과목을 선택하여 답안을 표기하거나, 선택 과목 순서를 바꾸어 표기한 경우에도 응시표에 기재된 선택과목 순서대로 채점되므로 유의하시기 바랍니다.

4. 시험이 시작되면 문제를 주의 깊게 읽은 후, 문항의 취지에 가장 적합한 하나의 정답을 고르며, 문제내용에 관한 질문을 하실 수 없습니다.

5. 답안을 잘못 표기하였을 경우에는 답안지를 교체하여 작성하거나 수정테이프만을 사용하여 수정할 수 있으며(수정액 또는 수정스티커 등은 사용 불가), 부착된 수정테이프가 떨어지지 않도록 눌러주어야 합니다.

   - 불량 수정테이프의 사용과 불완전한 수정처리로 인해 발생하는 모든 문제는 응시자 본인에게 책임이 있습니다.

6. 시험시간 관리의 책임은 응시자 본인에게 있습니다.

※ 문제책은 시험종료 후 가지고 갈 수 있습니다.

2023 심우철 실전 동형 모의고사 2회

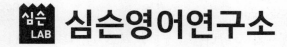

심슨영어연구소

영 어

※ 밑줄 친 부분의 의미와 가장 가까운 것을 고르시오. [문 1. ~ 문 3.]

문 1.
> Surveillance cameras caught a clumsy driver repeatedly backing out of a parking space.

① careful　　　　　② reckless
③ practiced　　　　④ awkward

문 2.
> If your cat ingests toothpaste, you should take it to the animal hospital as soon as possible.

① uses　　　　　　② squeezes
③ hides　　　　　　④ swallows

문 3.
> These scanning techniques seem to be efficient in detecting the tumor irrespective of its size.

① in case of　　　　② in spite of
③ by means of　　　④ regardless of

문 4. 밑줄 친 부분에 들어갈 말로 가장 적절한 것은?
> I want to _____ the man who hit me when I was in middle school.

① bring up　　　　　② carry on
③ get even with　　　④ make do with

※ 어법상 옳지 않은 것을 고르시오. [문 5. ~ 문 6.]

문 5. ① A person who makes no mistakes makes nothing.
② Lots of restrictions on exports have recently eliminated.
③ It is not possible to predict when it will happen again.
④ We often need to keep up with the trend to avoid becoming obsolete.

문 6. ① Wakanda has been a closed country for the last decades.
② Love, honest, and diligence are great values I should have.
③ The number of homeless people in the cities is increasing.
④ Had she known he was the boss, she wouldn't have argued with him.

※ 우리말을 영어로 잘못 옮긴 것을 고르시오. [문 7. ~ 문 8.]

문 7. ① 이 책은 너무 어려워서 읽을 수 없다.
→ This book is so difficult that I can read it.
② 너는 작은 방에 누워 있느니 차라리 나가는 것이 낫겠다.
→ You would rather go out than lie in a small room.
③ 나는 오픈 북 시험을 위해 책을 가져오는 것을 잊었다.
→ I forgot to bring the book for the open book exam.
④ 그 남자는 그녀에게 왜 그의 의견을 무시했는지 물었다.
→ The man asked her why she ignored his opinions.

문 8. ① 운동을 끝내자마자 나는 어깨가 아프기 시작했다.
→ Scarcely had I finished working out when my shoulder started to hurt.
② 무슨 문제가 있으면 주저하지 말고 연락하세요.
→ Don't hesitate to contact me if you have any problems.
③ 우리가 빨리 물을 퍼내지 않으면 이 배는 가라앉을 것이다.
→ This ship will sink unless we pump out the water quickly.
④ 그가 그런 제안을 했다니 미쳤음이 틀림없다.
→ He should have been insane to make such a suggestion.

문 9. 두 사람의 대화 중 가장 어색한 것은?
① A: I submitted my job application but got no calls.
   B: The process usually takes a while.
② A: Do you have any recommendations for my brother's gift?
   B: Tell me some of the things he likes first.
③ A: I always forget to water my plants.
   B: I know the park with the most beautiful flowers.
④ A: I'm hesitant to get married these days.
   B: Me too. I'm not sure if my life will get better.

문 10. 밑줄 친 부분에 들어갈 말로 가장 적절한 것은?
> A: Honey, do you mind doing the laundry? I'll do the dishes.
> B: Sure, I'll get right on it.
> A: Oh, and use the detergent in the red bottle. The green one had a weird smell, so I bought a different one.
> B: _____
> A: That's okay. I should have told you earlier.

① What do you mean by a weird smell?
② Sorry, I didn't do the laundry yet.
③ I figured that. I put in the right one.
④ Oh no, I already used the green one.

문 11. 주어진 글 다음에 이어질 글의 순서로 가장 적절한 것은?
> When markets work efficiently, we rightly let them operate on their own.

(A) A possible answer, which we now look into, is that markets do not always operate efficiently, and market failure, as it has come to be called, provides an argument for public intervention.

(B) Instead, we accept the market outcome. Why should the arts be an exception? Why not leave arts output to be settled in the marketplace alongside the output of running shoes, television sets, and tennis rackets?

(C) We do not find it necessary for the government to intervene in the markets for running shoes, television sets, or tennis rackets. We do not have a national shoe policy or a national tennis racket policy or policies to influence the output of countless other consumer goods.

① (B) — (A) — (C)　　② (B) — (C) — (A)
③ (C) — (A) — (B)　　④ (C) — (B) — (A)

공무원 9급 공개경쟁채용 필기시험

응시번호	
성 명	

문 제 책 형
다

【시험과목】

과 목	영 어

응시자 주의사항

1. 시험시작 전에 시험문제를 열람하는 행위나 시험종료 후 답안을 작성하는 행위를 한 사람은 「공무원임용시험령」 제51조에 의거 부정행위자로 처리됩니다.

2. 답안지 책형 표기는 시험시작 전 감독관의 지시에 따라 문제책 앞면에 인쇄된 책형을 확인한 후, 답안지 책형란의 해당 책형(1개)에 "●"와 같이 표기하여야 합니다.

3. 답안은 반드시 문제책 표지의 과목순서에 맞추어 표기하여야 하며, 과목순서를 바꾸어 표기한 경우에도 문제책 표지의 과목순서대로 채점되므로 유의하시기 바랍니다.

   - 특히, 선택과목의 경우 원서접수 시 선택한 과목이 아닌 다른 과목을 선택하여 답안을 표기하거나, 선택 과목 순서를 바꾸어 표기한 경우에도 응시표에 기재된 선택과목 순서대로 채점되므로 유의하시기 바랍니다.

4. 시험이 시작되면 문제를 주의 깊게 읽은 후, 문항의 취지에 가장 적합한 하나의 정답을 고르며, 문제내용에 관한 질문을 하실 수 없습니다.

5. 답안을 잘못 표기하였을 경우에는 답안지를 교체하여 작성하거나 수정테이프만을 사용하여 수정할 수 있으며(수정액 또는 수정스티커 등은 사용 불가), 부착된 수정테이프가 떨어지지 않도록 눌러주어야 합니다.

   - 불량 수정테이프의 사용과 불완전한 수정처리로 인해 발생하는 모든 문제는 응시자 본인에게 책임이 있습니다.

6. 시험시간 관리의 책임은 응시자 본인에게 있습니다.

   ※ 문제책은 시험종료 후 가지고 갈 수 있습니다.

2023 심우철 실전 동형 모의고사 3회

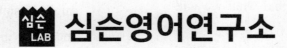

심슨영어연구소

영 어

※ 밑줄 친 부분의 의미와 가장 가까운 것을 고르시오. [문 1. ~ 문 3.]

문 1.

> They can freely pursue economic, social, and cultural development by virtue of the rights.

① as to   ② thanks to
③ instead of   ④ apart from

문 2.

> She seems to have an exceptional talent for composing and writing lyrics.

① popular   ② moderate
③ linguistic   ④ outstanding

문 3.

> It was a laborious business to go through all the documents to find errors.

① arduous   ② daily
③ improper   ④ profitable

문 4. 밑줄 친 부분에 들어갈 말로 가장 적절한 것은?

> Building managers should _____ regular maintenance checks of electrical wiring to prevent fire.

① break into   ② fill out
③ look after   ④ carry out

문 5. 다음 글의 내용과 일치하는 것은?

> After its discovery by Marie and Pierre Curie in the early 20th century, radium became the new wonder drug. The use of radium in medicine became so common that every kind of disease was treated by radium therapy: not only breast cancer but also diabetes. As a consequence of this tremendous success, the radium industry grew rapidly during the 1920s, and numerous goods, especially cosmetics, doped with radium were on sale. It was even considered that to stay healthy, one should drink a glass of radioactive water every day, prepared by using a radium percolator. This "radium craze" lasted for more than 25 years. Then, just before World War II radium use was considered dangerous and the number of its applications decreased.

① Radium was rarely used for medical purposes.
② In the 1920s, using radium in cosmetics was illegal.
③ Radioactive water was once thought to be healthy.
④ The radium craze went on until the end of World War II.

문 6. 어법상 옳은 것은?

① You have to be more careful about that you trust.
② It was an amazing achievement for such young a professional gamer.
③ Our genes determine how tall we will be and what we will look like.
④ The bereaved families demanded that the names of the victims were not disclosed.

문 7. 다음 글의 제목으로 가장 적절한 것은?

> The late comedian Groucho Marx used to joke, "I wouldn't want to belong to any club that would accept me as a member." Subscription websites, frequent flyer programs, and various CEO service clubs today attract their members on this principle of exclusivity. Even popular social media sites today that built their brand on welcoming everyone to join for free now offer "exclusive" programs for a fee. You pay your fee, and the sponsor commits to keeping out the common people while you enjoy certain privileges of the elite. As part of the "brand," admission to the group never gets discounted, access requires rigorous requirements, and prestige remains part of the payoff. Persuade people that not everyone has access to what you're offering and watch the response.

① Maintain Exclusivity to Fascinate Members
② Easy Access: The Feature of a Good Group
③ How to Operate a Membership Loyalty Program
④ Don't Exclude the Common People from a Group

문 8. 밑줄 친 부분 중 어법상 옳지 않은 것은?

> Newspapers remained the principal provider of information to the public until the 1920s ① which the invention of radio introduced a new medium for delivering news to the public. When new technologies threaten an industry, that industry must reinvent itself, and that is exactly ② what the newspapers of the day did. They began ③ offering more in-depth coverage than they previously provided in order to compete with the radio broadcasts of the news. By changing their format, newspapers ④ survived the invention of radio.

문 9. 주어진 문장이 들어갈 위치로 가장 적절한 것은?

> However, just let the chameleon effect come naturally to you.

> The chameleon effect is a phenomenon defined as the unconscious mirroring or mimicking the mannerisms, gestures, or facial expressions of the people we interact with. The name comes from the chameleon, an animal which changes the appearance of its skin to blend into any environment it finds itself in. (①) Researchers believe mimicking others has the potential to positively influence our social interactions with them. (②) When you are in a room full of strangers, it helps them see you as someone who acts in the same way they do. (③) In other words, you will look more relatable and approachable to them. (④) When it becomes blatant that you are mimicking them, they might misinterpret your intentions as an insult or mockery and this will result in the opposite of the desired effect you wished to achieve.

공무원 9급 공개경쟁채용 필기시험

응시번호	
성 명	

문제 책 형

㉰

【시험과목】

과 목	영 어

응시자 주의사항

1. 시험시작 전에 시험문제를 열람하는 행위나 시험종료 후 답안을 작성하는 행위를 한 사람은 「공무원임용시험령」 제51조에 의거 부정행위자로 처리됩니다.

2. 답안지 책형 표기는 시험시작 전 감독관의 지시에 따라 문제책 앞면에 인쇄된 책형을 확인한 후, 답안지 책형란의 해당 책형(1개)에 "●"와 같이 표기하여야 합니다.

3. 답안은 반드시 문제책 표지의 과목순서에 맞추어 표기하여야 하며, 과목순서를 바꾸어 표기한 경우에도 문제책 표지의 과목순서대로 채점되므로 유의하시기 바랍니다.

  – 특히, 선택과목의 경우 원서접수 시 선택한 과목이 아닌 다른 과목을 선택하여 답안을 표기하거나, 선택 과목 순서를 바꾸어 표기한 경우에도 응시표에 기재된 선택과목 순서대로 채점되므로 유의하시기 바랍니다.

4. 시험이 시작되면 문제를 주의 깊게 읽은 후, 문항의 취지에 가장 적합한 하나의 정답을 고르며, 문제내용에 관한 질문을 하실 수 없습니다.

5. 답안을 잘못 표기하였을 경우에는 답안지를 교체하여 작성하거나 수정테이프만을 사용하여 수정할 수 있으며(수정액 또는 수정스티커 등은 사용 불가), 부착된 수정테이프가 떨어지지 않도록 눌러주어야 합니다.

  – 불량 수정테이프의 사용과 불완전한 수정처리로 인해 발생하는 모든 문제는 응시자 본인에게 책임이 있습니다.

6. 시험시간 관리의 책임은 응시자 본인에게 있습니다.

  ※ 문제책은 시험종료 후 가지고 갈 수 있습니다.

2023 심우철 실전 동형 모의고사 4회

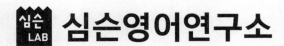
심슨영어연구소

SEASON I

영 어

문 1. 밑줄 친 부분의 의미와 가장 가까운 것은?

> Social media puts an emphasis on building real-time engagement with consumers.

① stress
② end
③ obstacle
④ idea

※ [문 2.~문 4.] 밑줄 친 부분에 들어갈 말로 가장 적절한 것을 고르시오.

문 2.

> There are three classes he wants to take, but since they are _____, he can only take one.

① concurrent
② excellent
③ empty
④ meaningful

문 3.

> Like any successful manufacturer, nature always seems _____ to cut the cost of production. Nature prefers to build machines that are tailored to work without being over-specialized. For example, there is no point building an all-purpose machine when some purposes are unlikely or redundant — that would be too costly. It is much better and more efficient to anticipate the most likely world rather than having the machine specified in advance. This is how evolution selects for the best fit. Those with systems that are not suitable for their environment are not as efficient and will eventually lose the race to reproduce. This explains why babies' brains are pre-wired loosely to expect certain worlds they have not yet encountered and then become streamlined and matched to their own world through experience.

① discreet
② atypical
③ integrated
④ optimized

문 4.

> Negotiators at this year's UN climate talks in Glasgow gave poor countries hope for more financial support to _____ global warming.

① give off
② add to
③ cope with
④ leave out

문 5. 밑줄 친 부분의 의미와 가장 가까운 것은?

> Experts maintained that farmers should be prioritized in discussions about the future of food systems.

① estimated
② ensured
③ protected
④ insisted

※ [문 6.~문 7.] 우리말을 영어로 잘못 옮긴 것을 고르시오.

문 6. ① 스마트폰은 노인들이 사용하기 어렵다.
→ Smartphones are difficult for the elderly to use.
② 모든 사람이 신용카드를 가질 만큼 나이가 많은 것은 아니다.
→ Not everyone is old enough to have a credit card.
③ 네가 집에 도착하면 나는 빨래를 이미 했을 것이다.
→ I will have already done the laundry if you get home.
④ 새 프린터는 이전 모델보다 더 빠르게 작동한다.
→ The new printer operates more quickly than the previous model was.

문 7. ① 그의 마음을 바꾸려고 해 봐야 소용없다.
→ It is no use trying to change his mind.
② 그는 네가 현금을 주머니에 넣는 것을 보았다.
→ He saw you put the cash in your pocket.
③ 월드 베이스볼 클래식은 4년마다 열린다.
→ The World Baseball Classic is held every four years.
④ 어린이의 약 80%가 매일 비디오 콘텐츠를 소비한다.
→ About 80 percent of children consumes video content on a daily basis.

문 8. 어법상 옳은 것은?
① He will investigate the matter and then proposing a resolution.
② People were excited to watch the movie starring Tom Cruise.
③ I do Pilates three times a week, what makes me keep in shape.
④ This information on potential clients has collected since last year.

문 9. 다음 글의 제목으로 가장 적절한 것은?

> By the early 18th century, many credited the German mathematician and philosopher Gottfried Wilhelm Leibniz with inventing the study of calculus. Leibniz had, after all, been the first to publish papers on the topic in 1684 and 1686. But when Isaac Newton published a book called *Opticks* in 1704, in which he asserted himself as the father of calculus, a debate arose. Newton claimed to have thought up the idea first, and apparently wrote about the branch of mathematics in 1665 and 1666. However, he only shared his work with a few colleagues. As the battle between the two intellectuals heated up, Newton accused Leibniz of plagiarizing one of his early drafts. Today, however, historians accept that Newton and Leibniz were co-inventors, having come to the idea independently of each other.

※ calculus: 미적분학

① Newton, the Father of Calculus
② Calculus as Leibniz's Achievement
③ Leibniz vs. Newton: the Birth of Calculus
④ The Collaboration between Two Great Minds

공무원 9급 공개경쟁채용 필기시험

【시험과목】

과 목	영 어

응시자 주의사항

1. 시험시작 전에 시험문제를 열람하는 행위나 시험종료 후 답안을 작성하는 행위를 한 사람은 「공무원임용시험령」 제51조에 의거 부정행위자로 처리됩니다.

2. 답안지 책형 표기는 시험시작 전 감독관의 지시에 따라 문제책 앞면에 인쇄된 책형을 확인한 후, 답안지 책형란의 해당 책형(1개)에 "●"와 같이 표기하여야 합니다.

3. 답안은 반드시 문제책 표지의 과목순서에 맞추어 표기하여야 하며, 과목순서를 바꾸어 표기한 경우에도 문제책 표지의 과목순서대로 채점되므로 유의하시기 바랍니다.

   - 특히, 선택과목의 경우 원서접수 시 선택한 과목이 아닌 다른 과목을 선택하여 답안을 표기하거나, 선택 과목 순서를 바꾸어 표기한 경우에도 응시표에 기재된 선택과목 순서대로 채점되므로 유의하시기 바랍니다.

4. 시험이 시작되면 문제를 주의 깊게 읽은 후, 문항의 취지에 가장 적합한 하나의 정답을 고르며, 문제내용에 관한 질문을 하실 수 없습니다.

5. 답안을 잘못 표기하였을 경우에는 답안지를 교체하여 작성하거나 수정테이프만을 사용하여 수정할 수 있으며(수정액 또는 수정스티커 등은 사용 불가), 부착된 수정테이프가 떨어지지 않도록 눌러주어야 합니다.

   - 불량 수정테이프의 사용과 불완전한 수정처리로 인해 발생하는 모든 문제는 응시자 본인에게 책임이 있습니다.

6. 시험시간 관리의 책임은 응시자 본인에게 있습니다.

   ※ 문제책은 시험종료 후 가지고 갈 수 있습니다.

2023 심우철 실전 동형 모의고사 5회

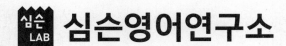

심슨 LAB 심슨영어연구소

영 어

※ 밑줄 친 부분의 의미와 가장 가까운 것을 고르시오. [문 1. ~ 문 4.]

문 1.
> Breathing in fine dust can be hazardous to your health.

① unsafe
② stable
③ inevitable
④ feasible

문 2.
> If the investigation is deemed poor, the court should be circumspect in evaluating the evidence.

① humble
② stubborn
③ cautious
④ plausible

문 3.
> I had no idea that they would fall for each other at the drop of a hat.

① instantly
② extremely
③ accordingly
④ eventually

문 4.
> The Korean teacher made fun of him in front of his friends for being too thin.

① praised
② ridiculed
③ scolded
④ portrayed

문 5. 어법상 옳은 것은?

① The current financial crisis is worse than those of the past.
② It is really thoughtful for you to remember my birthday.
③ Please give me the key when you leave from the hotel.
④ This wine is discounted for 7 days, after which it will return to its normal price.

문 6. 우리말을 영어로 가장 잘 옮긴 것은?

① 지난 토요일에 한국시리즈 4차전이 있었다.
→ There had been Game 4 of the Korean Series last Saturday.
② 아인슈타인은 세계의 다른 어떤 과학자보다 위대하다.
→ Einstein is greater than any other scientists in the world.
③ 국무총리는 2020년 총선이 연기될 것이라고 발표했다.
→ The Prime Minister announced that the 2020 general election will be delayed.
④ 많은 값싼 모조품들이 시장에서 비싼 가격에 팔리고 있다.
→ A number of cheap imitations are being sold at expensive prices in the market.

문 7. 우리말을 영어로 잘못 옮긴 것은?

① 비록 키가 작지만 그는 누구보다 강하다.
→ Short as he is, he is stronger than anyone else.
② 그는 모든 면에서 경쟁자들보다 뛰어나다.
→ He is superior to his competitors in every respect.
③ 한우는 너무 비싸서 매일 먹을 수 없다.
→ Korean beef is too expensive to eat it every day.
④ 우리는 예정된 오찬을 취소할 수밖에 없었다.
→ We had no choice but to cancel the scheduled luncheon.

문 8. 다음 글의 요지로 가장 적절한 것은?

> The U.S. Food and Drug Administration (FDA) considers zero-calorie sugar alternatives, including sucralose, aspartame, and acesulfame-K, safe when consumed in acceptable amounts, as they don't raise your blood sugar levels. In determining safety of artificial additives, the FDA reviews data on outcomes such as reproductive health, cancer risk, and potential toxic effects to your nervous system. However, questions remain about whether they are connected with other problems or not. For example, there's no clear evidence that they'll help with long-term blood sugar control or weight management. Some studies have linked sucralose with a significant decrease in insulin sensitivity, which is thought to be due to changes in glucose metabolism. This may explain why long-time diet soda drinkers were at a significantly high risk of developing Type 2 diabetes. Moreover, studies have also raised concerns that diet soda may raise the risk of heart disease and stroke.

① Artificial additives have been improved over time.
② Consuming diet sodas can help prevent diabetes.
③ Use of sucralose should be limited because of its harmfulness.
④ Zero-calorie sugar alternatives may not necessarily be safe.

문 9. 다음 글의 제목으로 가장 적절한 것은?

> About a third of people in the UK collect something. For a football fan who collects club memorabilia, it is a way to express loyalty; for rare stamp collectors, there can be a sense of superiority from possessing something that others yearn for. From an anthropological point of view, the desire to collect is a result of changes in lifestyles about 12,000 years ago. Our ancestors gave up their nomadic lifestyles and settled down, and the need for storing surplus food until the next harvest would lead to the pure satisfaction of owning things. And a psychoanalytical explanation is that collecting is motivated by existential anxieties - the collection, an extension of our identity, lives on, even though we do not. More recently, evolutionary theorists suggested that collection was a way for a man to attract potential mates by signaling his ability to accumulate resources. A phenomenon known as the endowment effect would also account to some extent for the reason for continuing collection, of which the point is that we value things more once we own them.

① When Did Humans Start to Own Things?
② Why Do We Collect Things?
③ How Could Collection Become a Hobby?
④ How to Decide What to Collect

공무원 9급 공개경쟁채용 필기시험

응시번호	
성 명	

문제책형

ⓒ

【시험과목】

과 목	영 어

응시자 주의사항

1. 시험시작 전에 시험문제를 열람하는 행위나 시험종료 후 답안을 작성하는 행위를 한 사람은 「공무원임용시험령」 제51조에 의거 부정행위자로 처리됩니다.

2. 답안지 책형 표기는 시험시작 전 감독관의 지시에 따라 문제책 앞면에 인쇄된 책형을 확인한 후, 답안지 책형란의 해당 책형(1개)에 "●"와 같이 표기하여야 합니다.

3. 답안은 반드시 문제책 표지의 과목순서에 맞추어 표기하여야 하며, 과목순서를 바꾸어 표기한 경우에도 문제책 표지의 과목순서대로 채점되므로 유의하시기 바랍니다.

   - 특히, 선택과목의 경우 원서접수 시 선택한 과목이 아닌 다른 과목을 선택하여 답안을 표기하거나, 선택 과목 순서를 바꾸어 표기한 경우에도 응시표에 기재된 선택과목 순서대로 채점되므로 유의하시기 바랍니다.

4. 시험이 시작되면 문제를 주의 깊게 읽은 후, 문항의 취지에 가장 적합한 하나의 정답을 고르며, 문제내용에 관한 질문을 하실 수 없습니다.

5. 답안을 잘못 표기하였을 경우에는 답안지를 교체하여 작성하거나 수정테이프만을 사용하여 수정할 수 있으며(수정액 또는 수정스티커 등은 사용 불가), 부착된 수정테이프가 떨어지지 않도록 눌러주어야 합니다.

   - 불량 수정테이프의 사용과 불완전한 수정처리로 인해 발생하는 모든 문제는 응시자 본인에게 책임이 있습니다.

6. 시험시간 관리의 책임은 응시자 본인에게 있습니다.

   ※ 문제책은 시험종료 후 가지고 갈 수 있습니다.

2023 심우철 실전 동형 모의고사 6회

심슨영어연구소

SEASON I

영 어

문 1. 밑줄 친 부분에 들어갈 말로 가장 적절한 것은?

> Summer follows spring and autumn _____ winter.

① placates
② precedes
③ preserves
④ persuades

※ 밑줄 친 부분의 의미와 가장 가까운 것을 고르시오. [문 2. ~ 문 4.]

문 2.

> She is deft at performing the dental work required to enhance the appearance of your teeth.

① inept
② skillful
③ amused
④ annoyed

문 3.

> It is an undeniable fact that foreign visitors should abide by the local customs.

① drop by
② conform to
③ do without
④ make light of

문 4.

> Due to the 4th industrial revolution, many jobs are being supplanted by AI or machines.

① created
② enhanced
③ replaced
④ restored

문 5. 어법상 옳은 것은?

① Of all the people in this room, how much can manage their diets properly?
② I think it difficult to find a replacement for him by next month.
③ His argument was so convinced that the board unanimously approved the plan.
④ At tomorrow's meeting, they discussed how to motivate employees.

문 6. 밑줄 친 부분의 의미와 가장 가까운 것은?

> Brown was recognized as a potential future leader while still in enlisted boot camp. He never forgot how the Air Force had taken a kid who was wet behind the ears and turned him into a leader.

① noticeable
② passionate
③ incompetent
④ inexperienced

문 7. 밑줄 친 부분 중 어법상 옳지 않은 것은?

> Newton's first law, ① called the law of inertia, states that if the total force on an object equals zero, then it will continue in its current state of rest or motion. Thus, for instance, if a stone is motionless, it will remain ② motionless until an outside force acts upon it, such as the wind or a foot kicking it. Furthermore, if a rock is flying through the air, say, because it was thrown, then it will continue at the same speed indefinitely unless another force ③ will act upon it, such as gravity or air friction. Of course, in the real world, there ④ is always a force to act upon a moving object.

문 8. 우리말을 영어로 잘못 옮긴 것은?

① 이 노래는 내가 가져본 적이 없는 것에 대해 향수를 불러일으킨다.
  → This song makes me nostalgic for something I never had.
② 가능한 한 적게 드세요, 그렇지 않으면 비만이 될 것입니다.
  → Eat as little as you can, or you will become obese.
③ 이것이 카타르 월드컵에서 누가 우승할 것인지에 대한 나의 예측이다.
  → This is my prediction as to whom will win the Qatar World Cup.
④ 네가 좀 더 조심했더라면 차에 치이지 않았을 텐데.
  → If you had been more careful, you wouldn't have been run over.

문 9. 밑줄 친 (A), (B)에 들어갈 말로 가장 적절한 것은?

> Diffusion of new communication technology goes through a predictable sequence of stages. First, we gain knowledge about the new idea from the media and from people we know. __(A)__, we may learn about new e-books in a TV news story or see our classmate use one. Then we weigh the merits. Does it cost too much? How much do we need the lecture notes that are available only in the e-book version? Finally, we decide to try it and make our purchase. Afterward, we continue to reassess our experience with the innovation and confirm, reject, or modify our use of it. We may find that our own handwritten lecture notes are more useful than the e-books and regret our purchase. __(B)__, we decide which innovations to pursue according to the expected outcomes of our adoption decision, and we then continually monitor the fulfillment of those expectations.

	(A)	(B)
①	For example	On the other hand
②	For example	In other words
③	By contrast	In conclusion
④	By contrast	at the same time

공무원 9급 공개경쟁채용 필기시험

응시번호	
성 명	

【시험과목】

과 목	영 어

응시자 주의사항

2023 심우철 실전 동형 모의고사 7회

심슨영어연구소

영 어

※ 밑줄 친 부분의 의미와 가장 가까운 것을 고르시오. [문 1. ~ 문 2.]

문 1.

> There is a rapid and simple methodology to probe the effectiveness of the growth process.

① evaluate   ② investigate
③ reveal   ④ strengthen

문 2.

> The contract with him holds good until February 2023.

① is skeptical   ② is valid
③ is important   ④ is confidential

문 3. 두 사람의 대화 중 가장 어색한 것은?

① A: Ugh! I have gum stuck in my hair and I can't get it off. What do I do?
    B: I think you should cut that part off.
② A: You're better at math than I am.
    B: Not a chance. I'm the top of my class.
③ A: Rachel, why didn't you answer my calls?
    B: Sorry, I forgot to leave the sound on.
④ A: I'm going to visit my mom in the hospital.
    B: Please send her my best wishes.

문 4. 밑줄 친 부분에 들어갈 말로 가장 적절한 것은?

> A: Excuse me, sir. I need you to pull over.
> B: Why? Was I speeding?
> A: Yes. You were driving over the speed limit.
> B: Okay. This is my first time, so _____?
> A: A mail will be sent to your home with details on ways to pay.

① how do I pay the fine   ② how fast was I going
③ how can I pull over   ④ how much is the ticket

※ 우리말을 영어로 잘못 옮긴 것을 고르시오. [문 5. ~ 문 6.]

문 5. ① 내가 그녀의 전화번호를 안다면 너에게 줄 수 있을 텐데.
    → If I knew her phone number, I could give it to you.
② 나는 그녀와 이야기하면 할수록 더 피곤해졌다.
    → The more I talked with her, the more tired I became.
③ 그의 지시를 정확히 따르는 것이 매우 중요하다.
    → It is of great importance to follow his instructions exact.
④ 그는 그들에게 속아온 것에 대해 정말로 화가 났다.
    → He was really vexed at having been deceived by them.

문 6. ① 부모님과 나는 아르헨티나에 가본 적이 없다.
    → My parents and I have never been to Argentina.
② 나는 약속을 많이 잡는 것보다 집에 누워 있는 것을 좋아한다.
    → I prefer lying at home to make many appointments.
③ 의사는 그에게 단백질 섭취를 줄일 것을 제안했다.
    → The doctor suggested that he reduce his protein intake.
④ 그는 돈을 다 잃고 나서야 정신을 차렸다.
    → It was not until he lost all his money that he came to his senses.

※ 밑줄 친 부분 중 어법상 옳지 않은 것을 고르시오. [문 7. ~ 문 8.]

문 7.

> Humans are unique creatures in that they have the ability ① to manipulate their environment to suit their needs, whereas most animals must adapt to the environment they find themselves in. Additionally, ever since humans developed this ability, they ② have been converting forested areas into non-forested areas; essentially engaging in deforestation. When humans learned to create and control fire, it completely changed ③ their relationship with the land. Fire was a tool that could ④ be utilizing to alter the landscape, which gave humans a competitive advantage over the other animals.

문 8.

> The art of dyeing can be extremely complex and time consuming, ① which can be demonstrated by the ancient art of batik. Batik is an Indonesian word that means wax-written and is used to ② describe a fascinating dyeing practice that, as the name suggests, utilizes dye-resistant wax to dye fabrics numerous brilliant colors using especially intricate designs. Though the origins of batik are unknown, it is known ③ that by the thirteenth century, it was an important art form in Java. Batik requires tremendous patience and great attention to detail, and the process of applying the wax, dyeing, repeating, and removing the dye ④ are believed to help the artist develop spiritual discipline.

문 9. 다음 글의 제목으로 가장 적절한 것은?

> Before a negotiation begins, you usually have a chance to interact with the people from the other side of the table when they're not under pressure. The way a person behaves while enjoying a croissant and coffee during the meet and greet may be different from the way they behave when the atmosphere is laced with stress and tension. Pre-negotiation, observe how the other people behave. Ask them questions, to which you already know the answers. Observe how the individuals react as they answer. If they're being honest, you'll notice calm and relaxed movements and facial expressions. If they're not being honest, you'll spot the give-away behaviors, such as jerky gestures, avoiding their eyes or staring you down, and tense facial expressions. Once negotiations begin, you have a base of behaviors from which to judge the other person's levels of honesty.

① Identify Baseline Behaviors Before Negotiation
② Preparation: The Best Strategy to Win a Negotiation
③ Negotiation as a Part of Everyday Life and Business
④ Honesty Does Not Guarantee Success in a Negotiation

공무원 9급 공개경쟁채용 필기시험

【시험과목】

과 목	영 어

응시자 주의사항

2023 심우철 실전 동형 모의고사 8회

심슨 LAB 심슨영어연구소

SEASON I

영 어

※ 밑줄 친 부분의 의미와 가장 가까운 것을 고르시오. [문 1. ~ 문 2.]

문 1.

New initiatives aimed at reducing the burden of high taxes are laudable.

① promising   ② commendable
③ impressive   ④ superficial

문 2.

If people pursued moderation in their diets, their bodies would stay healthy and robust.

① temperance   ② solicitude
③ dialect   ④ anguish

문 3. 두 사람의 대화 중 가장 어색한 것은?

① A: I can barely turn my neck. It really hurts!
   B: I think you should have it checked.
② A: Do you have any water? I ran out of mine.
   B: No, but we should see a convenience store soon.
③ A: It's so expensive to eat out nowadays.
   B: That's why I prefer to dine at a restaurant.
④ A: What are you getting your parents for Christmas?
   B: No idea. What would be good?

문 4. 밑줄 친 부분에 들어갈 말로 가장 적절한 것은?

A: Hey, I loved your group presentation. It was the best!
B: Seriously? I was so nervous I blanked out for a while.
A: I noticed. Everyone in your group seemed that way.
B: We even skipped a few parts by mistake.
A: Yeah, I noticed that too.
B: Then, _____?
A: The contents. Your group had so many good ideas that were both creative and realistic.

① what made you so nervous
② what did you like about it
③ what was the real problem
④ what would you do differently

문 5. 밑줄 친 부분 중 어법상 옳지 않은 것은?

Discrimination makes upward mobility ① highly difficult. Systematic inequality in the United States has caused a disproportionately high number of ethnic minorities ② to be poor. Discrimination then adds another ③ challenge for people who might be educated and talented but who belong to a visible minority. People who are not white are discriminated against when applying for jobs and when trying to buy a house. Therefore, not only ④ it is difficult to get a job that would allow them to move into a wealthier neighborhood, but people also face difficulties because of their ethnicity.

문 6. 어법상 옳은 것은?

① Nothing changed thereafter he quit drinking soda.
② She objected to being considered for the team leader position.
③ We blamed them for show very poor leadership in defending the capital.
④ Samsung is one of the lead brand in the smartphone and electronic device market.

문 7. 주어진 글 다음에 이어질 글의 순서로 가장 적절한 것은?

In his 1972 book, *The Social Animal*, Elliot Aronson puts forward "Aronson's First Law:" people who do crazy things are not necessarily crazy.

(A) Aronson, however, argues that although psychotic people certainly exist, even people who are generally psychologically healthy can be driven to such extremes of human behavior that they appear insane.

(B) It is therefore important that, before diagnosing people as psychotic, social psychologists make every effort to understand the situations people have been facing and the pressures that were operating on them when the abnormal behavior took place.

(C) The "crazy things" he refers to include acts of violence, cruelty, or deep prejudice — acts so extreme that they seem to reflect a psychological imbalance on the part of the perpetrator.

① (A) — (C) — (B)   ② (B) — (A) — (C)
③ (C) — (A) — (B)   ④ (C) — (B) — (A)

문 8. 다음 글의 내용과 일치하는 것은?

In 1917, U.S. Congress submitted the 18th Amendment, which banned the manufacture, transportation and sale of intoxicating liquors, for state ratification. The amendment received the support of the necessary three-quarters of U.S. states in just 11 months. By the time it went into effect, no fewer than 33 states had already enacted their own prohibition legislation. In general, Prohibition was enforced much more strongly in areas where the population was sympathetic to the legislation — mainly rural areas and small towns — and much more loosely in urban areas. Despite very early signs of success, including a decline in arrests for drunkenness and a reported 30 percent drop in alcohol consumption, those who wanted to keep drinking found ways to do it. The "bootlegging" (illegal manufacturing and sale of liquor) went on throughout the decade, along with the operation of "speakeasies" (stores or nightclubs selling alcohol), the smuggling of alcohol across state lines and the informal production of liquor in private homes.

① People were unable to drink alcohol during Prohibition.
② Prohibition did not work at all at the beginning.
③ Only a few U.S. states approved of Prohibition.
④ The enforcement of Prohibition in cities was relatively less strict.

공무원 9급 공개경쟁채용 필기시험

응시번호	
성 명	

【시험과목】

과 목	영 어

응시자 주의사항

1. 시험시작 전에 시험문제를 열람하는 행위나 시험종료 후 답안을 작성하는 행위를 한 사람은 「공무원임용시험령」제51조에 의거 부정행위자로 처리됩니다.

2. 답안지 책형 표기는 시험시작 전 감독관의 지시에 따라 문제책 앞면에 인쇄된 책형을 확인한 후, 답안지 책형란의 해당 책형(1개)에 "●"와 같이 표기하여야 합니다.

3. 답안은 반드시 문제책 표지의 **과목순서**에 맞추어 표기하여야 하며, 과목순서를 바꾸어 표기한 경우에도 문제책 표지의 과목순서대로 채점되므로 유의하시기 바랍니다.

   - 특히, 선택과목의 경우 원서접수 시 선택한 과목이 아닌 다른 과목을 선택하여 답안을 표기하거나, 선택과목 순서를 바꾸어 표기한 경우에도 응시표에 기재된 선택과목 순서대로 채점되므로 유의하시기 바랍니다.

4. 시험이 시작되면 문제를 주의 깊게 읽은 후, 문항의 취지에 가장 적합한 하나의 정답을 고르며, 문제내용에 관한 질문을 하실 수 없습니다.

5. 답안을 잘못 표기하였을 경우에는 답안지를 교체하여 작성하거나 수정테이프만을 사용하여 수정할 수 있으며(수정액 또는 수정스티커 등은 사용 불가), 부착된 수정테이프가 떨어지지 않도록 눌러주어야 합니다.

   - 불량 수정테이프의 사용과 불완전한 수정처리로 인해 발생하는 모든 문제는 응시자 본인에게 책임이 있습니다.

6. 시험시간 관리의 책임은 응시자 본인에게 있습니다.

※ 문제책은 시험종료 후 가지고 갈 수 있습니다.

2023 심우철 실전 동형 모의고사 9회

심슨 LAB 심슨영어연구소

영 어

※ 밑줄 친 부분에 들어갈 말로 가장 적절한 것을 고르시오. [문 1. ~ 문 2.]

문 1.

A: I finally got an A+ on my English essay!

B: An A+? You used to fail English! What happened?

A: Well, I worked hard on it.

B: That can't be all. There must be something else.

A: Actually I... No, never mind.

B: Come on, _____. I promise I won't tell anyone.

① just spill the beans

② please keep it to yourself

③ keep your fingers crossed

④ it's time to stop slacking off

문 2.

The cleanup of Ohio's Cuyahoga River is one of the most significant successes in environmental history. In the nineteen sixties, the river was so polluted it caught fire several times. In 1969, photographs were taken of the flaming river flowing through the city of Cleveland. Highly publicized, the photos of the burning river ignited public outrage. That outrage forced elected officials to enact laws limiting the discharge of industrial wastes into river and sewage systems. City officials also allotted funds to upgrade sewage treatment facilities. Today the river is cleaner, no longer flammable, and widely used by boaters and anglers. This accomplishment illustrates _____.

① the consequences of political conflict

② the predominant belief among lawmakers

③ the power of bottom-up pressure by citizens

④ the active leisure pursuits of citizens

문 3. 다음 글의 제목으로 가장 적절한 것은?

Proteins make up about 42% of the dry weight of our bodies. The protein collagen — which holds our skin, tendons, muscles, and bones together — makes up about a quarter of the body's total protein. Proteins need to physically interact with each other and with other molecules to do their work. These interactions might activate an enzyme, turn on a gene, or communicate a message from one cell to another. Interactions between proteins depend not just on their shape but also on their chemical properties: positively and negatively charged amino acids are attracted to each other; hydrophobic residues cluster together, away from water. These physical properties allow proteins to interact in specific ways.

① Advances in Uncovering New Protein Properties

② Understanding Protein to Find the Right Balance

③ Proteins Working Together as Building Blocks of Life

④ What Happens When Protein Interactions Are Impaired

문 4. 밑줄 친 부분 중 어법상 옳지 않은 것은?

The problem with human activity is ① that it puts a lot of pollution in the air. Yet, while people continue to pollute the atmosphere, they are killing the only resource they ② have to clean it. Forests play an important role in reducing air pollution, and ③ they also prevent global warming. Clearly, if the Earth's forests ④ lose there will be disastrous consequences.

문 5. 밑줄 친 부분의 의미와 가장 가까운 것은?

The government seems unlikely to yield to the pressure of trade unions.

① thrive   ② prevail

③ surrender   ④ struggle

문 6. 밑줄 친 부분에 들어갈 말로 가장 적절한 것은?

Since Mike is the most intelligent and experienced among us, he is _____ the job of teaching new employees.

① allergic to   ② at odds with

③ cut out for   ④ a far cry from

문 7. 다음 글의 흐름상 가장 어색한 문장은?

Clubs are increasingly volatile organizations, and even excellent players are shifted from club to club every few years. ① Not so with national teams, thanks to sensible FIFA rules that ensure players perform for one country for life. ② Because the national teams have player continuity, the fans can appreciate their compatriots' skills that much longer within a team (players enjoy the continuity also). ③ The success of a national soccer team depends on two factors: the pool of available players and the combination of talents they have. ④ Conversely, the club fan never really knows when his favorite player is going to leave in today's soccer business atmosphere, as club team continuity has become a quaint idea of the past. In this day of disposable goods, fans witness the disposable player — once his supposed usefulness is gone, so is the player.

문 8. 밑줄 친 부분에 들어갈 말로 가장 적절한 것은?

A: Why is the weather so cold all of a sudden?

B: I know. I'm freezing right now.

A: Should we go back home and get changed?

B: We're already running late. We'll miss the movie.

A: Frankly, I'd rather miss the movie than freeze to death.

B: That's a little dramatic, don't you think?

A: You're shivering too! The movie _____.

① is about to end   ② will break the ice

③ isn't worth this   ④ won't play again

공무원 9급 공개경쟁채용 필기시험

응시번호	
성 명	

문제책형

ⓒ

【시험과목】

과 목	영 어

응시자 주의사항

2023 심우철 실전 동형 모의고사 10회

심슨영어연구소

SEASON I

영 어

※ 밑줄 친 부분의 의미와 가장 가까운 것을 고르시오. [문 1. ~ 문 2.]

문 1.

> Their insatiable desire to cut costs would one day put them in big trouble.

① attainable
② selfish
③ unquenchable
④ earnest

문 2.

> A recent study found that even light physical activity may help stave off dementia.

① treat
② cause
③ recognize
④ prevent

문 3. 밑줄 친 부분 중 어법상 옳지 않은 것은?

> After the fall of Rome, Europe organized ① itself into a feudal system of peasant farmers and elite land owners. During this period, it was the responsibility of the lords ② to ensure the safety of their lands. For this purpose, each ③ lord kept a standing group of soldiers to deter and defend against outside invaders. Addressing internal crimes ④ were a secondary function of the lord's administration and soldiers.

문 4. 우리말을 영어로 잘못 옮긴 것은?

① 그것을 끄려면 제가 어느 버튼을 눌러야 하나요?
   → Which button should I press to turn it off?
② 그는 완전히 이성을 잃었던 것처럼 보였다.
   → He looked as if he had lost his reason completely.
③ 내가 돈을 인출하기 전에 그 은행은 이미 파산한 상태였다.
   → The bank has already gone bankrupt before I withdrew my money.
④ 당신의 계획이 현실적이지 않다면, 우리가 그것을 수정하는 것을 도울 수 있다.
   → If your plan is not realistic, we can help to get it modified.

문 5. 밑줄 친 부분의 의미와 가장 가까운 것은?

> He went to her hometown several times to meet her, but it was fruitless.

① futile
② fatal
③ consistent
④ sufficient

문 6. 밑줄 친 부분에 들어갈 말로 가장 적절한 것은?

> We have decided to _____ the old machine that is no longer in use.

① put up with
② do away with
③ go along with
④ keep up with

문 7. 어법상 옳은 것은?

① Have you read the book that he sent it to you last month?
② Had it not been for her help, I would have been in prison.
③ For more informations about the project, call this number.
④ I always help someone who I think suffer from insomnia.

문 8. 우리말을 영어로 옳게 옮긴 것은?

① 그제서야 그녀는 그가 어디서 태어났는지 알았다.
   → Only then she knew where he was born.
② 밖이 너무 습했기 때문에 나는 집으로 돌아가고 싶었다.
   → Being so humid outside, I wanted to go back home.
③ 공항에 주차된 오토바이 몇 대가 파손되었다.
   → Several motorcycles parked at the airport were damaged.
④ 유럽인들은 녹색 전환이 경제 성장의 원천이 될 것인지에 대해 의견이 분분하다.
   → Europeans are divided on if the green transition will be a source of economic growth.

문 9. 다음 글의 흐름상 가장 어색한 문장은?

> Human populations have a high level of stress disorders, often following exposure to traumas like war, violent crime, severe accident, or childhood abuse. ① The search to understand and modify the harmful memories, thoughts, and depression associated with these conditions is a clinical priority, and considerable progress has been made since 2004. ② In animal studies, chemical and genetic alterations have been used to reduce learned fear, raising hopes of treatments for intrusive memories. ③ We should minimize the use of animals in laboratory research when assessing the safety of certain products. ④ In patients with severe depression, brain stimulation is being used. The search for ways to reduce the damaging effects of severe stress is well under way.

문 10. 다음 글의 요지로 가장 적절한 것은?

> Amid the COVID-19 pandemic, the incidence of long COVID has become a major public health concern. Currently, more than 150 million people worldwide and at least 18 million Americans suffer from the condition, whose symptoms range from fatigue and neurological illnesses to heart problems and can last weeks, months or longer. Evidence indicates that those who are unvaccinated and those who develop severe cases of COVID-19 have higher instances of long COVID, but those are not the only groups affected. Experts say the illness could cost the U.S. government $2.6 trillion in lost productivity and medical costs.

① Vaccination has proven ineffective against long COVID.
② Too little is known about long COVID for a cure to exist.
③ Unusual cases of long COVID are constantly being reported.
④ Long COVID has been detrimental to both our health and economy.

문 11. 밑줄 친 부분에 들어갈 말로 가장 적절한 것은?

> A: Look! The sky is about to pour.
> B: Oh, no. Do you have an umbrella?
> A: Yeah, let's use it together. _____.
>   The weather was fine when I left.
> B: I know! I should do that too just in case.

① It's a relief I always carry one in my bag
② I can't believe you forgot to bring yours
③ I'll just lend you my raincoat instead
④ Let's stay here until the rain stops

문 12. 다음 글에 나타난 Jerton의 심경으로 가장 적절한 것은?

> Kenelm Jerton entered the dining hall of the Golden Galleon Hotel in the full crush of the luncheon hour. Nearly every seat was occupied and small additional tables had been brought in, where floor space permitted, to accommodate latecomers, with the result that many of the tables were almost touching each other. Jerton was beckoned by a waiter to the only vacant table that was discernible, and took his seat with the uncomfortable and wholly groundless idea that nearly everyone in the room was staring at him. He was a youngish man of ordinary appearance, quiet of dress and unobtrusive of manner, and he could never rid himself of the idea that a fierce light of public scrutiny beat on him. After he had ordered his lunch there came the unavoidable interval of waiting, with nothing to do but to stare at the flower.

① thrilled and joyful
② lonely and depressed
③ anxious and embarrassed
④ calm and peaceful

문 13. 주어진 문장 다음에 이어질 글의 순서로 가장 적절한 것은?

> Before the days of the Internet, artists often would work in relative seclusion of their studios primarily.

> (A) With the advent of the Internet, however, artists easily could go online and show new projects and involve themselves in a conversation with their audiences. Today's artists can begin a blog, create a Facebook page, upload their work to an Etsy page to display, and engage in conversation.
> (B) Promotion of their work was a somewhat limited and often costly endeavor. Artists typically would converse with the public by attending art shows or joining arts organizations.
> (C) In this manner the Internet opened up a major platform for discussion — one which had not existed previously. In some ways, the notion of discussion and deeper exploration by the audience becomes central to the definition of Internet art itself.

① (A) — (C) — (B)
② (B) — (A) — (C)
③ (B) — (C) — (A)
④ (C) — (B) — (A)

※ 밑줄 친 부분에 들어갈 말로 가장 적절한 것을 고르시오. [문 14. ~ 문 15.]

문 14.

> A: What are you searching on your smartphone?
> B: I'm looking at some prices for a car rental. The prices are a lot higher than I expected.
> A: I know where you can get a good deal.
> B: _____

① It's okay. I need to return this car.
② Oh, can you give me the details?
③ What are you renting the car for?
④ Thanks! That was a nice ride home.

문 15.

> Our instincts help us navigate the world. Socrates wrote, "I decided that it was not wisdom that enabled poets to write their poetry, but a kind of instinct." For artists, indeed, instinct is considered an asset. But when it comes to making important decisions, we cannot always rely on instinct. Darwin defined instinct as independent of experience, but more recent research in psychology and neuroscience has shown that it is continually being honed; it is fluid and malleable. When new memories are formed in our brains, the millions of neurons in our cerebral cortex fuse. But this fusion is not permanent and depends to a great extent on subsequent use and reinforcement. So our instinct is not based on some sort of innate behavioral patterns, but on our past experiences, interactions, our situations and our contexts. Our instinct _____ and so its value cannot be discounted.

① utilizes our nature and gifts
② works wonders in the face of crisis
③ is a result of accumulated knowledge
④ serves as the basis for decision-making

문 16. 다음 글의 제목으로 가장 적절한 것은?

> As soon as the mountains are built, they begin, just as inevitably, to wear away. For all their seeming permanence, mountains are exceedingly transitory features. In *Meditations at 10,000 Feet*, writer and geologist James Trefil calculates that a typical mountain stream will carry away about 1,000 cubic feet of mountain in a year, mostly in the form of sand granules and other suspended particles. That is equivalent to the capacity of an average-sized dump truck — clearly not much at all. Imagine a dump truck arriving once each year at the base of a mountain, filling up with a single load, and driving off, not to reappear for another twelve months. At such a rate it seems impossible that it could ever cart away a mountain, but in fact given sufficient time that is precisely what would happen.

① The Constant Nature of Mountains and Oceans
② The Physical Features and Formation of Mountains
③ Human Activity: What Makes Mountains Wear Away
④ The Change of Mountains: A Slow but Steady Process

문 17. 밑줄 친 (A), (B)에 들어갈 말로 가장 적절한 것은?

Also known as text mining, text analytics is a process of extracting value from large quantities of unstructured text data. Most businesses have a huge amount of text-based data from memos, company documents, e-mails, reports, press releases, and so forth. Until recently,   (A) , it wasn't always that useful. While the text is structured to make sense to a human being, it is unstructured from an analytics perspective because it doesn't fit neatly into a relational database or rows and columns of a spreadsheet. Access to huge text data sets and improved technical capability means text can be analyzed to extract additional high-quality information above and beyond what the document actually says.   (B) , text can be assessed for commercially relevant patterns such as an increase or decrease in positive feedback from customers, or patterns that could lead to product or service improvements.

	(A)	(B)
①	however	For example
②	however	Nevertheless
③	therefore	Conversely
④	therefore	Similarly

문 18. 다음 글의 내용과 일치하지 않는 것은?

Gaslighting is a form of psychological manipulation that hinges on creating self-doubt. The term originated from a 1938 play written by Patrick Hamilton called *Gas Light*. In it, husband Gregory manipulates his wife Paula into believing she can no longer trust her own perceptions of reality. In one pivotal scene, Gregory causes the gaslights to flicker by turning them on in the attic of the house. Yet when Paula asks why the gaslights are flickering, he insists that it's not really happening and that it's all in her mind, causing her to doubt her self-perception. Hence the term "gaslighting" was born. While it's most common in romantic settings, gaslighting can happen in any kind of relationship where one person is so important to the other that they don't want to take the chance of upsetting or losing them, such as a boss, friend, sibling, or parent.

① Gaslighting is an attempt to make someone lose self-trust.

② The term gaslighting was derived from the title of a play.

③ In *Gas Light*, the husband was in constant doubt of his wife.

④ Gaslighting can also occur between friends and family.

문 19. 주어진 문장이 들어갈 위치로 가장 적절한 것은?

In contrast, people who are resilient are more adept at facing and managing their fears.

Facing your fears is a key component of resilience training. Allowing fear to take hold and put down roots in your brain ensures they will control you later on. People who suffer from post-traumatic stress disorder, for example, avoid many aspects of their lives, such as people, places, events, and opportunities, as these may serve as reminders of the trauma. (①) Subsequently, the conditioned fear is solidified in the brain rather than extinguished. (②) They use their fears as a guide to understand threats and decide what to do. (③) When you face your fears, you are likely rewiring your brain to have control over it. (④) When you hide from your fears, they begin to control you. In simple terms it means getting back on the bicycle once you have fallen off, getting another job after being fired, or becoming involved in a new relationship after a messy divorce.

문 20. 밑줄 친 부분에 들어갈 말로 가장 적절한 것은?

A key assumption in consumer societies has been the idea that "money buys happiness." Historically, there is a good reason for this assumption — until the last few generations, a majority of people have lived close to subsistence, so an increase in income brought genuine increases in material well-being (e.g., food, shelter, health care) and this has produced more happiness. However, in a number of developed nations, levels of material well-being have moved beyond subsistence to unprecedented abundance. Developed nations have had several generations of unparalleled material prosperity, and a clear understanding is emerging: More money does bring more happiness when we are living on a very low income. However, as a global average, when per capita income reaches the range of $13,000 per year, additional income adds relatively little to our happiness, while other factors such as personal freedom, meaningful work, and social tolerance add much more. Often, a doubling or tripling of income in developed nations _____.

① has not guaranteed improved working conditions

② has been regarded as the result of hard work

③ has not led to an increase in perceived well-being

④ has helped people recover from economic difficulties

문 9. 다음 글의 내용과 일치하는 것은?

Social anxiety disorder, or social phobia, is a type of anxiety disorder that causes extreme fear in social settings. People with this disorder have trouble talking to people, meeting new people, and attending social gatherings, since they fear being judged or criticized by others. Social anxiety is different from shyness. While the latter is short-term and doesn't disrupt one's life, the former is persistent and debilitating. It can negatively affect one's ability to work, attend school, and develop close relationships with people outside of their family. According to the Anxiety and Depression Association of America (ADAA), approximately 15 million American adults have social anxiety disorder. Most often, symptoms of this disorder start around ages 11 to 15. Physical abnormalities such as a serotonin imbalance may contribute to this condition. There is no medical test to check for social anxiety disorder, so your description of symptoms will be major evidence for diagnosis.

① People with social phobia are afraid to judge others.
② Social anxiety lasts longer than shyness.
③ Onset of social phobia typically begins in the late teens.
④ Social phobia is diagnosed based on multiple tests.

문 10. 밑줄 친 부분 중 어법상 옳지 않은 것은?

The reality of the move from country to city is seldom as ① profitable as hoped. Rural-urban migration was a trend ② that characterized the Industrial Revolution in the developed world and is occurring today at a rapid pace in the developing world. The movement of people from rural areas to urban areas ③ became more pronounced for the past 100 years, and cities are often unable to cope with the influx. As a result, urban poverty is fast becoming a significant problem, ④ surpassing rural poverty as a chief concern.

문 11. 밑줄 친 부분 중 글의 흐름상 가장 어색한 것은?

The breakdown of food molecules for energy is called "cellular respiration." This type of respiration, which is carried out by cells, is different from the type carried out by our "respiratory system," which enables us to breathe. Yet breathing and cellular respiration are ① connected. When we breathe, our lungs bring in air. Oxygen from the air enters the bloodstream, and it ② travels to our cells where it is used in cellular respiration. Cellular respiration produces carbon dioxide, which enters the bloodstream and exits through the lungs. If we stop breathing, our cells don't get oxygen. ③ Without oxygen, our cells can no longer harvest energy, and they begin to die. Breathing frequency ④ decreases during exercise because muscle cells need more oxygen.

문 12. 다음 글의 주제로 가장 적절한 것은?

The human brain is almost infinitely malleable. People used to think that our mental meshwork, the dense connections formed among the 100 billion or so neurons inside our skulls, was largely fixed by the time we reached adulthood. But brain researchers have discovered that that's not the case. James Olds, a professor of neuroscience who directs the Krasnow Institute for Advanced Study at George Mason University, says that even the adult mind "is very plastic." Nerve cells routinely break old connections and form new ones. "The brain," according to Olds, "has the ability to reprogram itself on the fly, altering the way it functions."

① the adult brain's propensity for stability
② the lasting flexibility of the human mind
③ the factors that affect the brain's plasticity
④ the role of genes in shaping neural networks

문 13. 다음 글의 내용과 일치하지 않는 것은?

Dopamine is an important brain chemical that influences your mood and feelings of reward and motivation. A dopamine detox refers to fasting from dopamine-producing activities for a certain amount of time with the hope of decreasing reward sensitivity. During a dopamine detox, a person avoids dopamine triggers for a set period of time — anywhere from an hour to several days. The dopamine detox requires a person to avoid any kind of arousal, specifically from pleasure triggers. Anything that stimulates dopamine production is off-limits throughout the detox. Ideally, by the end of the detox, a person will feel more centered, balanced, and less affected by their usual dopamine triggers. However, it is important to note that a true dopamine detox, whereby a person successfully halts all dopamine activity in the brain, is not possible. The human body naturally produces dopamine, even when it is not exposed to certain stimuli. A more accurate description of the dopamine detox is a period of abstinence, or "unplugging" from the world.

① 도파민 디톡스는 정해진 시간 동안 도파민 생성 활동을 끊는 것이다.
② 도파민 디톡스 동안, 쾌락 유발 요인을 피하는 것이 특히 요구된다.
③ 인체는 특정 자극에 노출되지 않으면 도파민을 생성하지 않는다.
④ 보다 정확한 의미의 도파민 디톡스는 세상과 단절되는 것이다.

※ 밑줄 친 부분의 의미와 가장 가까운 것을 고르시오. [문 14. ~ 문 15.]

문 14.

The sword may compel a spurious confession, but it cannot produce a true faith.

① servile   ② coherent
③ obscure   ④ false

문 15.

> The department store has a big sales event <u>once in a blue moon</u>.

① very rarely

② for a long time

③ in each season

④ constantly

문 16. 주어진 문장이 들어갈 위치로 가장 적절한 것은?

> Nonetheless, the essence of advice is the legal or theoretical right of the client to reject it.

> An essential characteristic of advice is that the client is free to accept or reject it. Advice therefore differs from an order or command that the recipient is bound to follow. In practice, of course, clients may feel little freedom to reject authoritative advice. (①) A cancer patient may see no choice but to accept radical surgery recommended by a specialist as the only feasible option to avoid a premature death. (②) A poor country seeking a loan from the International Monetary Fund (IMF) may have no alternative but to accept IMF advice to devalue its currency and cut budgetary subsidies. (③) Cancer patients and poor countries have that right, even though they may choose not to use it. (④) An advisor who fails to respect the client's right of rejection sometimes loses that client.

문 17. 다음 글의 내용과 일치하지 않는 것은?

> The Roman aqueducts were amazing feats of engineering given the time period. Though earlier civilizations in Egypt and India also built aqueducts, the Romans improved on the structure and built an extensive and complex network across their territories. The most recognizable feature of Roman aqueducts may be the bridges constructed using rounded stone arches. Some of these can still be seen today traversing European valleys. However, these bridged structures made up only a small portion of the hundreds of kilometers of aqueducts throughout the empire. The capital in Rome alone had around 11 aqueduct systems supplying fresh water from sources as far as 92 kilometers away. Despite their age, some aqueducts still function and provide modern-day Rome with water. The Aqua Virgo, an aqueduct constructed in 19 B.C., still supplies water to Rome's famous Trevi Fountain in the heart of the city.

※ aqueduct: 송수로

① Some of the Roman aqueducts remain operational today.

② The Romans were not the first to build an aqueduct system.

③ The capital in Rome was watered from a number of sources.

④ The Roman aqueducts consisted mainly of arched bridges.

문 18. 밑줄 친 부분에 들어갈 말로 가장 적절한 것은?

> If the national economy expands, the advertising business and the media industries prosper. If the nation's economy falls into a recession, advertisers typically reduce their ad budgets, which eventually may lead to a decline in advertising revenue for the agencies and for the media industries where the agencies place their ads. During a downturn, advertisers also may change their advertising strategies — choosing the Internet over television, for example, because the Internet is much less expensive. The advertising industry today, therefore, must _____. The success of an ad agency is best measured by the results an ad campaign brings. The agency must analyze the benefits of different types of advertising — broadcast, print, Internet — and recommend the most efficient combinations for its clients.

① accelerate change to help society mature

② cooperate to cultivate future advertising experts

③ be very sensitive to economic and media trends

④ act to rid the industry of many outdated practices

문 19. 주어진 문장 다음에 이어질 글의 순서로 가장 적절한 것은?

> It takes money to make money, so when a company wishes to establish itself and grow, it needs to raise funds.

> (A) Alternatively, funds can be raised by selling shares in the company. People invest in the company in exchange for part ownership in it, and as part owners they are entitled to a portion of the profits.

> (B) Therefore, if the company grows, the returns on their investment increase. If the company fails, however, they can lose their investment, which is the risk associated with investing.

> (C) One way to earn the necessary money to fund the start-up or expansion of a business is to borrow money from the bank, which must be paid back with interest.

① (A) — (C) — (B)

② (B) — (A) — (C)

③ (C) — (A) — (B)

④ (C) — (B) — (A)

문 20. 우리말을 영어로 잘못 옮긴 것은?

① 너의 친구들은 행복하기 위해 의지할 수 있는 사람들이다.
→ Your friends are the people to rely on to be happy.

② 그것은 개인의 선택이라기보다는 의무이다.
→ It is not so much a personal option as an obligation.

③ 그 집은 산으로 둘러싸인 작은 도시에 있다.
→ The house is located in a small city surrounded by mountains.

④ 대서양은 아시아 대륙보다 훨씬 더 크다.
→ The Atlantic Ocean is even more bigger than the Asian continent.

문법 필수 개념 및
모의고사 해설집

—

파이널 문법
필수 개념

✓ 1. 품사와 문장 성분

2. 겹문장

3. 단어의 형성

4. 문장 표현

5. 음운의 변동

1 품사와 문장 성분

★ 품사 – 단어의 종류

종류			
종류	체언	명사	사람이나 사물의 이름을 나타내는 단어
		대명사	사람이나 사물의 이름을 대신하여 나타내는 단어
		수사	수량이나 순서를 나타내는 단어
	용언	동사	주어의 동작이나 작용을 나타내는 단어
		형용사	주어의 성질이나 상태를 나타내는 단어
	수식언	관형사	체언 앞에 놓여 마치 갓(冠)을 쓴 것처럼 체언(주로 명사)을 꾸며 주는 단어
		부사	주로 용언이나 문장 전체를 꾸며 주는 부수적인 단어
	관계언	조사	체언 뒤에 붙어서 문법적인 관계를 나타내거나 의미를 더해 주는 단어
	독립언	감탄사	부름, 느낌 등의 감탄을 나타내면서, 다른 성분들에 비하여 독립적인 단어

★ 문장 성분

주성분	주어	• 문장의 주체가 되는 문장 성분 • 체언+주격 조사(격 조사는 생략되거나 보조사와 결합되기도 한다.) 　예) 영희가 범인이다.　　선생님께서 오셨다. 　　학교에서 가정통신문을 발송했다.(주어) ↔ 학교에서 운동을 했다.(부사어) 　　: 단체일 때는 주어, 처소(장소)일 때는 부사어로 보면 된다.
	서술어	• 주어를 풀이하는 기능을 하는 문장 성분 • 동사, 형용사, 체언+서술격 조사(이다) • 서술어의 성격에 따라 문장 성분의 개수가 결정됨.(서술어의 자릿수) • 본용언과 보조 용언의 결합은 두 개가 아닌 하나의 서술어로 취급한다. 　예) 철수가 집에 가 버렸다.(하나의 서술어)
	목적어	• 서술어의 대상이 되는 문장 성분 • 체언+목적격 조사(격 조사는 생략되거나 보조사와 결합되기도 한다.) 　예) 철수는 영수를 좋아한다. 나는 철수가 성공하기를 바란다. 　　철수는 영수만 좋아한다. 철수는 영수만을 좋아한다.
	보어	• 서술어 '되다, 아니다' 앞에 쓰여 완전한 문장이 되기 위해 필수인 문장 성분 • 체언+보격 조사(이/가)+되다/아니다 　예) 철수는 대학생이 되었다. 　　그는 남자가 아니다.
부속 성분	관형어	• 체언을 수식하는 문장 성분 • 관형사, 용언의 관형사형, 체언+관형격 조사 　예) 새 옷, 헌 옷, 예쁜 옷, 철수의 책
	부사어	• 주로 용언, 부사어 등을 수식하는 문장 성분 • 부사, 용언의 부사형, 체언+부사격 조사 　예) 나는 책을 매우 좋아한다. 철수는 그녀에게 사과를 주었다. 　　너는 참 빠르게 먹는구나. 철수는 학교로 갔다.
독립 성분	독립어	• 문장의 어느 성분과도 직접적인 관련이 없는 문장 성분 • 감탄사, 체언+호격 조사, 제시어+쉼표 　예) 아, 벌써 새벽이구나.　　철수야, 이따 보자.　　사랑, 내 삶의 에너지여.

★ 어간과 어미

어간과 어미	실질적 의미를 가지면서 활용할 때 변화하지 않는 줄기 부분을 어간이라 하고, 문법적 의미를 가지면서 활용할 때 변화하는 꼬리 부분을 어미라 한다.		
	어말 어미	용언의 맨 끝에 와서 단어를 이룬다.	
		종결 어미	문장의 끝에 와서 문장을 종결시키는 어미 예 평서형 '-다', 의문형 '-느냐/-냐', 감탄형 '-구나', 명령형 '-어라', 청유형 '-자' 등이 있다.
		연결 어미	단어나 문장을 연결시키는 어미 예 대등적 연결 어미 '-고, -며', 종속적 연결 어미 '-면, -아서/-어서, -니', 보조적 연결 어미 '-아/-어, -게, -지, -고' 등이 있다.
		전성 어미	품사는 바꾸지 못하지만 다른 품사의 기능을 수행하게 하는 어미 예 명사형 전성 어미 '-(으)ㅁ, -기', 관형사형 전성 어미 '-(으)ㄴ, -(으)ㄹ, -던', 부사형 전성 어미 '-게, -도록' 등이 있다.
	선어말 어미	어간과 어말 어미 사이에 오는 형태소로, 문법적 의미를 나타낸다. 예 주체 높임 선어말 어미 : -시- 시제 선어말 어미 : -는-, -었-, -겠-, -었었- 공손 선어말 어미 : -옵-, -사옵-	

★ 조사

격 조사	앞에 오는 체언이 문장 안에서 일정한 자격을 가지도록 하는 조사이다.	
	주격 조사	이/가, 께서, 에서(단체)
	서술격 조사	(이)다
	목적격 조사	을/를
	보격 조사	이/가 ('되다, 아니다'의 지배를 받음)
	관형격 조사	의
	부사격 조사	에게, 에서(처소), 에, 로, 와/과 등
	호격 조사	아/야, (이)여
보조사	앞말에 특별한 뜻을 더하여 주는 조사로, 체언이 아닌 단어에도 결합을 한다.	
	종류	• '은, 는, 도, 만'과 같이 문장 성분에 붙는 것을 말한다. 예 우리만 극장에 가서 미안하다. 이곳에서는 수영을 하면 안 됩니다. 영수도 수련회에 갔다. • '요'는 상대 높임을 나타내며, 어절이나 문장의 끝에 결합하는 독특한 성격을 가진다. 예 나는요, 오빠가요, 좋아요.
접속 조사	단어나 문장을 같은 자격으로 이어 주는 구실을 하는 조사이다.	
	종류	'와/과'(문어(文語)에서 잘 쓰임), '(이)랑, 하고, (이)며'(구어(口語)에서 잘 쓰임) 예 봄이 되면 개나리(와/랑/하고) 진달래가 가장 먼저 핀다.

문법 필수 개념 및
모의고사 해설집

파이널 문법
필수 개념

1. 품사와 문장 성분

 2. 겹문장

3. 단어의 형성

4. 문장 표현

5. 음운의 변동

★ 문장의 종류

문장의 종류는 일반적으로 서술어를 중심으로 판별한다. 서술어가 하나이면 홑문장, 서술어가 두 개 이상이면 겹문장이다.

홑문장			주어와 서술어의 관계가 한 번만 이루어지는 문장
겹문장	안은문장		하나의 문장이 다른 문장의 성분으로 안긴 형태의 문장 서술어의 형태가 문장 성분에 맞게 변화되어 있기 때문에 서술어의 활용 모습을 보면 쉽게 판별된다.
		명사절을 안은 문장	체언의 자리에 절이 들어간 경우 예 <u>철수가 범인임</u>이 밝혀졌다.
		서술절을 안은 문장	서술어의 자리에 절이 들어간 경우, '주어+[주어+서술어]'의 형태를 취한다. 예 철수는 <u>키가 크다</u>.
		관형절을 안은 문장	안긴문장이 관형사형 전성 어미로 활용해 체언을 꾸며주는 경우 예 이것은 <u>내가 읽은</u> 책이다.
		부사절을 안은 문장	부사형 전성 어미나 부사 파생 접미사 '-이'를 통해 안긴문장이 부사어로 쓰이는 경우 예 비가 <u>소리도 없이</u> 내린다.
		인용절을 안은 문장	절이 인용의 형태를 취해 안긴 경우 예 철수는 <u>책을 좋아한다고</u> 나에게 말했다.
	이어진문장		서술어가 연결형으로 활용되어, 다른 문장과 이어져 있는 형태의 문장
		대등하게 이어진 문장	대등적 연결 어미(-고, -며, -나, -지만, -든지, -거나 등)를 사용하여 문장을 연결한 문장 예 • 인내는 쓰<u>고</u>, 열매는 달다. • 여름에는 날씨가 덥<u>지만</u>, 겨울에는 날씨가 춥다
		종속적으로 이어진 문장	종속적 연결 어미(-므로, -니까, -면, -거든, -더라면, -려고, -고자 등)를 어미로 사용하여 종속적인 관계를 표시한 문장 예 눈이 내리<u>니</u>, 풍경이 아름답다.

문법 필수 개념 및 모의고사 해설집

파이널 문법 필수 개념

3 단어의 형성

단일어 : 하나의 어근으로 이루어진 단어 예 하늘, 시나브로, 먹다

복합어 ┬ 파생어 ┬ 접두사+어근 예 군말, 날고기, 돌배, 엿보다, 치솟다
      │   └ 어근+접미사 예 미장이, 멋쟁이, 웃음, 넓이, 공부하다
      └ 합성어 : 어근+어근 ┬ 통사적 합성어 예 큰집, 밤낮, 눈물, 이슬비
                          └ 비통사적 합성어 예 덮밥, 검붉다, 부슬비

★ 꼭 암기해야 하는 접두사

접두사	의 미	보 기
강-	다른 것이 섞이지 않은 / 마른, 물기가 없는 억지스러운 / 호된, 매우 센	강굴, 강술, 강참숯 / 강기침, 강모 / 강울음, 강호령 강행군, 강추위, 강타자
개-	야생의 / 질이 떨어지는 / 쓸데없는	개살구, 개꿀 / 개떡 / 개수작, 개죽음, 개꿈
군-	쓸데없는 / 가외로 더한	군소리, 군입, 군살, 군침, 군불, 군말, 군기침 군식구, 군사람
날-	생 것의, 아직 익지 않은 / 아주 지독한	날것, 날고기, 날김치 / 날도둑, 날강도
덧-	본래 있는 위에 더, 거듭된, 겹쳐	덧니, 덧신, 덧저고리
돌-	야생으로 자라는, 품질이 떨어진	돌미나리, 돌배, 돌김, 돌미역
들-	야생으로 자라는	들깨, 들국화, 들장미, 들소
막-	거친, 품질이 낮은 / 닥치는 대로 하는	막고무신, 막과자, 막국수 / 막노동, 막말, 막벌이
맏-	같은 항렬 등에서 손위로서 첫째인	맏아들, 맏며느리, 맏손자, 맏이
맨-	오직 그것뿐인, 다른 것이 없는	맨몸, 맨발, 맨주먹, 맨땅
민-	꾸미거나 딸린 것이 없는	민얼굴, 민머리, 민소매
선-	익숙하지 않고 서툰, 충분치 않은	선무당, 선웃음, 선잠
시(媤)-	시집의, 시가의	시부모, 시동생, 시삼촌
알-	덮어 싼 것을 다 제거한 / 진짜	알몸, 알밤 / 알거지, 알부자
애-	어린	애호박, 애벌레, 애순
찰-	찰기가 있는 / 매우 심한	찰떡, 찰흙 / 찰거머리, 찰가난
참-	진짜의, 진실하고 올바른 / 품질이 우수한	참벗, 참뜻, 참사랑 / 참숯, 참흙
풋-	덜 익은, 처음 나온 / 미숙한, 깊지 않은	풋사과, 풋나물, 풋고추 / 풋사랑, 풋잠
헛-	보람 없는	헛고생, 헛농사, 헛수고, 헛걸음, 헛소문
홀-	짝이 없이 혼자뿐인	홀아비, 홀어미, 홀몸, 홀시아버지

홑-	하나인, 한 겹으로 된, 혼자인	홑이불, 홑몸, 홑바지, 홑옷
되-	도리어, 도로, 다시	되걸리다, 되새기다
뒤-	몹시, 마구, 온통 / 반대로, 뒤집어	뒤끓다, 뒤덮다 / 뒤바꾸다, 뒤엎다
드-	정도가 한층 높게	드높다, 드세다
들-	마구, 몹시	들끓다, 들볶다, 들쑤시다
빗-	잘못	빗나가다, 빗디디다
엇-	비뚜로, 어긋나게	엇가다, 엇깎다
엿-	남몰래, 가만히	엿듣다, 엿보다
짓-	함부로, 흠씬	짓누르다, 짓밟다, 짓씹다, 짓찧다
치-	위로	치솟다, 치닫다

★ 꼭 암기해야 하는 접미사

접미사	의미	보 기
-꾼	어떤 일을 전문적으로 하는 사람 또는 어떤 일을 습관적으로 하는 사람	노름꾼, 사기꾼, 사냥꾼, 도굴꾼
	어떤 일 때문에 모인 사람	구경꾼
-꾸러기	그것이 심하거나 많은 사람	잠꾸러기, 심술꾸러기, 욕심꾸러기, 장난꾸러기
-내기	그 지역에서 태어나고 자라서 그 지역 특성을 지니고 있는 사람	서울내기, 시골내기
-보	그러한 행위를 특징으로 하는 사람	꾀보, 잠보
-뱅이	그런 것을 특성으로 가진 사람	게으름뱅이, 가난뱅이, 주정뱅이
-장이	전문적 기술을 가진 사람	양복장이, 땜장이
-쟁이	그것의 속성을 많이 가진 사람	멋쟁이, 담쟁이, 욕심쟁이
-배기	나이가 듦 / 그와 같은 물건	한 살배기 / 진짜배기(진짜를 속되게 이르는 말)
-박이	무엇이 박혀 있는 사람이나 물건	점박이, 금니박이, 차돌박이
-다랗-	정도가 꽤 뚜렷함	굵다랗다, 높다랗다, 기다랗다
-들	여럿(복수 표시)	사람들, 나무들
-뜨리-/ -트리-	강세	넘어뜨리다, 넘어트리다
-치-	강세	밀치다, 넘치다, 놓치다
-이, 히, 기, 리-	시동과 피동	먹이다, 남기다, 먹히다
-질	노릇과 짓(때론 비하의 의미를 지니기도 함)	낚시질, 도둑질, 톱질

★ 품사를 바꾸는 특히 중요한 접미사

㉠ 동사화 접미사

접미사	보 기
-하-	운동하다, 공부하다, 구경하다, 커트하다
-이, 히, 기, 리, 우, 구, 추-	밝히다, 높이다, 낮추다, 좁히다
-거리-/-대-	출렁거리다, 바둥거리다, 머뭇거리다
	출렁대다, 바둥대다, 머뭇대다, 으스대다, 뻗대다
-이-	반짝이다, 글썽이다, 훌쩍이다
-애-	없애다

㉡ 명사화 접미사

접미사	보 기
-음/-이	웃음, 얼음, 걸음, 믿음, 게으름 / 놀이, 벌이, 살림살이, 높이, 넓이
	오뚝이, 깜빡이, 덜렁이, 배불뚝이, 꿀꿀이, 쌕쌕이
-기	말하기, 쓰기, 보기, 뛰기, 본보기, 굵기
-개	덮개, 지우개, 찌개, 이쑤시개, 가리개
-애	마개(막+애), 얼개(얽+애)
-게	지게, 집게
-어지	나머지(남+어지)
-엄	무덤(묻+엄), 주검(죽+엄)
-웅	마중(맞+웅)

㉢ 형용사화 접미사

접미사	보 기
-하-	가난하다, 씩씩하다, 울퉁불퉁하다, 반듯반듯하다, 스마트하다
-스럽-	자랑스럽다, 걱정스럽다, 복스럽다
-답-	재벌답다, 신사답다
	정답다, 참답다, 꽃답다
-롭-	향기롭다, 평화롭다, 자유롭다, 새롭다

㉣ 부사화 접미사

접미사	보 기
-이/-히	많이, 고이, 높이, 반듯이, 깨끗이, 느긋이, 끔찍이, 깊숙이, 나날이 / 급히, 꾸준히, 넉넉히, 똑똑히
-오/-우/-아	비로소(비롯+오) / 너무(넘+우), 마주(맞+우), 바투(밭+우) / 차마(참+아)

10

문법 필수 개념 및
모의고사 해설집

파이널 문법
필수 개념

4 문장 표현

★ 높임 표현

주체 높임법	개념	화자가 문장의 주어(주체)가 자기보다 우위에 있다고 판단했을 때, 문장의 주어를 높이는 방법이다.
	표현 형식	㉠ 주체 높임 선어말 어미 '-(으)시-'를 쓴다. 　㉖ 저기 아버지가 오<u>신</u>다. ㉡ 높임의 주격 조사 '께서'를 쓴다. 　㉖ 저기 아버지<u>께서</u> 오신다. ㉢ 특수 어휘 '계시다, 잡수시다, 주무시다, 편찮으시다, 돌아가시다' 등으로 실현된다. 　㉖ 저기에 아버지가 <u>계신다</u>.
객체 높임법	개념	화자가 문장 속의 객체(목적어나 부사어)를 높이는 방법이다.
	표현 형식	㉠ 부사격 조사 '에게' 대신 '께'를 사용한다. 　㉖ 나는 선생님<u>께</u> 과일을 드렸다. ㉡ 특수 어휘 '여쭙다, 모시다, 뵙다, 드리다' 등을 사용한다. 　㉖ 나는 아버지를 <u>모시고</u> 병원으로 갔다. 　　동장님이 잠시 할아버님을 <u>뵙자고</u> 합니다.
상대 높임법	개념	화자가 특정한 종결 어미를 씀으로써 청자를 높이거나 낮추는 것을 말한다. 크게 '격식체'와 '비격식체'로 나뉜다. '격식체'는 격식을 차려 심리적인 거리감을 나타내지만, '비격식체'는 격식을 덜 차리는 표현이다.
	표현 형식	(표 참조)

문형	격식체				비격식체	
	해라체	하게체	하오체	하십시오체	해체 (반말)	해요체
평서법	간다	가네, 감세	가오	가십니다	가, 가지	가요
의문법	가냐?, 가니?	가는가?, 가나?	가(시)오?	가십니까?	가?, 가지?	가요?
감탄법	가는구나	가는구면	가는구려	-	가, 가지	가(세/셔)요
명령법	가(거)라, 가렴, 가려무나	가게	가(시)오, 가구려	가십시오	가, 가지	가(세/셔)요
청유법	가자	가세	갑시다	가시지요	가, 가지	가(세/셔)요

㉖ 학문에 <u>매진해라</u>. - 해라체
　학문에 <u>매진하게</u>. - 하게체
　학문에 <u>매진하오</u>. - 하오체
　학문에 <u>매진하십시오</u>. - 하십시오체
　학문에 <u>매진해</u>. - 해체
　학문에 <u>매진해요</u>. - 해요체

★ 사동과 피동 표현

사동 표현	파생적 사동	① 접사 '-이-, -히-, -리-, -기-, -우-, -구-, -추-' 등으로 실현됨. ② 직접과 간접의 의미를 모두 가지므로, 중의적 문장의 유형에 속함. 　㉠ 아이가 우유를 먹었다. (주동) 　　→ 어머니가 아이에게 우유를 <u>먹였다</u>. (사동) 　새로운 사동주 도입　　　(먹+이+었+다)
	통사적 사동	① 보조 용언인 '-게 하다'를 사용함. ② 간접 사동의 의미만을 가짐. 　㉠ 아이가 우유를 먹었다. (주동) 　　→ 어머니가 아이에게 우유를 먹게 하였다. (사동)
피동 표현	파생적 피동	접사 '-이-, -히-, -리-, -기-'로 실현됨. 　㉠ <u>경찰이</u> <u>도둑을</u> <u>잡았다</u>. (능동) → <u>도둑이</u> <u>경찰에게</u> <u>잡혔다</u>. (피동) 　　주어　목적어　능동사　　　　주어　　부사어　피동사 　　　　　　　　　　　　　　　　　　　　　(잡+히+었+다)
	통사적 피동	보조 용언 '-어지다', '-게 되다'로 실현됨. 　㉠ 철수가 문제를 풀었다. (능동) 　　→ 문제가 철수에 의해 <u>풀어졌다</u>. (피동)

사동문의 오류	① 의미상 불필요한 경우에 사동 표현을 남발해서는 안 된다. 　㉠ • 들판을 <u>헤매이며</u> 돌아다니는 사람들 (헤매+이+며 → 헤매며) 　　• 함부로 <u>끼여들기</u>를 하면 안 된다. (끼+이+어+들+기 → 끼어들기) 　　• 오랜만에 그를 보니 가슴이 <u>설레였다</u>. (설레+이+었+다 → 설렜다) ② '-시키다'를 '-하다'로 고칠 수 있는 경우는 고치도록 한다. 　㉠ • 내가 친구 한 명 <u>소개시켜</u> 줄게. (→ 소개해) 　　• 이 공간을 <u>분리시킬</u> 벽을 설치했다. (→ 분리할) 　　• 우리의 환경을 <u>개선시켜</u> 나가야 한다. (→ 개선해) 　　• 공장의 기계를 <u>가동시켜야</u> 한다. (→ 가동해야)
피동문의 오류	① '-이-, -히-, -리-, -기-'+'-어지다'의 표현은 이중 피동의 경우로 이러한 표현은 사용하지 않는다. 　㉠ • 앞으로 경제가 좋아질 것으로 <u>보여집니다</u>. (보+이+어지다 → 보입니다) 　　• 이 책의 글씨는 잘 <u>읽혀지지</u> 않아요. (읽+히+어지지 → 읽히지) 　　• 이 문제가 잘 <u>풀려지지</u> 않는다. (풀+리+어지지 → 풀리지) 　　• 내가 합격한 것이 사실인지 <u>믿겨지지</u> 않는다. (믿+기+어지지 → 믿기지) ② '-되어지다', '-지게 되다' 등의 표현은 사용하지 않는다. 　㉠ • 앞으로 이 문제가 잘 풀릴 것이라고 <u>생각되어진다</u>. (×) → 생각된다 (○) 　　• 결국 그 문제는 <u>해결되어지지</u> 않았다. (×) → 해결되지 (○) 　　• 그는 오랜 기간 동안 숨어 있었으나 마침내 <u>잡혀지게 되었다</u>. (×) → 잡히게 되었다 (○) ③ '불리우다, 잘리우다, 갈리우다, 팔리우다' 등은 잘못된 표기이다. 　㉠ • 그는 훌륭한 가수로 <u>불리웠다</u>. → 불렸다 (○) 　　• 남북으로 <u>갈리운</u> 분단의 고통을 극복해야 한다. → 갈린 (○)

문법 필수 개념 및 모의고사 해설집

파이널 문법

필수 개념

5 음운의 변동

★ 자음 체계

조음 위치 / 조음 방법			양순음 (입술소리)	치조음 설단음 (혀끝소리)	경구개음 (센입천장소리)	연구개음 (여린입천장소리)	후음 (목청소리)
무성음 (안울림소리)	파열음	예사소리	ㅂ	ㄷ		ㄱ	
		된소리	ㅃ	ㄸ		ㄲ	
		거센소리	ㅍ	ㅌ		ㅋ	
	파찰음	예사소리			ㅈ		
		된소리			ㅉ		
		거센소리			ㅊ		
	마찰음	예사소리		ㅅ			ㅎ
		된소리		ㅆ			
유성음 (울림소리)	비음		ㅁ	ㄴ		ㅇ	
	유음			ㄹ			

★ 모음 체계

단모음 체계

혀 최고점 위치 / 입술 모양 / 혀의 높이		전설모음		후설모음	
		평순	원순	평순	원순
고모음(폐모음)		ㅣ	ㅟ	ㅡ	ㅜ
중모음		ㅔ	ㅚ	ㅓ	ㅗ
저모음(개모음)		ㅐ		ㅏ	

이중모음 체계

┌ 반모음 'ㅣ'로 시작되는 이중모음(j계) : ㅑ, ㅕ, ㅛ, ㅠ, ㅒ, ㅖ
├ 반모음 'ㅗ/ㅜ'로 시작되는 이중모음(w계) : ㅘ, ㅙ, ㅝ, ㅞ
└ 반모음 'ㅣ'로 끝나는 이중모음 : ㅢ (단모음 'ㅡ' + 반모음 'ㅣ')

★ 자주 나오는 발음 규정

제8항	받침소리로는 'ㄱ, ㄴ, ㄷ, ㄹ, ㅁ, ㅂ, ㅇ'의 7개 자음만 발음한다.

제13항	홑받침이나 쌍받침이 모음으로 시작된 조사나 어미, 접미사와 결합되는 경우에는, 제 음가대로 뒤 음절 첫소리로 옮겨 발음한다.

깎아[까까]　　　　옷이[오시]　　　　있어[이써]
낮이[나지]　　　　꽂아[꼬자]　　　　꽃을[꼬츨]
쫓아[쪼차]　　　　밭에[바테]　　　　앞으로[아프로]
덮이다[더피다]

제14항	겹받침이 모음으로 시작된 조사나 어미, 접미사와 결합되는 경우에는, 뒤엣것만을 뒤 음절 첫소리로 옮겨 발음한다.(이 경우, 'ㅅ'은 된소리로 발음함.)

넋이[넉씨]　　　　앉아[안자]　　　　닭을[달글]
젊어[절머]　　　　곬이[골씨]　　　　핥아[할타]
읊어[을퍼]　　　　값을[갑쓸]　　　　없어[업ː써]

제15항	받침 뒤에 모음 'ㅏ, ㅓ, ㅗ, ㅜ, ㅟ'들로 시작되는 실질 형태소가 연결되는 경우에는, 대표음으로 바꾸어서 뒤 음절 첫소리로 옮겨 발음한다.

밭 아래[바다래]　　　늪 앞[느밥]　　　젖어미[저더미]
맛없다[마덥따]　　　겉옷[거돋]　　　헛웃음[허두슴]
꽃 위[꼬뒤]

제17항	받침 'ㄷ, ㅌ(ㄾ)'이 조사나 접미사의 모음 'ㅣ'와 결합되는 경우에는, [ㅈ, ㅊ]으로 바꾸어서 뒤 음절 첫소리로 옮겨 발음한다.

곧이듣다[고지듣따]　　굳이[구지]　　　미닫이[미ː다지]
땀받이[땀바지]　　　밭이[바치]　　　벼훑이[벼훌치]

[붙임] 'ㄷ' 뒤에 접미사 '히'가 결합되어 '티'를 이루는 것은 [치]로 발음한다.
굳히다[구치다]　　　닫히다[다치다]　　　묻히다[무치다]

제18항	받침 'ㄱ(ㄲ, ㅋ, ㄳ, ㄺ), ㄷ(ㅅ, ㅆ, ㅈ, ㅊ, ㅌ, ㅎ), ㅂ(ㅍ, ㄼ, ㄿ, ㅄ)'은 'ㄴ, ㅁ' 앞에서 [ㅇ,ㄴ, ㅁ]으로 발음한다.

먹는[멍는]　　　국물[궁물]　　　깎는[깡는]
키읔만[키응만]　　몫몫이[몽목씨]　　　읽는[궁는]
흙만[흥만]　　　닫는[단는]　　　짓는[진ː는]

제19항	받침 'ㅁ, ㅇ' 뒤에 연결되는 'ㄹ'은 [ㄴ]으로 발음한다.

담력[담ː녁]　　　침략[침ː냑]　　　강릉[강능]
항로[항ː노]　　　대통령[대ː통녕]

[붙임] 받침 'ㄱ, ㅂ' 뒤에 연결되는 'ㄹ'도 [ㄴ]으로 발음한다.
막론[막논→망논]　　　　석류[석뉴→성뉴]
협력[협녁→혐녁]　　　　법리[법니→범니]

제20항	'ㄴ'은 'ㄹ'의 앞이나 뒤에서 [ㄹ]로 발음한다.

(1)
난로[날ː로]　　　신라[실라]　　　천리[철리]
광한루[광ː할루]　　대관령[대ː괄령]
(2)
칼날[칼랄]　　　물난리[물랄리]　　　줄넘기[줄럼끼]
할는지[할른지]

제29항	합성어 및 파생어에서, 앞 단어나 접두사의 끝이 자음이고 뒤 단어나 접미사의 첫음절이 '이, 야, 여, 요, 유'인 경우에는, 'ㄴ' 음을 첨가하여 [니, 냐, 녀, 뇨, 뉴]로 발음한다.

솜-이불[솜ː니불]　　　　홑-이불[혼니불]
막-일[망닐]　　　　　삯-일[상닐]
맨-입[맨닙]　　　　　꽃-잎[꼰닙]

Free note.

megastudy

[언어와 매체]

35	②	36	①	37	④	38	②	39	③
40	②	41	⑤	42	①	43	④	44	③
45	③								

35. ②

* 정답 해설

'갈앉다'는 '가라앉다'가 준 것으로, '라'의 모음 'ㅏ'가 탈락하였다. 또한 '갖가지'는 '가지가지'가 준 것으로, 두 번째 음절 '지'의 모음 'ㅣ'가 탈락하였다. 따라서 '갈앉다'와 '갖가지'는 ㉠에 해당한다.

'뵈다'는 '보이다'가 준 것으로, 인접한 모음 'ㅗ'와 'ㅣ'가 'ㅚ'로 축약되었다. 또한 '째다'는 '싸이다'가 준 것으로, 인접한 모음 'ㅏ'와 'ㅣ'가 'ㅐ'로 축약되었다. 따라서 '뵈다'와 '째다'는 ㉡에 해당한다.

'가마'는 '가마니'가 준 것으로, 음절 '니' 자체가 탈락하였다. 또한 '막대'는 '막대기'가 준 것으로, 음절 '기' 자체가 탈락 탈락하였다. 따라서 '가마'와 '막대'는 ㉢에 해당한다.

36. ①

* 정답 해설

① ⓐ에서 '우리'나 '울'은 관형어로 쓰이고 있지 않으므로 선지의 설명은 적절하지 않다. '우리'는 주어로 쓰이고 있으며, 이때 '우리'의 준말인 '울'은 주어로 쓰일 수 없으므로 주격 조사와 결합하는 것이 불가능함을 알 수 있다.

* 오답 해설

② ⓑ에서 '인터넷 강의'의 준말인 '인강'은 본말을 대체할 수 있음을 알 수 있다. 이때 '인강'이라는 단어는 '인터넷 강의'의 본래 의미를 나타내고 있을 뿐, 새로운 대상을 가리키는 것은 아니기 때문이다. 2문단에 따르면, '인터넷 강의'를 '인강'으로 대체하는 것은 준말의 형성 방식 중 여러 단어의 첫머리를 따서 만들어진 '두자어'에 해당한다.

③ ⓒ에서 '좀'은 '조금'의 준말이지만, '조금'과 달리 양이 적음을 나타내는 의미가 아닌 '어지간히'라는 의미를 나타내고 있다. 3문단에 따르면, 본말로부터 도출된 준말이 독자적으로 의미의 변화를 겪기도 한다고 하였으므로, 준말 '좀'은 본말 '조금'에서 도출된 뒤 독자적으로 의미를 획득한 경우로 볼 수 있다.

④ ⓓ에서는 '뿌린 대로 거둔다.'라는 관용어구가 사용되었다. 이때 '거두다'를 준말 '걷다'로 대체하면 "뿌린 대로 걷다'

가 되어 관용어구의 의미가 사라지게 된다. 이는 3문단에서 말하는 관용어구에서 본말이 준말로 대체될 수 없는 경우에 해당하므로 선지의 설명은 적절하다.

⑤ ⓔ에서는 '건드리다'와 이의 준말인 '건들다'를 제시하고 있는데, 이때 본말 '건드리다'는 어미 '-어'와의 결합이 자연스러운 반면, 준말 '건들다'는 어미 '-어'와의 결합에 제한이 발생함을 알 수 있다. 이는 3문단에 따르면, 준말에 다른 형태소와의 결합 제한이 발생한 경우로 볼 수 있다.

37. ④

* 정답 해설

ⓐ의 '피땀'은 체언 뒤에 체언이 놓이는 정상적인 단어 배열을 보인다는 점에서 ㉠에 해당한다. 그리고 어근인 '피'와 '땀'이 결합하여 '노력'이라는 새로운 의미를 도출한다는 점에서 ㉤에 해당한다.

ⓑ의 '돌아가다'는 어근 '돌-'과 '가-'가 연결 어미 '-아'에 의해 연결되는데, 이처럼 용언 어근이 나란히 쓰일 때 연결 어미가 둘을 이어 주는 것은 정상적인 단어 배열이므로 '돌아가다'는 ㉠에 해당한다. 그리고 '돌아가다'의 의미가 '죽다'의 높임말이 되는 것은 어근의 의미와 무관한 새로운 의미를 획득하는 것이므로, '돌아가다'는 ㉤에 해당한다.

ⓒ의 '산들바람'은 부사 '산들' 뒤에 체언 '바람'이 결합한 형태로, 정상적인 단어 배열에서 어긋나는 ㉡에 해당한다. 그리고 '산들바람'은 '시원하고 가볍게 부는 바람.'이라는 뜻으로, '산들'이 '바람'을 수식하고 있으므로 ㉣에 해당한다.

ⓓ의 '굶주리다'는 연결 어미 없이 용언 어근 '굶-'과 '주리-'가 결합한 형태로, 이는 정상적인 단어 배열에 어긋난다. 따라서 '굶주리다'는 ㉡에 해당한다. 그리고 '굶주리다'는 '먹을 것이 없어서 배를 곯다.'라는 의미로, 어근 '굶-'과 '주리-'가 대등한 자격으로 합성어의 의미를 이루므로 ㉢에 해당한다.

ⓔ의 '첫사랑'은 관형사 어근 '첫'이 명사 어근 '사랑' 앞에 위치한 형태로, 이는 관형사가 명사 앞에 놓여 후행하는 명사를 수식하는 정상적 단어 배열을 따른다. 따라서 '첫사랑'은 ㉠에 해당한다. 그리고 '첫사랑'은 '처음으로 느끼거나 맺은 사랑'이라는 뜻으로, '첫'이 '사랑'을 수식하고 있으므로 ㉣에 해당한다.

38. ②

* 정답 해설

ⓐ의 서술어인 '나 트니시다가'에는 주어를 높이는 주체 높임의 선어말 어미 '-시-'가 쓰였다. 이를 통해 주어인 '孔

子(공자)'를 높이고 있다.
ⓑ의 서술어인 '어리니잇가'에는 선어말 어미 '-잇-'이 쓰여 상대 높임이 실현되고 있다.
ⓓ의 '하ᄂᆞᆯ긔'는 현대어에서 '하늘께'로 풀이되고 있다. 이를 통해 '하ᄂᆞᆯ'이 높임의 대상으로 설정되었으며, 객체 높임의 부사격 조사 '씌'가 쓰여 '하ᄂᆞᆯ긔' 형태의 부사어로 쓰이고 있음을 알 수 있다. 또한 서술어인 'ᄇᆡᅀᆞᆸ더니(빌-+-ᅀᆞᆸ-+-오더니)'에서 객체 높임의 선어말 어미 '-ᅀᆞᆸ-'를 통해 부사어가 지시하는 대상인 '하ᄂᆞᆯ'을 높이고 있다.

* 오답 해설

ⓒ의 '사람ᄃᆞᆯ하'는 현대어에서 '사람들이여'로 풀이되고 있다. 이때 나타나는 '하'는 접사 '-ᄃᆞᆯㅎ'의 'ㅎ'과 호격 조사 '아'가 결합한 형태이다. 따라서 '사람ᄃᆞᆯ하'은 화자에게 높여야 할 대상이 아니며, 높임을 실현하기 위해 호격 조사 '하'가 사용된 것이 아님을 알 수 있다.

ⓔ의 '열 ㅎᆞᆺ'에는 관형격 조사 'ㅅ'이 쓰였음을 확인할 수 있다. 하지만 현대어 풀이를 보면 '열 ㅎᆡ'는 '열 해'로, 시간을 의미하는 명사구이다. 따라서 이와 함께 쓰인 관형격 조사 'ㅅ'을 높임 표현으로 볼 수 없다. 관형격 조사 'ㅅ'은 높임의 대상뿐만 아니라 무정 체언과도 함께 쓰인다.

39. ③
* 정답 해설

③ '몫일'은 [몽닐]로 발음되는데, 먼저 '일'에 'ㄴ'이 첨가되어 [닐]로 바뀌고 '몫'의 종성 'ㄳ' 중 'ㅅ'이 탈락한다(혹은 '몫'의 'ㅅ'이 탈락→'일'에 'ㄴ' 첨가). 그리고 첨가된 'ㄴ'에 의해 [목]의 'ㄱ'이 'ㅇ'으로 교체된다. 즉 '몫일'은 첨가와 탈락, 교체가 일어나므로, ㉮에 해당하는 예로 볼 수 있다. '짓이기다'는 [진니기다]로 발음되는데, 먼저 '이'에 'ㄴ'이 첨가되고 '짓'의 'ㅅ'이 'ㄷ'으로 교체된다(혹은 '짓'의 'ㅅ'이 'ㄷ'으로 교체→'이'에 'ㄴ' 첨가). 그리고 첨가된 'ㄴ'에 의해 앞의 'ㄷ'이 'ㄴ'으로 다시 교체된다. 즉 '짓이기다'는 첨가와 교체가 일어나므로 ㉯에 해당하는 예로 볼 수 있다.

* 오답 해설

① '여덟'은 [여덜]로 발음되는데, '덟'의 종성 'ㄼ' 중 'ㅂ'이 음절 말 위치에서 탈락한다. 한편 '읊조리다'는 [읍쪼리다]로 발음되는데, '읊'의 'ㅍ'이 'ㅂ'으로 교체되고, 'ㅂ'의 영향으로 뒤따르는 자음 'ㅈ'이 'ㅉ'으로 교체된다. 그리고 [읇]으로 교체된 '읊'의 종성 'ㄼ' 중 'ㄹ'이 음절 말 위치에서 탈락한다. 즉, '읊조리다'는 탈락과 교체가 일어나는 예이다.

② '앓다'는 [알타]로 발음되는데, '앓'의 'ㅎ'과 '다'의 'ㄷ'이 'ㅌ'으로 축약된다. 한편 '솔잎'은 [솔립]으로 발음되는데, '잎'에 'ㄴ'이 첨가되고, 종성 'ㅍ'이 'ㅂ'으로 교체되어 [닙]으로 발음된다. 이때 첨가된 'ㄴ'이 '솔'의 종성에 위치한 'ㄹ'의 영향을 받아 'ㄹ'로 교체된다. 즉, '솔잎'은 첨가와 교체가 일어나므로, ㉯에 해당하는 예로 볼 수 있다.

④ '홑이불'은 [혼니불]로 발음되는데, '이'에 'ㄴ'이 첨가되고 '홑'의 'ㅌ'이 'ㄷ'으로 교체된다(혹은 '홑'의 'ㅌ'이 'ㄷ'으로 교체→'이'에 'ㄴ' 첨가). 그리고 첨가된 'ㄴ'에 의해 앞의 'ㄷ'이 'ㄴ'으로 교체된다. 즉 '홑이불'은 첨가와 교체가 일어나는 예이므로, ㉯에 해당한다고 볼 수 있다. 한편, '흙냄새'는 [흥냄새]로 발음되는데, '흙'의 종성 'ㄺ' 중 'ㄹ'이 탈락하고 남은 'ㄱ'이 뒤따르는 'ㄴ'의 영향을 받아 'ㅇ'으로 교체된다. 즉, '흙냄새'는 탈락과 교체가 일어나는 예로 볼 수 있다.

⑤ '넋두리'는 [넉뚜리]로 발음되는데, '넋'의 종성 'ㄳ' 중 'ㅅ'이 탈락하고 '두'의 'ㄷ'이 'ㄸ'으로 교체된다. 즉, 탈락과 교체가 일어나는 예이다. 한편, '붉히다'는 [불키다]로 발음되는데, '붉'의 'ㄱ'과 '히'의 'ㅎ'이 축약되어 'ㅋ'으로 실현되고 있다. 즉, 축약이 일어나는 예이다.

40. ②
* 정답 해설

② '진행자'는 "복수 표준어를 선정할 때는 국어규범정비위원회나 국어심의회 등~80여 개에 불과합니다."라고 말한 '전문가'의 발언 내용을 "복수 표준어를 결정하는 과정에서 여러 전문가가 참여해 이를 충분히 검토하고 있다는 말씀이군요."라고 정리하여 전달함으로써 시청자의 이해를 돕고 있다.

* 오답 해설

① '진행자'는 방송의 첫머리에 시청자에게 인사를 건네고 해당 방송에서 함께할 전문가를 소개하며, '복수 표준어'에 관해 이야기를 나눠 보겠다는 방송의 취지를 밝히고 있다 하지만 방송이 진행될 순서를 안내하고 있지 않다.

③ 복수 표준어의 선정 과정에 참여할 것을 권유한 것은 '진행자'가 아닌 '전문가'이다. '진행자'는 '전문가'의 제안을 듣고 자신도 글을 남겨야겠다는 의지를 드러낼 뿐 시청자에게 참여를 권유하고 있지 않다.

④ '전문가'는 주요 용어인 '복수 표준어' 개념을 시청자가 일상적으로 겪는 상황에 비유하지 않았다. "저는 언어도 사람과 마찬가지로 나이를 먹는다고 생각합니다.~삶의 방식이 변하기도 하지 않습니까?"라는 '전문가'의 발화에서 비유가 나타나지만 이는 복수 표준어가 늘어나는 상황에 대한 '전문가'의 견해를 설명하는 과정에서 제시된 것이다.

⑤ '전문가'는 "국립국어원 누리집의 민원 게시판 혹은~심의를 진행합니다."에서 복수 표준어의 선정 과정에 국립국어원 누리집이 활용됨을 언급하고 있다. 그러나 '전문가'가 국립국어원 누리집에 접속하는 방법을 안내하는 부분은 찾을 수 없다.

41. ⑤
* 정답 해설

⑤ (나)에는 '유익해요', '고마워요', '흥미진진', '추천해요'와 같은 공감 버튼을 통해 게시물에 대한 긍정적 반응을 나

타낼 수 있는 기능이 제공되고 있음을 확인할 수 있다. 하지만 누리집의 이용자가 댓글에 공감을 표시할 수 있는 기능은 없으므로 제시된 선지의 내용은 적절하지 않다.

＊ 오답 해설
① (나)의 오른쪽 상단에 '내가 쓴 글에 새로운 댓글이 달렸어요!'라는 알림이 제공되고 있다. 이는 사용자인 '아름이'가 자신이 작성한 글에 새 댓글이 추가되었음을 알 수 있도록 돕는 알림 기능에 해당한다.
② (나)에서 '아름이'의 게시글 하단에는 "'헷갈리는 우리말 배우기' 5회 다시 보기"라는 하이퍼링크가 제공되어 있다. 이를 통해 게시물의 수용자가 방송 프로그램 누리집으로 바로 이동할 수 있으므로 적절하다.
③ (나)에서는 세종대왕과 태극기 이미지, '우리 학교의 바른 언어생활을 선도'한다는 동아리 설명 문구를 제공하여 해당 누리집을 운영하는 '◎◎고등학교 우리말 동아리'의 특징이 잘 드러나도록 하고 있다.
④ (나)는 '최신 글 보기', '인기 글 보기', '동영상 보기'와 같이 해당 누리집의 게시물 정렬 기준을 다양하게 제공하고 있다.

42. ①
＊ 정답 해설
① '아름이'는 "이번 시간에는 국어 국문학을 가르치시는 교수님께서 출연하셔서 '복수 표준어'에 관해 설명해 주셨는데"라며 정보 전달자의 직업을 언급하고 있다. 그러나 '아름이'가 정보 전달자의 직업에 주목하여 방송에서 다룬 내용이 신뢰할 만하다고 판단하고 있지는 않다.

＊ 오답 해설
② '이전과 달리 시청자 게시판을 통해 미리 궁금한 점을 물어볼 수 있어서'에서 '아름이'가 해당 방송에 수용자의 의견이 포함된 점에 주목하고 있음을 알 수 있다. 또한 이러한 정보 구성을 '좋았'다며 긍정적으로 평가하고 있으므로 적절하다.
③ '개복치'는 '복수 표준어'에 대한 '반대 의견도 있다는' 점에 주목하여 '복수 표준어는 마냥 좋은 것이라고 생각했'던 자신의 생각을 점검하고 있으므로 적절하다.
④ '동아리장'은 '복수 표준어가 왜 2011년 전에는 중요하게 여겨지지 않았는지 설명해 주었다면 더 좋았겠다고 생각했어.'라고 말하였다. 이는 복수 표준어가 2011년 이후 확대된 것과 관련한 '전문가'의 설명이 충분하지 않았다고 부정적으로 판단한 것으로 볼 수 있다.
⑤ '산토끼'는 '복수 표준어가 결정되는 과정에 관한 내용이 특히 흥미로웠'음을 밝히면서, '나는 국어와 관련된 직업을 갖고 싶은데, 방송에서 언급한 위원회에서 일하기 위해서는 어떠한 준비가 필요한지 궁금해.'라고 말하였다. 이는 방송 내용을 자신의 진로와 연결하여 수용한 것으로 볼 수 있다.

43. ④
＊ 정답 해설
④ ㉣에서 '혹은'은 '그렇지 아니하면. 또는 그것이 아니라면.'을 뜻하는 부사로, '국립국어원 누리집의 민원 게시판'이나 '국어생활종합상담실의 전화 민원 자료'에 많이 건의된 단어를 살펴본다는 점을 나타내기 위해 사용되었다. 이를 복수 표준어가 발표되는 경로가 다양함을 부각하는 것으로 볼 수는 없으므로 제시된 선지의 내용은 적절하지 않다.

＊ 오답 해설
① ㉠에서 '모시다'는 '데리다'의 높임말로, 문장의 객체이자 스튜디오에 초대한 전문가인 '박○○ 교수님'을 높이기 위해 사용되었으므로 적절하다.
② ㉡에서 '-고 있-'은 현재 진행을 알리는 표현으로, 발화 시점을 기준으로 동작을 계속 이어가는 모습을 나타낸다. 따라서 복수 표준어가 매년 추가되며 늘어나는 상황을 드러낸다고 볼 수 있다.
③ ㉢에서 '-어야 하다'의 '하다'는 '앞말이 뜻하는 행동을 하거나 앞말이 뜻하는 상태가 되는 것이 필요함'을 의미하는 보조 동사로, '-어야 하다'의 구성으로 쓰여 '사람들이 자주 사용하는 새로운 단어들은 표준어 목록에 추가되는 게 옳다'는 학생 1의 주장에 대한 근거를 드러내고 있다.
⑤ ㉤에서 '-면'은 '불확실하거나 아직 이루어지지 않은 사실을 가정하여 말할 때 쓰는 연결 어미'로, 이를 통해 시청자가 게시판에 글을 작성하는 행위를 하기 전에 '표준어로 등재하고 싶은 단어가 있'는 상황이 선행되어야 함을 제시하고 있다.

44. ③
＊ 정답 해설
③ ㉢에서 '준서'는 '어.... 흠....'이라며 말줄임표를 사용하고 있지만, 이어지는 발화를 통해 '현진'의 제안을 구체화할 방안을 고민하는 과정에서 이를 사용한 것임을 알 수 있다. 따라서 말줄임표를 사용해 '준서'가 '현진'의 제안을 거절하려는 의도를 우회적으로 드러냈다고 볼 수는 없다.

＊ 오답 해설
① ㉠에서 '성훈'은 '보관함'에 파일을 올렸다. 앞서 '성훈'이 '이 대화방의 파일 보관함에도 파일을 올려 둘 테니까 못 본 친구들은 참고해!'라고 말한 것을 통해 이 자료가 대화를 위해 필요한 자료임을 알 수 있다.
② ㉡에서 '준서'는 엄지를 올린 손 모양의 시각적 이미지를 활용하여 수정 사항을 말해 주면 바로 고치겠다는 '진주'의 말에 대한 긍정적 반응을 표현하고 있다.
④ ㉣에서 '현진'은 환영 문구의 추가 여부를 둘러싼 대화 참여자들의 의견을 모아 합치기 위해 투표 기능을 활용하고 있다.
⑤ ㉤에서 '진주'는 'ㅇㅋㅇㅋ'과 같이 자음을 활용하여 수용의 뜻을 나타내는 단어('okay')를 표현하고 있다. 이를 통

해 투표 결과를 수용하는 자신의 태도를 간단하게 제시하고 있으므로 적절하다.

45. ③
＊ 정답 해설

③ (나)에서 '현진'은 '목표 달성률을 나타내는 곳의 디자인을 마음대로 바꿀 수 있다는 점도 알려 주면 좋겠어.'라고 제안했다. 이에 '준서'는 '다른 디자인을 옆에 조그맣게 보여 주는 건 어때?'라고 반응하였으나, 다른 대화 참여자들이 '너무 복잡해질 것 같'다는 이유로 이에 반대하였다. 수정한 화면에서는 이러한 대화 내용을 반영하여, 해당 부분에 사용자가 선택할 수 있는 디자인 항목을 직접 제시하지 않고 디자인을 바꿀 수 있다는 점만을 도움말로 제시하였으므로 선지의 내용은 적절하지 않다.

＊ 오답 해설

① (나)에서 '성훈'은 '동기 부여를 위해 달리기 명언을 제시하는 부분에 대해 설명해 주는 것이 좋겠어.'라고 말하였다. 이를 반영하여 수정한 화면에서는 '매일 바뀌는 달리기 명언으로 동기 부여!'라는 내용의 도움말이 새롭게 추가되었다.

② (나)에서 '준서'는 '날씨 정보가 습도와 온도로 표기된다는 점도 같이 알려 주자.'라며 해당 정보의 정확한 의미를 드러내자고 제안하였다. 이를 반영하여 '날씨를 확인해요!'라고만 제시되었던 도움말이 수정한 화면에서는 '습도/온도 확인!'으로 바뀌었으므로, 선지의 내용은 적절하다.

④ (나)에서 '명민'은 '분석 아이콘은 검색 기능과 헷갈릴 수 있어서 바꿔야 해.'라고 말하였다. 이를 반영하여 수정한 화면에서는 '분석' 메뉴를 나타내는 아이콘이 검색 기능과는 다른 이미지로 교체되었다.

⑤ (나)에서 '성훈'은 '앱을 처음 작동했을 때 보는 화면이니까 환영한다는 문구를 같이 넣으면 어떨까?'라고 제안하였고, 투표 결과 '문구'를 넣기로 결정되었다. 이를 반영하여 수정한 화면 오른쪽 상단에는 '새로운 사용자님, 환영합니다!'라는 문구가 새롭게 추가되었다.

언어와 매체 모의고사 2회 정답 및 해설

[언어와 매체]

35	④	36	②	37	③	38	①	39	③
40	②	41	④	42	②	43	④	44	⑤
45	③								

35. ④
＊ 정답 해설

④ '두 다리만 있다면 어디든 못 가겠는가?'의 문장은 수사 의문문 '가겠는가?'의 형태가 사용되어 기본 명제의 내용이 긍정되고 있지만, 부정소 '못'이 쓰였기에 '부정소의 유무'를 기준으로 하는 지문의 내용을 토대로 할 때 부정문으로 봐야 한다. 부정문을 결정하는 것은 수사 의문문이 아니라 부정소이므로 선지의 설명은 적절하지 않다.

＊ 오답 해설

① '너무 조급하게 생각하지 말아라.'의 문장에서 서술어는 본용언(생각하다)과 보조 용언(말다)이 결합한 구조이다. 이때 1문단에 따르면, '말아라'는 부정문을 이루는 부정 서술어임을 알 수 있다.

② '네 생각을 도무지 모르겠다.'의 문장에서 서술어는 '모르다'이다. 이때 3문단에서 '모르다'는 부정극어와도 어울려 쓸 수 있다고 하였다. 따라서 부정소가 쓰이지 않았음에도 서술어를 통해 부정의 의미를 나타낸다는 것을 알 수 있다.

③ '지금 출발하면 제때 못 도착하지는 않겠다.'의 문장에서는 능력 부정의 부사 '못'과 단순 부정의 보조 용언 '않다'가 쓰이고 있다. 해당 문장은 '지금 출발하면 제때 도착하겠다.'라는 기본 명제를 긍정한다. 따라서 부정소 '못'과 '않다'가 쓰였음에도 문장의 기본 명제가 부정되지 않음을 알 수 있다.

⑤ '그의 출마 여부는 불확실하다.'의 문장에서 서술어 '불확실하다'는 어근 '확실'에 부정의 의미를 나타내는 접두사 '불-'이 결합하여 이루어진 단어이다. 이때 접두사 '불-'은 어근인 '확실'의 의미를 부정할 뿐, 문장의 내용을 부정하는 부정소가 아니다.

36. ②
＊ 정답 해설

② ㉡의 문장에서는 서술어로 '견디다'가 사용되었다. '견디다'는 주체의 능력이 허용하는 범위 내에서 성립하는 행위라고 할 수 있으며, 능력 부정으로 나타낼 수 있는 서술어이다. 따라서 ㉡은 '나는 홀로 사우나에 들어가 삼십 분을 못 견뎠다.'와 같이 능력 부정문으로 표현할 수 있으므로 선지의 설명은 적절하다.

＊ 오답 해설

① ㉠의 문장에서는 '-려고'라는 연결 어미가 사용되었는데, 이때 '-려고'는 주체의 능력이 아닌 의도를 나타내는 표현이다. 따라서 '-려고'가 쓰인 문장에서는 의도 부정이 가능한데, 이에 따라 ㉠을 부정하면 '이번 여름 방학에는 설악산에 안 오르려고 한다.'와 같이 자연스러운 문장이 도출된다. 따라서 ㉠을 의도 부정문으로 나타낼 수 없다는 선지의 설명은 적절하지 않다.

③ ㉢의 문장에서는 대명사에 보조사가 결합한 형태인 '아무도'가 사용되었는데, '아무도'는 '아무도 가지 않았다.'와 같이 부정 표현에 결합하여 사용되는 부정극어에 해당한다. 다만, 3문단에 따르면, 부정극어는 부정소가 없어도 '없다', '모르다', '아니다' 등과 어울려 쓰일 수 있는데, 이 경우는 부정문을 이루는 형태적 기준을 만족하지 못하므로 부정문이라고 할 수 없다. 즉, 부정극어 '아무도'가 쓰였으나, 부정소 대신 '모른다'와 호응하는 ㉢은 부정문으로 볼 수 없다.

④ ㉣의 문장에서는 서술어로 형용사 '넉넉하다'가 사용되었다. 일반적으로 능력 부정문은 서술어가 형용사일 때 구성될 수 없는데, '*꽃이 못 예쁘다.', '*강이 못 푸르다.'와 같은 문장이 이루어질 수 없는 데서 이를 확인할 수 있다. 그러나 ㉣의 맥락에서는 부정소 '않았다'를 능력 부정의 '못했다'로 교체하여 '곳간에 저장한 쌀은 겨울을 나기에 넉넉하지 못했다.'와 같이 표현하는 것이 가능하다. 이는 '못하다'가 화자의 기대에 미치지 못하는 상황을 나타낼 때는 사용될 수 있기 때문이다. 따라서 ㉣을 능력 부정문으로 바꿀 수 없다는 선지의 설명은 적절하지 않다.

⑤ ㉤은 부정 서술어 '않다'가 쓰인 긴 부정문이다. 이때 ㉤을 짧은 부정문으로 바꾸면 '그녀는 친구들의 눈치를 살펴 교실에 안 들어갔다.'가 되며, 이는 자연스러운 문장이다. 따라서 ㉤을 짧은 부정문으로 나타낼 수 없다는 선지의 설명은 적절하지 않다.

37. ③
＊ 정답 해설

③ ㉡은 '소포'를 뜯을 수 있는 '남편'과 '아들' 중 대상을 특별히 정하지 않고 아울러 지칭하는 표현으로, 지시 대상에 '남편'을 포함한다고 볼 수 있다. 그리고 ㉷은 '아내'가 청자인 '남편'과 자신을 아울러 가리키는 말로, 지시 대상에 '남편'을 포함한다고 볼 수 있으므로 선지의 설명은 적절

하다.

* 오답 해설
① ㉠은 '소포'를 보낸 대상을 가리키지만, 현재 알 수 없는 대상을 가리키는 미지칭 대명사이다. 그리고 ㉡은 '소포'를 뜯을 수 있는 사람 중에 뜯을 사람을 지정하지 않고 가리키는 부정칭 대명사이다. 즉, ㉠은 알 수 없는 대상을, ㉡은 정해지지 않은 대상을 가리킨다고 보는 것이 적절하다.
② 사진을 본 '아내'가 "내가 이렇게 어렸을 때도 있었네요." 라고 말하는 것을 볼 때, ㉢은 '남편'이 청자인 '아내'를 가리키는 2인칭 대명사임을 알 수 있다. 반면, ㉣은 앞서 나온 명사인 '선생님'을 다시 가리키는 높임의 재귀 대명사이며, 재귀 대명사는 3인칭에 해당한다. 즉, 3인칭 대상을 가리키는 표현은 ㉢이 아닌 ㉣이다.
④ ㉤과 ㉥은 모두 화자가 자기를 포함한 여러 사람을 가리키는 1인칭 대명사이다. 이때 ㉥의 '저희'는 '우리'의 낮춤말로 사용되는 대명사이므로, ㉥이 지시 대상인 '남편'과 남학생들을 높인다는 설명은 적절하지 않다.
⑤ ㉤과 ㉦은 형태는 같지만, 문맥상 ㉤은 화자인 '아내'와 '여자애들'을 아울러 가리키고, ㉦은 화자인 '아내'와 청자인 '남편'을 아울러 가리키고 있다. 즉 지시 대상으로 청자를 포함하는 것은 ㉦뿐이다.

38. ①
* 정답 해설
① '속눈썹'에서는 '속'의 종성 'ㄱ'이 '눈'의 초성 'ㄴ'의 영향을 받아, 'ㄱ'과 같은 조음 위치의 'ㅇ'으로 교체되는 비음화가 일어난다. 이는 뒤 음운 'ㄴ'에 의해 앞 음운 'ㄱ'의 조음 방법이 파열음에서 비음으로 바뀐 음운 변동이다. 한편, ㉠의 '곁눈'에서는 '곁'의 종성 'ㅌ'이 음절의 끝소리 규칙에 의해 'ㄷ'으로 교체되고, 이 'ㄷ'이 '눈'의 초성 'ㄴ'의 영향을 받아 'ㄴ'으로 교체되는 비음화가 일어난다. 즉, '곁눈'과 '속눈썹'은 모두 조음 위치가 아닌, 조음 방법이 바뀌는 음운 변동이 일어나므로 선지의 설명은 적절하지 않다.

* 오답 해설
② '꺾쇠'에서는 '꺾'의 종성 'ㄲ'이 음절 말 위치에서 'ㄱ'으로 교체되는 음절의 끝소리 규칙이 일어나는데, 이는 종성에서 발음될 수 있는 자음이 일곱 가지로 한정된 데 따른 음운 변동이다. ㉠의 '곁눈'에서는 '곁'의 'ㅌ'이 'ㄷ'으로 교체되는 방식으로, ㉣의 '겉핥고'에서는 '겉'의 'ㅌ'이 'ㄷ'으로 교체되는 방식으로 음절의 끝소리 규칙이 일어나고 있다.
③ '관절염'에서는 '염'의 초성에서 'ㄴ'이 첨가되는 'ㄴ' 첨가 현상이 일어난다. 한편, ㉡의 '볼일'에서는 '일'의 초성에서 'ㄴ'이 첨가되고 있다.
④ '있던'에서는 '있'의 종성 'ㅆ'이 음절의 끝소리 규칙에 의해 'ㄷ'으로 교체된 후 이어지는 '던'의 초성 'ㄷ'에 영향을

미쳐 'ㄷ'이 'ㄸ'으로 교체되는 된소리되기가 일어난다. 한편, ㉢의 '읊지'에서는 '읊'의 'ㅍ'이 음절의 끝소리 규칙에 의해 'ㅂ'으로 교체된 후 이어지는 '지'의 초성 'ㅈ'에 영향을 미쳐 'ㅈ'이 'ㅉ'으로 교체되는 된소리되기가 일어난다. 그리고 ㉣의 '겉핥고'에서는 '핥'의 'ㅌ'이 음절의 끝소리 규칙에 의해 'ㄷ'으로 교체되고, 이 'ㄷ'이 이어지는 '고'의 초성 'ㄱ'에 영향을 미쳐 'ㄱ'이 'ㄲ'으로 교체되는 된소리되기가 일어난다. 이들은 예사 파열음 'ㄱ', 'ㄷ', 'ㅂ' 뒤에서 안울림 예사소리 'ㄱ', 'ㄷ', 'ㅂ', 'ㅅ', 'ㅈ'이 된소리 'ㄲ', 'ㄸ', 'ㅃ', 'ㅆ', 'ㅉ'으로 바뀌는 현상으로, 앞 음절의 종성에 따라 뒤 음절의 초성이 된소리로 교체되는 음운 변동이 나타남을 확인할 수 있다.
⑤ '묽하고'에서는 자음군 단순화에 의해 '묽'의 종성 'ㅅ'이 탈락한 후, 종성에 남은 'ㄱ'이 이어지는 'ㅎ'과 만나 축약되는 거센소리되기가 일어난다. 한편, ㉣의 '겉핥고'에서는 '겉'의 'ㅌ'이 음절의 끝소리 규칙에 의해 'ㄷ'으로 교체된 후, 이어지는 'ㅎ'과 만나 'ㅌ'으로 축약되는 거센소리되기가 일어난다.

39. ③
* 정답 해설
ⓐ에는 명사절 '親히 듣ᄌᆞ옴'이 부사격 조사 '애'와 결합하여 '親히 듣ᄌᆞ오매'와 같이 쓰이고 있다. 이때 현대어 풀이를 통해 '親히 듣ᄌᆞ오매'는 부사어에 해당함을 알 수 있는데, 이는 서술어 '다ᄅᆞ지 아니ᄒᆞ다'와 호응하여 비교 대상을 나타낸다는 점에서 필수적 부사어로 보아야 한다. 즉, '親히 듣ᄌᆞ오매'는 생략하기 어려운 안긴문장으로 볼 수 있다.
ⓓ에는 관형절 '이 싸해 橫死홇'이 의존 명사 '줄'을 수식하는 관형어로 기능하고 있다. 의존 명사는 관형어의 수식을 받아야 하므로, 의존 명사 앞에 놓인 관형어가 생략되면 문장의 구성이 어색해진다. 즉, ⓓ의 관형절 '이 싸해 橫死홇'은 생략하기 어려운 안긴문장으로 볼 수 있다.
ⓔ에는 관형절 '됴ᄒᆞᆫ'과 명사절 '됴ᄒᆞᆫ 法 닷곰'이 쓰이고 있다. 이때 관형어는 수의적 성분으로, 관형절 '됴ᄒᆞᆫ'은 생략되어도 문장 구성에 영향을 주지 않지만, 명사절 '됴ᄒᆞᆫ 法 닷곰'은 목적격 조사 '을'과 결합하여 문장의 필수 성분인 목적어를 이루고 있으므로, 생략하기 어려운 안긴문장으로 볼 수 있다.

* 오답 해설
ⓑ에는 현대어 풀이를 통해 관형절 '차반 ᄆᆡᇰᄀᆞᆯ'이 명사 '쏘리'를 수식하는 관형어로 기능하고 있음을 알 수 있다. 이때 관형어는 수의적 성분으로, 생략되어도 문장 구성에 영향을 주지 않으므로, '차반 ᄆᆡᇰᄀᆞᆯ'은 생략할 수 있는 안긴문장이다.
ⓒ에는 부사절 '새ᄃᆞ록'이 부사어로 쓰이고 있다. 이때 부사어는 수의적 성분으로, 생략되어도 문장 구성에 영향을 주지 않으므로, '새ᄃᆞ록'은 생략할 수 있는 안긴문장이다.

40. ②

* 정답 해설

② 진행자는 "시청자 수가 처음보다 줄었네요."라며 방송 후반부에 접속자 수의 변화를 언급하고 있으나, 이를 통해 해당 방송에 대한 수용자의 만족도를 확인하고 있지는 않다.

* 오답 해설

① 진행자는 "오늘은 학생회장 □□군과 함께, 개교기념일 행사에 관한 이야기를 나눠 보겠습니다."라며 방송의 시작에 방송 주제를 간략하게 언급함으로써 이어질 방송 내용을 예고하고 있다.

③ 학생회장은 "그럼 이쯤에서 저희는 방송 채팅창을 함께 볼까요?"라며 진행자에게 질문을 하고, 방송의 다음 순서로 수용자의 실시간 반응을 확인할 것임을 알리고 있다.

④ 학생회장은 "지금 화면에 나오고 있는 것은 작년 개교기념일 행사가 끝난 후 실시했던 설문 조사 결과입니다."라며 화면에 자신의 발화와 관련한 시각 자료인 설문 조사 결과 도표를 제시하고 있다. 이를 통해 방송 내용에 대한 수용자의 이해를 돕고 있으므로 적절하다.

⑤ 학생회장의 "학생회에서는 바로 내일부터 3월 23일까지 나눔 장터 물건을 미리 기증받아 살펴볼 예정입니다. 본관 1층 학생회실 앞 상자에 물건을 넣어주세요."라는 발화는 화면에 '나눔 장터 물건 기증 / 23년 3월 23일까지 / 본관 1층 학생회실 앞 상자'라는 자막으로 요약되어 제시되고 있다. 이에 대해 학생회장은 "아래 자막 보이시죠? 많은 참여 부탁해요!"라며 자신의 발언 내용을 요약한 자막을 언급하며 수용자의 적극적인 참여를 유도하고 있다.

41. ④

* 정답 해설

④ [C]에서 혜원은 '전에 지역 나눔 장터에 참가'했던 자신의 경험을 근거로, '나눔 장터' 행사를 진행하기 전에 나눔 장터에서 판매되는 물건들을 학생회에서 미리 검수할 예정인지 질문하고 있다. 이는 학생회가 행사에서 고려해야 할 점을 제시한 것으로 볼 수 있다.

* 오답 해설

① [A]에서 성진은 '학교 사진 찍기' 행사에 관해 '평소에 잘 보지 못했던 학교 구석구석을 봐서 좋'았다고 평가하며 해당 행사를 긍정적으로 평가하고 있다. 그러나 올해 5월에도 해당 행사를 하기로 결정한 학생회의 의견에 대해서는 '그건 작년에도 하지 않았나요?', '또 하는 건 좀 별로인데…….'라며 부정적인 반응을 보이고 있다.

② [B]에서 예나는 '설문 조사 결과를 바탕으로 이야기하니까 신뢰가 가네요!'라며 학생회장이 설문 조사 결과를 제시한 것을 긍정적으로 평가하고 있을 뿐, 학생회장의 직전 발화 내용인 설문 조사 결과에 대한 설명의 논리적 오류를 지적하고 있지는 않다.

③ [B]에서 형준은 '학교 개선 아이디어 공모전에 대한 만족도가 별로 좋지 않네요. 이유가 뭘까요?'라며 질문을 하고 있다. 이는 학생회장이 제시한 설문 조사의 결과와 관련한 궁금증을 제시하는 것일 뿐, 설문 조사 대상의 선정이 잘못되었다고 판단하는 것은 아니다.

⑤ [C]에서 연우는 '혜원님, 맞아요!'라며, 혜원의 의견에 동의를 표하고 있다. 그러나 연우는 혜원의 의견을 바탕으로 학생회가 '나눔 장터'에 기증된 물건들을 미리 검수해야 함을 주장하고 있을 뿐, 해당 방송의 내용이 사실과 다르다고 판단하고 있지는 않다.

42. ②

* 정답 해설

② ㉠에서 학생은 학생회장이 방송에서 보인 아쉬운 점에 관해 작성할 계획을 세우고 있다. (나)에서 학생은 '실시간 채팅에 참여할 사람을 한정했으면서 모든 채팅 내용에 제대로 답변하지 않은 점도 아쉬웠어.'라며, 실시간 채팅에 참여할 사람을 한정했음에도 학생회장이 채팅창의 모든 질문에 제대로 답변하지 않은 점을 지적하고 있다. 그러나 부정적으로 반응한 학생을 배제하고 긍정적으로 반응한 학생에게만 답변하였음을 지적하고 있지는 않다.

* 오답 해설

① (나)에서 학생은 '작년 개교기념일 행사 중~이건 학생회가 설문 조사 결과를 자기 의도에 맞춰 해석한 거야.'라며, 설문 조사의 결과에 대한 학생회의 해석에 오류가 있음을 지적하고 있다. 이러한 점을 다른 수용자에게 알리기 위해 방송을 캡처한 파일 '설문 조사 결과 해석.jpg'를 게시글 하단에 첨부하였으므로 적절하다.

③ ㉡에서 학생은 학생회장이 방송에서 보인 아쉬운 점을 보완할 수 있는 방안에 관해 작성할 계획을 세우고 있다. (나)에서 학생은 "개교기념일 행사에 또 참가할 의사가 있다는 말이 '학교 사진 찍기'를 또 하고 싶다는 말은 아니잖아?"라며 학생회가 설문 조사 결과를 해석할 때 오류가 있었음을 지적하고, '이러한 오해를 없애려면 학생회가 회의록을 공개해야 한다'고 주장하였다. 이는 행사 기획 과정을 학생들과 공유할 필요가 있음을 건의하는 것으로, 학생회장이 방송에서 보인 아쉬운 점을 보완할 수 있는 방안에 해당한다.

④ (나)에서 학생은 '방송 시간이 제한적이어서 질문에 모두 답하기 어렵다면 다음 방송부터는 다른 학생회 임원이 채팅창에 답변을 남겨 주는 게 좋지 않을까?'라며, 학생회장이 모든 채팅 내용에 제대로 답변하지 않은 점을 지적하고, 다른 학생회 임원이 채팅창에 답변을 남겨 주는 방법을 제안하였다. 이는 방송 시간의 제약으로 인해 학생회장이 모든 질문에 대한 답변을 방송에서 제공할 수 없음을 이해하며, 그러한 아쉬운 점을 보완할 수 있는 방안을 제시한 것으로 볼 수 있다.

⑤ ㉢에서 학생은 자신의 의견에 동의하는 학생들이 의견을

보낼 수 있는 기능을 활용할 계획을 세우고 있다. (나)에서 학생은 게시글 하단에 학생회 누리집으로 연결되는 하이퍼링크(학생회 누리집 바로가기 🖐클릭)를 제시하였으며, '학생회 누리집에도 글을 썼는데, 내 의견에 동의한다면 그 글에 댓글을 남겨 줘.'라며 자신의 의견에 동의하는 댓글을 남겨줄 것을 요청하고 있다.

43. ④
＊ 정답 해설
④ '그래서'는 '앞의 내용이 뒤의 내용의 원인이나 근거, 조건 따위가 될 때 쓰는 접속 부사'이다. '혜원'과 '연우'는 나눔 장터에서 판매되는 물건들을 학생회가 미리 검수해야 함을 주장하고 있다. 이때 ⓓ에서는 '그래서'를 사용하여 앞서 언급된 학생들의 우려를 근거로 학생회가 방안을 세웠음을 말하고 있다. 즉, '그래서'를 통해 학생회가 나눔 장터를 기획하게 된 계기가 드러나지는 않으므로 제시된 선지의 내용은 적절하지 않다.

＊ 오답 해설
① '-므로'는 '까닭이나 근거를 나타내는 연결 어미'이다. ⓐ에서는 "실시간 채팅에 참여할 학생들을 미리 선발"한 것에 대해 진행자가 시청자에게 양해를 구하면서, 그러한 방식을 선택하여 양해를 구하는 이유가 "방송을 듣는 모든 학생이 참여하면 채팅방이 너무 혼잡"하기 때문임을 제시하고 있다.
② '에'는 '앞말이 처소의 부사어임을 나타내는 격 조사'이다. ⓑ에서는 학교 사진 찍기 행사에 제출된 사진이 전시되어 해당 사진들을 감상할 수 있는 장소인 학교 복도를 가리키는 데 사용되었다.
③ '이나'는 '여러 가지 중에서 어느 것을 선택해도 상관없음을 나타내는 보조사'이다. ⓒ에서는 나눔 장터에 기증할 수 있는 책, 옷, 인형과 같은 여러 물품 중 어느 것을 제공해도 상관없음을 드러내고 있다.
⑤ '-ㄹ'은 '앞말이 관형어 구실을 하게 하고 추측, 예정, 의지, 가능성 등 확정된 현실이 아님을 나타내는 어미'이다. ⓔ에서는 '-ㄹ'을 사용하여 해당 방송의 내용이 현재는 게시되지 않았으나 곧 학생회 누리집에 올라갈 예정임을 말하고 있다.

44. ⑤
＊ 정답 해설
⑤ (가)는 '○○동 일상'에서 ○○동 주민들의 활동을 보여주는 시각적 이미지를 화면에 제시하고 있다. 반면, (나)는 시각적 이미지를 화면에 표시하고 있지 않으므로 제시된 선지의 내용은 적절하다.

＊ 오답 해설
① (가)는 '새 소식'에서 '작성일 03.22', '작성일 03.11'과 같이 게시글의 작성일을 화면에 표시하고 있다. 또한 (나)도

'작성일 : 2024.04.08.'과 같이 작성일을 화면에 표시하고 있다.
② (가)는 '자주 찾는 메뉴'를 통해 사용자가 해당 누리집에서 자주 사용하는 기능을 화면에 표시하고 있다. 반면, (나)에서는 그러한 기능을 찾을 수 없다.
③ (가)에는 게시글을 수정하거나 삭제할 수 있는 기능이 화면에 제공되고 있지 않다. 반면 (나)는 '수정하기', '삭제하기' 버튼을 게시글 하단에 노출하고 있다.
④ (가)에는 게시글의 공개 여부를 전환할 수 있는 기능이 화면에 제공되고 있지 않다. 반면 (나)에서는 게시글 상단의 '전체 공개'를 통해 해당 글이 '전체 공개'의 상태임을 알 수 있으며, 게시글 하단의 '비공개 전환'이라는 버튼을 통해 공개 여부를 전환할 수 있다.

45. ③
＊ 정답 해설
③ (나)에서 학생은 '첫 화면의 날씨는 제 기기의 위치를 감지한 결과가 맞나요?'라고 질문하였고, 이에 직원은 '앱의 날씨 항목은 사용자의 위치와 무관하게 ○○동의 날씨를 표출'한다고 답하였다. 이때 학생이 정보의 정확성을 고려하여 사용자의 위치를 반영한 정보를 나타낼 것을 요청하고 있지는 않으므로 제시된 선지의 내용은 적절하지 않다.

＊ 오답 해설
① (나)에서 학생은 ㉠에서 '작성일 순으로 게시글을 3개만 노출하고 있어서 내용 확인이 불편'하다고 말하면서, 사용자의 편의성을 위해 "조회수 순으로 게시글을 노출하는 '인기 소식'을 추가"해 줄 것을 제안하였다.
② (나)에서 직원은 '주민 자치 센터의 프로그램은 현재 30개로, 이를 모두 표기하는 것은 앱의 디자인을 해칠 것으로 판단해 현재 상태를 유지하기로 했'다고 말하였다. 이는 앱 화면의 미적 완성도를 고려하여 ㉡에서 첫 화면에 '구체적인 강좌'를 볼 수 있게 해 달라는 학생의 요청을 수용하지 않은 결과이다.
④ (나)에서 직원은 '요가 수업에 관한 요청이 많아 현재 수업 추가를 논의하고 있'다고 말하였다. 이는 ㉢과 관련한 논의가 진행되고 있음을 밝힌 것이다.
⑤ (나)에서 직원은 '○○동 행정 복지 센터 앱에도 통화 연결 버튼 기능이 제공되고 있'다고 말하였다. 이는 앱이 동일한 기능을 제공하고 있다는 점을 고려해, '다른 동네의 앱'을 예로 들며 ㉣의 옆에 '통화 연결 버튼'을 만들어 달라는 학생의 요청을 수용하지 않은 것이다.

[언어와 매체]

35	⑤	36	④	37	③	38	③	39	⑤
40	②	41	⑤	42	④	43	③	44	⑤
45	③								

35. ⑤
* 정답 해설
⑤ 첫 문장의 '보여(보이다)'는 동사 '보다'에서 파생된 사동사이다. 반면, 둘째 문장의 '보였다(보이다)'는 동사 '보다'에서 파생된 피동사이다. 이 둘은 모두 동사라는 점에서 ㉠의 예로 보기 어렵다.

* 오답 해설
① 첫 문장의 '저런'은 체언 '일'을 수식하는 관형사이다. 반면, 둘째 문장의 '저런'은 이어지는 문장과 독립적으로 쓰이며 화자의 심리를 나타내는 감탄사이다. 즉, '저런'은 하나의 형태가 관형사와 감탄사로 쓰이기에 ㉠의 예로 적절하다.
② 첫 문장의 '어제'는 보조사 '는'과 결합하여 쓰였지만, '비가 내려서'가 일어난 시점을 나타내는 부사다. 반면, 둘째 문장의 '어제'는 '우리가 만나기로 한 날'을 가리키는 말로서 서술격 조사 '이다'와 결합하여 쓰이고 있으므로, 명사에 해당한다. 즉, '어제'는 하나의 형태가 부사와 명사로 쓰이기에 ㉠의 예로 적절하다.
③ 첫 문장의 '큰(크다)'는 '키가 크다'와 같이 쓰여 특정한 상태를 나타내고 있으므로 형용사이다. 반면, 둘째 문장의 '큰다(크다)'는 '농작물이 큰다.'와 같이 쓰여 특정 대상의 변화를 나타내고 있으므로 동사이다. 즉, '크다'는 하나의 형태가 형용사와 동사로 쓰이기에 ㉠의 예로 적절하다.
④ 첫 문장의 '만큼'은 관형사절 '여태껏 노력한'의 수식을 받는다는 점에서 의존 명사로 볼 수 있다. 반면, 둘째 문장의 '만큼'은 대명사 '당신'과 결합하여 쓰인다는 점에서 조사로 볼 수 있다. 즉, '만큼'은 하나의 형태가 명사와 조사로 쓰이기에 ㉠의 예로 적절하다.

36. ④
* 정답 해설
④ ⓓ에 따르면, 조사 '부터'는 동사 '붙다'의 활용형 '붙어'가 굳어져 문법화된 형태이다. 그런데 조사 '부터'는 '붙어'와 같이 어원 '붙다'를 밝히는 식으로 표기되지 않는다. 이는 4문단의 설명을 참고할 때, 문법화된 형태인 '부터'의 의미가 어원 '붙다'의 의미와 멀어졌기 때문으로 추측할 수 있다. 실제로 조사 '부터'는 '어떤 일이나 상태 따위에 관련된 범위의 시작임'을 나타내는데, 이는 '맞닿아 떨어지지 아니하다.'라는 '붙다'의 의미와 거리가 멀다. 따라서 선지의 설명은 적절하다.

* 오답 해설
① ⓐ에 따르면, '비린내'는 합성어이나 '비린 내'라고 써도 문법적으로 큰 무리가 없다. 이는 3문단의 설명을 참고할 때, 구 구성이 단일 어휘로 굳어진 예로 볼 수 있다. 따라서 '비린내'의 형성 과정을 문법 범주의 형태소가 어휘 범주의 형태소로 바뀜에 따라 나타난 결과로 보는 것은 적절하지 않다.
② ⓑ에 따르면, '-앳/엣-'은 현대 국어의 '-아/어 있-'에 해당하는 구성이다. 중세 국어에서 'ㅐ', 'ㅔ'가 단모음 뒤에 반모음 'j'가 붙은 하향 이중 모음이었음을 고려하면, '-앳/엣-'이 '-아/어 있-'과 같은 구 구성임을 알 수 있다. 한편, '-앳/엣-'은 현대 국어에 이르는 과정에서 '-았/었-'으로 바뀌는데, 이때 연결 어미 '-아/어'와 용언 '잇-'의 복합 구성인 '-앳/엣-'이 과거 시제 선어말 어미 '-았/었-'으로 굳어졌음을 알 수 있다. 즉, '-앳-'이 '-았-'으로 바뀌는 것은 어휘화가 아닌 문법화의 과정으로 보아야 한다.
③ ⓒ에서 '바'가 용언의 관형사형 뒤에 쓰인다는 설명을 생각해 볼 때, '바'는 의존 명사로 볼 수 있다. 그리고 '-ㄴ바'는 앞말에 의존하여 쓰이는 어미로 볼 수 있다. ⓒ에 따르면 '-ㄴ'과 같은 용언의 관형사형 뒤에 '바'가 쓰인 구성인 '-ㄴ 바'는 언중들이 하나의 형태로 인식함에 따라 '-ㄴ바'로 굳어진 것이다. 2문단에서 자립성을 상실하고 의존성을 띠는 의존 명사는 중간 범주의 형태소에 속한다고 하였으므로 '바'는 중간 범주의 형태소임을 알 수 있다. 따라서 '바'가 '-ㄴ바'로 굳어지는 것은 중간 범주의 형태소가 문법 범주의 형태소로 바뀌는 문법화의 예로 볼 수 있다.
⑤ ⓔ에 따르면, '님'은 본래 '사장님' 등에서와 같이 어근에 붙어 쓰이는 접사다. 그런데 접사 '-님'이 '님께 부탁드릴게요.'와 같이 어근을 동반하지 않은 채 독립적인 명사로 쓰이는 것은 문법 범주의 형태소가 어휘 범주의 형태소로 바뀌는 경우로 볼 수 있다. 이때 '-님'이 본래 특정한 구를 이루고 있던 것이 아니며, 접사 '-님'이 명사 '님'으로 바뀌는 과정에서 형태의 일부가 절단되는 것은 확인할 수 없으므로, 선지의 설명은 적절하지 않다.

37. ③

＊ 정답 해설

③ '네가 들고 있는 그릇은 우리 아버지께서 만드셨어.'에서 '네가 들고 있는'이라는 관형절에는 '그릇을'이라는 목적어가 생략되어 있으므로, 조건 ㉠이 실현되었음을 알 수 있다. 한편 해당 예문에서 높임 표현은 '우리 아버지께서'의 주격 조사 '께서'와 '만드셨어'의 주체 높임 선어말 어미 '-시-'에 의해 실현되고 있는데, 이는 모두 문장의 주체를 직접 높이고 있을 뿐, 높임의 대상인 '우리 아버지'의 일부나 소유물을 높이고 있지는 않다. 따라서 조건 ㉢이 실현되지 않았으므로 적절하지 않다.

＊ 오답 해설

① '나는 그가 낸 의견에 전적으로 동의한다.'에서 '그가 낸'이라는 관형절에는 '의견을'이라는 목적어가 생략되어 있으므로, 조건 ㉠이 실현되었음을 알 수 있다. 그리고 서술어 '동의하다'가 주어 외에 '~에'로 실현되는 필수적 부사어만을 요구하기에 조건 ㉡이 실현되었음을 알 수 있다.

② '어제 만난 사람은 생김새가 우리 형과 닮았다.'에서 '어제 만난'이라는 관형절에는 '사람을'이라는 목적어가 생략되어 있으므로, 조건 ㉠이 실현되었음을 알 수 있다. 그리고 서술어 '닮다'가 주어 외에 '~와/과'로 실현되는 필수적 부사어만을 요구하기에 조건 ㉡이 실현되었음을 알 수 있다.

④ '빌린 비품을 반납하라는 사장님의 지시가 있으셨다.'에서 '빌린'이라는 관형절에는 '비품을'이라는 목적어가 생략되어 있으므로, 조건 ㉠이 실현되었음을 알 수 있다. 그리고 '사장님의 지시가 있으셨다'에서 높임 표현 '있으셨다'는 주체 높임 선어말 어미 '-시-'를 통해 '지시'를 높임으로써 '사장님'을 간접적으로 높이는 간접 높임이 활용된 것이므로 조건 ㉢이 실현되었음을 알 수 있다.

⑤ '몸이 안 좋으셔서 선생님께선 오늘 학교에 못 나오셨어.'에서 서술어 '나오다'는 주어 외에 '~에'로 실현되는 필수적 부사어만을 요구하고 있으므로, 조건 ㉡이 실현되었음을 알 수 있다. 그리고 '몸이 안 좋으셔서'에서 높임 표현 '좋으시다'는 주체 높임 선어말 어미 '-시-'를 통해 높임의 대상인 '선생님'의 신체 일부인 '몸'을 높이는 간접 높임이 활용된 것이므로 조건 ㉢이 실현되었음을 알 수 있다.

38. ③

＊ 정답 해설

③ ㉢의 '괜찮다[괜찬타], 맞히다[마치다]'에서는 거센소리되기 현상을, '눈요기[눈뇨기], 한여름[한녀름]'에서는 'ㄴ' 첨가 현상을 확인할 수 있다. 거센소리되기는 안울림 예사소리 'ㄱ', 'ㄷ', 'ㅂ', 'ㅈ'이 인접한 'ㅎ'과 만나 거센소리 'ㅋ', 'ㅌ', 'ㅍ', 'ㅊ'으로 축약되는 현상이다. 이러한 음운 변동의 결과로, 음운의 개수는 하나가 줄어든다. 한편, 'ㄴ' 첨가는 복합어의 구성에서 앞말이 자음으로 끝나고 뒷말이 모음 'ㅣ'나 반모음 'ㅣ'로 시작할 경우 'ㄴ'이 첨가되는 현상인데,

그 결과 음운의 개수가 하나가 늘어난다. 즉, ㉢에서는 음운 변동의 결과로 음운의 개수가 달라지는 공통점을 확인할 수 있으므로 선지의 설명은 적절하다.

＊ 오답 해설

① ㉠의 '먹물[멍물], 밥물[밤물]'에서는 비음화를, '실내[실래], 물놀이[물로리]'에서는 순행적 유음화를 확인할 수 있다. 비음화는 예사 파열음인 'ㄱ', 'ㄷ', 'ㅂ'이 뒤따르는 'ㄴ', 'ㅁ'에 의해 같은 조음 위치의 'ㅇ', 'ㄴ', 'ㅁ'으로 교체되는 현상이다. 이때 조음 위치는 바뀌지 않으며, 조음 방법의 변화만 일어난다. 그리고 순행적 유음화는 'ㄴ'이 선행하는 'ㄹ'의 영향을 받아 유음인 'ㄹ'로 교체되는 현상으로, 이 역시 조음 위치는 바뀌지 않은 채 조음 방법만 바뀌는 교체이다. 즉, ㉠에서는 조음 위치가 아닌 조음 방법이 바뀌는 음운 변동이 일어나므로 선지의 설명은 적절하지 않다.

② ㉡의 '권력[궐력], 대관령[대괄령]'에서는 역행적 유음화를, '맏이[마지], 피붙이[피부치]'에서는 구개음화를 확인할 수 있다. 역행적 유음화는 뒤에 오는 'ㄹ'의 영향을 받아 앞에 있는 'ㄴ'이 'ㄹ'로 교체되는 현상이며, 구개음화는 뒤에 오는 모음 'ㅣ' 혹은 반모음 'ㅣ'의 영향을 받아 앞에 있는 'ㄷ', 'ㅌ'이 각각 'ㅈ', 'ㅊ'으로 교체되는 현상이다. 즉, 두 경우 모두 앞 음운이 뒤 음운의 영향을 받아 교체되는 현상이므로 선지의 설명은 적절하지 않다.

④ ㉣의 '낚시꾼[낙씨꾼]'에서는 음절의 끝소리 규칙과 된소리되기, '연꽃차[연꼳차]'에서는 음절의 끝소리 규칙을 확인할 수 있다. 또한 '몰상식[몰쌍식], 나박김치[나박낌치]'에서는 된소리되기를 확인할 수 있다. 음절 끝소리 규칙은 음절의 끝소리, 즉 종성 위치에 'ㄱ', 'ㄴ', 'ㄷ', 'ㄹ', 'ㅁ', 'ㅂ', 'ㅇ'이 아닌 자음이 올 경우, 이 일곱 자음으로 교체되는 현상으로, 음절의 종성 위치에서 일어나는 음운 변동이라 할 수 있다. 반면 된소리되기는 예사 파열음 'ㄱ', 'ㄷ', 'ㅂ' 뒤에 온 안울림 예사소리 'ㄱ', 'ㄷ', 'ㅂ', 'ㅅ', 'ㅈ'이 된소리 'ㄲ', 'ㄸ', 'ㅃ', 'ㅆ', 'ㅉ'으로 바뀌거나 한자어에서 'ㄹ' 받침 뒤에 연결되는 'ㄷ, ㅅ, ㅈ'이 된소리 'ㄸ, ㅆ, ㅉ'으로 바뀌는 현상이다. 제시된 '낚시꾼', '몰상식', '나박김치'에서 확인할 수 있는 된소리되기는 음절의 종성 위치가 아니라 음절의 초성 위치에서 일어나므로 선지의 설명은 적절하지 않다.

⑤ ㉤의 '좋아도[조아도], 쌓으면서[싸으면서]'에서는 'ㅎ' 탈락을, '훑이다[훌치다], 가을걷이[가을거지]'에서는 구개음화를 확인할 수 있다. 'ㅎ' 탈락은 어간 끝소리 'ㅎ'이 모음으로 시작하는 어미와 결합할 때 'ㅎ'이 탈락하는 현상으로, 뒤에 오는 모음이 형식 형태소 중 하나인 어미일 때 일어난다. 한편, 구개음화는 뒤에 오는 모음 'ㅣ' 혹은 반모음 'ㅣ'의 영향을 받아 앞에 있는 'ㄷ', 'ㅌ'이 각각 'ㅈ', 'ㅊ'으로 교체되는 현상으로, 뒤에 오는 모음이 형식 형태소 중 조사나 접사일 때 일어난다. 따라서 'ㅎ' 탈락과 구개음화는 모두 실질 형태소가 아닌 형식 형태소가 음운 변동을 유

발하는 원인이므로 선지의 설명은 적절하지 않다.

39. ⑤
* 정답 해설
⑤ ⑰의 '어미와 아들왜'는 접속 조사로 여러 체언이 이어진 구성이다. '아들왜'의 형태소는 '아들+와+ㅣ'로 분석되는데, 이때 '와'는 앞서 '어미와'에서 사용된 접속 조사이며 'ㅣ'는 주격 조사이다. 이를 통해 중세 국어에서는 접속 조사로 여러 체언이 연결될 때 접속 조사가 마지막 체언 뒤에도 붙음을 확인할 수 있다. 참고로 현대 국어에서는 '엄마와 아들'과 같이 여러 체언이 연결될 때 접속 조사가 마지막 체언 뒤에 결합하지 않는다.

* 오답 해설
① ㉠에서 '짜히'는 '짜ㅎ+이'로 구성된 것이며, '땅이'로 해석된다. 이를 통해 이때의 '이'가 주격 조사임을 알 수 있다. 반면, '金色이'는 '金色+이'로 구성되고 '금색과'로 해석된다. 서술어 '글ㅎ야'가 비교 대상을 나타내는 부사어를 요구한다는 점을 고려할 때, '金色이'는 부사어에 해당한다. 따라서 이때의 '이'는 부사격 조사임을 알 수 있으므로 '金色이'의 '이'가 주격 조사라는 설명은 적절하지 않다.
② ㉡의 '마를'이 '말을'로 해석되는 것을 볼 때, '마를'은 '말+을'임을 알 수 있다. 즉, '마를'에 활용된 목적격 조사는 모음 뒤에 나타나는 '를'이 아닌 자음 뒤에서 나타나는 '을'이며, '마를'의 표기로 나타나는 것은 앞말을 이어 적었기 때문이므로 모음 뒤에 오는 목적격 조사가 실현되었다는 설명은 적절하지 않다.
③ ㉢의 'ㅁ슴고'는 체언 'ㅁ슴'에 의문문을 만드는 보조사 '고'가 결합한 형태이다. 이때 앞에 '엇던'이라는 의문사가 나타나는데, 이를 통해 해당 의문문이 대답으로 구체적인 설명을 요구하는 설명 의문문임을 알 수 있다. 따라서 '고'가 판정 의문문('예', '아니요'의 대답을 요구하는 의문문)을 이루는 데 사용되었다는 설명은 적절하지 않다.
④ ㉣의 '스당이'가 '사당에'로 해석되는 것을 볼 때, '스당이'는 '스당+이'의 구성으로, 이때의 '이'는 처소의 부사격 조사 '에'에 해당한다. 한편, '이'가 현대 국어의 '의'와 같은 관형격 조사일 때는 일반적으로 유정 체언과 결합하므로, '스당이'의 '이'는 관형격 조사가 아닌 부사격 조사로 쓰인 예임을 알 수 있다. 따라서 '이'가 무정 체언 뒤에 붙어 관형어를 이룬다는 설명은 적절하지 않다.

40. ②
* 정답 해설
② '진행자'는 "'해녀의 전설'은 부산국제영화제를 비롯해 세계의 여러 영화제에 초청되기도 했다고요?", "지난 2일에 '해녀의 전설' 시사회가 열렸습니다."라며 화제와 관련한 현황을 언급함으로써, 전달할 다음 내용을 자연스럽게 연결하고 있다.

* 오답 해설
① '진행자'는 "풍경이 너무 멋지네요.", "우리나라 풍경이 세계에 소개된다니 정말 자랑스럽네요."와 같이 방송 내용에 대한 주관적인 감상을 드러내고 있으므로 적절하지 않다.
③ '기자'는 '대상군'이라는 낯선 단어의 의미를 묻는 '진행자'의 질문에 "해녀는 잠수할 수 있는 물의 깊이에 따라 대상군, 상군, 중군, 하군으로 서열이 나뉩니다. 대상군은 약 15m 깊이의 물에 들어갈 수 있는 해녀로, 현장에서 대장이 됩니다."라며 해당 용어의 개념을 설명하였다. 하지만 비유적 표현을 사용하여 용어의 개념을 설명하고 있지는 않으므로 적절하지 않다.
④ '기자', '진행자' 모두 해당 방송을 다시 볼 수 있는 방법에 대해 안내하고 있지 않으므로 적절하지 않다.
⑤ 제시된 두 번째 화면에서는 인터뷰를 진행한 '관람객'의 신분을 '대학생'이라고 밝히고 있다. 관람객의 신분이 전문가와 같을 경우에는 수용자의 신뢰감을 높이는 경우로 볼 수 있지만, 두 번째 화면은 해당 경우로 보기 어렵다. 또한 자막에서는 관람객이 말한 영화의 개인적인 감상을 요약하여 전달할 뿐, 방송 내용에 대한 전문 지식을 전달하고 있지는 않다. 첫 번째 화면에서도 방송 내용에 대한 전문 지식이 아닌 영화의 상영 정보 등을 전달하고 있으므로 선지의 설명은 적절하지 않다.

41. ⑤
* 정답 해설
⑤ (나)에서는 게시물을 수정할 수 있는 기능이 제공되고 있으며, 수정된 게시물에는 수정 일시가 표시되고 있다. 이를 통해 구성원은 수정 일시를 확인할 수 있으나, 게시물의 수정 전후 내용을 확인할 수는 없으므로 제시된 선지의 내용은 적절하지 않다.

* 오답 해설
① (나)는 '최신 순 보기', '추천 순 보기', '사진 보기'와 같이 게시글을 정렬할 수 있는 범주가 항목별로 설정되어 있으므로 선지의 내용은 적절하다.
② (나)의 "'내일 볼 영화' 본 사람 있나요?(5)", '다음 주에~(10)', '[답장] 참여 신청합니다!(2)'를 통해 글의 목록에 댓글 수가 표시되고 있음을 알 수 있다. 이는 게시물을 열람하지 않고 댓글 수를 알 수 있도록 제공되는 기능이므로 선지의 내용은 적절하다.
③ (나)의 '공유하기' 버튼을 통해 글을 다른 수용자에게 공유할 수 있음을 알 수 있다. 이는 글의 내용을 다른 수용자에게 전달할 수 있는 기능이므로 선지의 내용은 적절하다.
④ (나)에서 '숲향기'의 이름을 가리키면 '숲향기'가 작성한 '지난 글 보기'가 가능함을 알 수 있다. 이는 해당 누리집의 이용자가 누리집에 작성했던 글을 확인할 수 있도록 하는 기능이므로 선지의 내용은 적절하다.

42. ④

＊ 정답 해설

④ '통통이'는 "예고편만 봐도 '다양한 촬영 기법'이 사용됐다는 걸 잘 알겠다."라며 영화 '해녀의 전설'의 촬영 기법에 대한 흥미를 드러내고 있으며, '해녀의 전설'을 관람하면 '바닷가를 촬영하는 방법을 배울 수 있을 것 같아'라고 밝히고 있다. 그러나 '통통이'는 '안 그래도 내가 이번 플로깅에서 우리 동아리 영상을 촬영하려고 했거든.'이라며, '해녀의 전설' 예고편을 보기 전에 이미 '동아리 영상' 촬영 계획이 있었음을 밝히고 있으므로 선지의 내용은 적절하지 않다. 또한 '통통이'가 '해녀의 전설'의 주제 의식에 주목하는 부분은 찾을 수 없다.

＊ 오답 해설

① '실제로 영화를 본 관람객의 인터뷰를 보여 줘서 더욱 흥미가 생기더라고요.'에서, '민지'는 방송에서 정보를 전달하는 방식으로 인해 방송에 흥미를 느꼈음을 밝히고 있다.

② '민지'는 '영화는 다양한 촬영 기법으로 담아낸 제주 해녀의 일상을 통해 바다의 황폐화를 고발한다고 합니다.'라며 바다의 황폐화를 고발하는 영화의 내용과 '다양한 촬영 기법'을 활용하였음을 연결 지어 영화를 소개하고 있다.

③ '숲향기'는 '지난여름에 제주도에 갔을 때 해녀 박물관에 간 적이 있어서'라고 말하고 있다. '숲향기'는 이러한 개인적 경험으로 인해 '해녀의 전설'이 보고 싶었다고 말하면서 '해녀의 전설'을 보러 가면 좋겠다는 '민지'의 제안을 긍정적으로 수용하고 있다.

⑤ '사마귀'는 '예매권을 주는 이벤트에 참여하기 위해 찍어야 하는 화면이 너무 빨리 지나가서 아쉬웠어. 참여하고 싶었는데….'라며 방송이 시청자의 참여를 유도하는 방식에 있어 시청자가 이벤트에 참여할 수 있도록 충분히 배려하지 않았음을 언급하였다.

43. ③

＊ 정답 해설

③ ⓒ에서 동사 '오르다'는 '지위나 신분 따위를 얻게 되다.'의 의미로 사용되었다. 따라서 이는 영화가 '세계적인 다큐멘터리 영화제의 촬영상 후보'의 지위를 갖게 된 상황을 나타낸 표현으로 보는 것이 적절하다. 즉, '실적이나 능률 따위가 높아지다.'의 의미로 쓰인 것이 아니므로, 영화를 향한 관심이 이전보다 늘어난 상황을 나타낸 표현으로 볼 수 없다.

＊ 오답 해설

① '-면서'는 '두 가지 이상의 움직임이나 사태 따위가 동시에 겸하여 있음을 나타내는 연결 어미'이다. ⓒ에서는 예고편이 방송으로 송출되는 것과 기자의 설명이 동시에 이루어짐을 나타내기 위해 사용되었다.

② '이'는 "'되다', '아니다' 앞에 쓰여 앞말이 보어임을 나타내는 격 조사"이다. ⓒ에서는 대상군이 현장에서 대장의

역할을 함을 설명하기 위해 사용되었다.

④ '-ㄴ'은 '앞말이 관형어 구실을 하게 하고, 사건이나 행위가 과거 또는 말하는 이가 상정한 기준 시점보다 과거에 일어남을 나타내는 어미'이다. ⓒ에서는 관람객에게 인터뷰를 진행한 시점이 이미 영화 관람이 끝난 뒤임을 나타내기 위해 사용되었다.

⑤ '그리고'는 '단어, 구, 절, 문장 따위를 병렬적으로 연결할 때 쓰는 접속 부사'이다. ⓒ에서는 영화를 관람한 관람객의 첫 번째 감상인 "사라져 가는 제주의 전통문화와 해녀의 삶을 연결한 점이 인상 깊었다"는 내용 뒤에, "제주 바다가 황폐해지고 있다는 사실을 알게 되어서 제가 도울 방법이 없는지 고민하게 되었"다는 두 번째 감상 내용이 곧 나옴을 알려주기 위해 사용되었다.

44. ⑤

＊ 정답 해설

⑤ '채영'은 '아하! 그럼 예를 들어 주는 건 어때?'에서, '민형'은 '흠…. 건의 사항은 빨리 처리하는 게 우리에게도 좋으니까, 그렇게 하자.'에서 모두 감탄사를 사용하고 있다. 이는 상대의 발화에 대한 자신의 반응을 표출한 것으로 볼 수 있다.

＊ 오답 해설

① '혜원'은 대화를 시작하면서 'image21.jpg'라는 파일 하나만을 전송하고 있을 뿐, 대화 참여자들에게 동시에 여러 파일을 전송하고 있지는 않다. 파일 전송을 알리는 대화창 위에 뜬 이미지는 '혜원'이 전송한 이미지를 미리 볼 수 있도록 하는 기능이다.

② '승수'는 '채영'의 발화 뒤에 '적는 중~'이라는 문자와 글을 적는 그림 이미지가 복합된 이모티콘을 전송하고 있을 뿐, 자신을 찍은 사진을 보내지는 않았다.

③ '민형'은 'http://qrmarker.com 여기서 만들 수 있어.'에서 하이퍼링크를 활용하여 대화 참여자들에게 대화방 외부의 정보를 제공하고 있을 뿐, 해당 대화방의 이전 대화를 불러오지는 않았다.

④ '채영'은 '구어체를 사용하면 어떨까?ㅎㅎ'에서, '승수'는 '어!!!! ㅇㅇ, 좋아!!!!!'에서 자음을 나열하는 표현 방법을 활용하고 있다. 이때 '승수'는 '혜원'의 의견에 동의하는 뜻을 강조하기 위해 'ㅇㅇ'을 사용했다고 볼 수 있으나, '채영'은 포스터 제목에 관한 '민형'의 의견과는 다른 의견을 제시하고 있으므로 선지의 설명은 적절하지 않다.

45. ③

＊ 정답 해설

③ (나)에서 '민형'은 '오픈 대화방'이 '생긴 지 얼마 안 된 기능'임을 언급하며 '누리 소통망 화면을 캡처해서 보여 주자고 제안하고 있다. 이후 '혜원'이 다른 방법으로 알려줄 것을 제안하자, '민형'은 'QR 코드를 포스터에 삽입'하자는 다른 의견을 내었고, 이에 '혜원'은 그게 편의성에 더 도움

이 될 것이라며 QR 코드를 포스터에 삽입하는 것에 동의하였다. 그런데 수정한 포스터에는 QR 코드가 아닌 누리소통망 화면을 캡처한 사진과 '돋보기 아이콘을 눌러서 검색!'이라는 문구를 삽입하여 오픈 대화방에 접근하는 방법을 제시하였으므로 '민형'과 '혜원'의 대화를 제대로 반영했다고 볼 수 없다. 또한 '민형'과 '혜원'은 이용자의 편의성에 관해 대화를 나눈 것이지 포스터 디자인에 관해 이야기하고 있지 않으므로 선지의 내용은 적절하지 않다.

＊ 오답 해설

① (나)에서 '민형'은 '제목에 우리가 건의함을 도입한 이유가 더 잘 드러나면 좋겠어.'라고 말하고 있다. 이를 반영하여 수정한 포스터에는 '더 즐거운 ◇◇생활을 위한'과 같이 건의함 도입의 이유를 추가하였다. 또한 (나)에서 '채영'은 '건의함 신설'이라는 제목이 '너무 딱딱'하므로 '구어체를 사용하'자고 제안하였다. 이를 반영하여 수정한 포스터에는 '건의함 만들었어요~'라는 표현으로 제목을 수정하여 친근감을 강조하고 있다.

② (나)에서 '승수'는 '학교생활에 관한 학생들의 고민'이라는 내용이 '너무 포괄적'이라고 말하고 있으며, '채영'은 이를 보완하기 위해 '예를 들어주'자고 제안하고 있다. 이에 '승수'는 다시 '학교생활 전반에 관한 고민을 받는 게 우리 목적'임을 언급하며, 사적인 고민도 사례에 포함하자고 제안하였다. 이를 반영하여 수정한 포스터에서는 '축제 행사 건의, 교우 관계 등'과 같이 공적인 성격의 고민과 사적인 성격의 고민을 모두 제시하고 있으므로 제시된 선지의 내용은 적절하다.

④ (나)에서 '채영'은 '건의자 의견 수렴은 3일 이내로 하는 게 어때?'라고 제안하였다. 이에 '민형'은 '건의 사항은 빨리 처리하는 게 우리에게도 좋으니까, 그렇게 하자.'라고 말하며 동의하였다. 이를 반영하여 수정한 포스터에는 '건의자 의견 수렴'이 이루어지는 기간을 '3일 이내'로 이전(5일 이내)보다 짧게 수정하였다.

⑤ (나)에서 '승수'는 '학생들에게 건의함 사용을 권하는 문구를 넣으면 포스터의 목적이 더 잘 전달될 거야.'라고 말하였다. 이에 '혜원'은 '건의함이 말하는 것처럼 표현하면 귀엽겠지?'라고 제안하였고, '승수'도 '건의함에 눈을 달아서 캐릭터처럼 만들면 좋겠다'고 말하였다. 이를 반영하여 수정한 포스터에는 말풍선과 함께 의인화된 건의함이 직접 건의함 사용을 권하는 이미지로 바뀌었다.

[언어와 매체]

35	④	36	②	37	③	38	③	39	③
40	③	41	④	42	④	43	③	44	①
45	⑤								

35. ④
*** 정답 해설**
④ ㉣의 '달아'는 '다ㄹ-'에 어미 '-아'가 붙어 활용된 형태로, 4문단의 설명에 따르면 활용 과정에서 음가를 지닌 'ㅇ'이 덧난 결과이다. 이때 첨가된 'ㅇ'은 음가를 지녀 '달'의 'ㄹ'이 뒤 음절의 초성으로 연음되는 조건을 만족하지 않으므로 선지의 설명은 적절하다.

*** 오답 해설**
① 현대 국어의 '꽃'은 음절 끝소리 규칙에 의해 '꽃'의 종성 'ㅊ'이 'ㄷ'으로 교체되어 [꼳]으로 발음된다. 이러한 음운 변동을 반영하지 않은 채 형태소 '꽃'의 원형을 살려 '꽃'으로 표기하는 것은 '표의주의'를 반영한 결과이다. 따라서 ㉠이 표음주의 원칙에 부합하고, 표의주의 원칙에서 벗어났다는 선지의 설명은 적절하지 않다.
② ㉡의 '고지'는 체언 '곶'에 조사 '이'가 결합한 형태이다. 이때 형태소 '곶'과 '이'의 경계를 음절 단위에서 확인할 수 없다는 점에서, '고지'는 연음된 발음을 그대로 표기하는 연철 표기가 적용되어 있다고 볼 수 있다. 즉, ㉡에서 음절 단위로 체언과 조사를 구분할 수 있다는 선지의 설명은 적절하지 않다.
③ ㉢의 '믈와'는 현대어 풀이인 '물과'를 고려할 때, 체언 '믈'에 조사 '과'가 결합한 형태로 볼 수 있다. 이때 4문단의 설명을 참고하면, 'ㄱ'으로 시작하는 조사가 'ㄹ'로 끝나는 체언 뒤에 붙을 때, 조사의 첫소리 'ㄱ'이 약화하여 음가 있는 'ㅇ'으로 교체된다. 즉, '믈와'의 '와'는 본래 '과'인데 'ㄱ'이 약화하여 실현된 형태로 보아야 한다. 이때 초성 'ㅇ'은 단순히 음절의 형태를 이루기 위해 표기된 것이 아니라, 실제 음가를 지니기에 표기된 것이다.
⑤ ㉤의 'ㄱ애'에서 종성의 'ㅿ'은 'ㄱ, ㄴ, ㄷ, ㄹ, ㅁ, ㅂ, ㅅ, ㆁ'의 여덟 자만을 표기하는 팔종성법에 어긋나는 종성이다. 그러나 4문단의 설명에 따르면, 'ㅿ'은 실제 종성에서 발음되었던 소리로, 표음주의적 원칙에는 부합한다고 볼 수 있다. 따라서 종성의 'ㅿ'이 다른 음운으로 바뀌어 발음된다는 선지의 설명은 적절하지 않다.

36. ②
*** 정답 해설**
② ⓑ의 '기러'는 현대 국어의 형태를 고려할 때, 어간 '긷-'에 어미 '-어'가 결합한 형태로 볼 수 있다. 이때 '긷어'와 같이 형태소의 원형을 밝혀 적지 않고, '기러'와 같이 소리 나는 대로 표기하는 것은 표음주의를 적용한 것으로 볼 수 있다. 이는 형태소의 경계를 밝혀 적지 않는 것이므로, 연철 표기가 적용된 결과로 보아야 한다.

*** 오답 해설**
① ⓐ의 '울어늘'은 어간 '울-'에 어미 '-거늘'이 결합한 형태이다. 4문단 설명을 참고할 때, 이는 자음 'ㄱ'으로 시작하는 어미가 선행하는 'ㄹ'로 인해 그 소리가 약화하여 음가 있는 'ㅇ'으로 교체된 것이며, 이로 인해 '울-'의 'ㄹ'은 연음될 수 없게 된다. 즉, '울어늘'이 '우러늘'과 같이 연음되지 않는 까닭은, 어미 'ㄱ'이 약화하여 실현된 'ㅇ'이 음가가 있기 때문이므로 선지의 설명은 적절하다.
③ ⓒ의 '좇줍고져'는 팔종성법에 따르면 종성 'ㅊ'이 'ㅅ'으로 교체되어 '좃줍고져'와 같이 표기되었어야 한다. 그러나 3문단 설명에 따르면, 일부 문헌에서는 팔종성법을 따르지 않고 종성에 'ㅊ' 등을 사용하는 경우가 나타났다. ⓒ의 '좇줍고져'는 그러한 팔종성법의 예외에 해당하는 것으로 볼 수 있으므로 선지의 설명은 적절하다.
④ ⓓ의 '올아'는 4문단의 '달아'와 마찬가지로, 음가 있는 'ㅇ'이 첨가된 결과로 형성된 표기 형태이다. 이때 '올'의 종성 'ㄹ'이 연음되어 뒤 음절의 초성으로 쓰이지 않은 것은 '아'의 'ㅇ'이 음가가 있기 때문이므로 선지의 설명은 적절하다.
⑤ ⓔ의 '일울'은 연철 표기에 따르면 '이룰'로 쓰여야 한다. 그런데 3문단 설명에 따르면, 'ㄹ'로 끝나는 체언 뒤에 모음이 왔을 때 연철 표기가 이루어지지 않고, 앞뒤 형태소의 경계를 밝혀 적는 표기 방식이 나타나기도 했다. 즉, ⓔ의 '일울'은 대체로 일관되게 적용되었던 연철 표기의 예외로 몇몇 문헌에서만 나타났으므로 선지의 설명은 적절하다.

37. ③
*** 정답 해설**
③ ⓒ의 예문에서는 합성어 '밤낮'과 '뛰어나다'를 확인할 수 있다. '밤낮'은 명사 어근 '밤'과 명사 어근 '낮'이 결합한 합성어로, 명사나 부사가 되는데, 예문에서 쓰인 품사는 부사이다. 즉, 예문의 '밤낮'은 합성어를 이루는 어근과 무관하게 품사가 결정된 경우로 볼 수 있다. 또한, '뛰어나다'는 동사 어근 '뛰다'와 동사 어근 '나다'의 합성어로, 품

사가 형용사이다. 즉, '밤낮'과 '뛰어나다'는 모두 합성어를
이루는 어근에 의해 품사가 결정되지 않은 경우이다.

* 오답 해설

① ⓐ의 예문에서는 합성어 '등지다', '일자리'를 확인할 수
있다. '등지다'는 명사 어근 '등'과 동사 어근 '지다'가 결합
한 합성 동사로, 그 품사가 동사 어근 '지다'에 의해 결정
된다. 한편, '일자리'는 명사 어근 '일'과 '자리'가 결합한
합성 명사로, 그 품사가 합성어를 이루는 어근에 의해 결
정되었음을 알 수 있다.

② ⓑ의 예문에서는 합성어 '잘못', '걸려들다'를 확인할 수
있다. '잘못'은 부사 어근 '잘'과 '못'이 결합한 합성어로 명
사나 부사가 되는데, 예문에서 쓰인 품사는 부사다. 따라
서 그 품사가 합성어를 이루는 어근에 의해 결정되었음을
알 수 있다. '걸려들다'는 동사 어근 '걸리다'와 '들다'가 결
합하여 이루어진 합성 동사로, 그 품사가 합성어를 이루는
어근에 의해 결정되었음을 알 수 있다.

④ ⓓ의 예문에서는 합성어 '찾아보다', '머리띠'를 확인할 수
있다. '찾아보다'는 동사 어근 '찾다'와 '보다'가 결합한 합
성 동사로, 그 품사가 합성어를 이루는 어근에 의해 결정
되었음을 알 수 있다. 그리고 '머리띠'는 명사 어근 '머리'
와 '띠'가 결합한 합성 명사로 그 품사가 합성어를 이루는
어근에 의해 결정되었음을 알 수 있다.

⑤ ⓔ의 예문에서는 합성어 '어린이', '뛰놀다'를 확인할 수
있다. '어린이'는 형용사 어근 '어리다'와 명사 어근 '이'의
합성어로, 그 품사가 명사이다. 이때 '어린이'의 품사는 합
성어를 이루는 어근인 '이'에 의해 결정된다. '뛰놀다'는 동
사 어근 '뛰다'와 '놀다'가 결합하여 이루어진 합성 동사로,
그 품사가 그 품사가 합성어를 이루는 어근에 의해 결정
되었음을 알 수 있다.

38. ③
* 정답 해설

③ ㉠의 예문에서는 안은 문장의 서술어 '나갔습니까'에 사용
된 과거 시제 선어말 어미 '-았-'을 통해 절대 시제가 과
거임을 알 수 있다. 그리고 안긴 문장인 '205호에 묵는'에
서는 현재 시제를 나타내는 관형사형 전성 어미 '-는'이
사용되었음을 확인할 수 있다. 이때 안은 문장의 사건시인
(205호에 묵는) 사람이 밖으로 나간 시점을 기준으로 볼
때, 안긴 문장에 나타난 사건시인 사람이 205호에 묵는
시점은 현재이므로, 상대 시제는 현재임을 알 수 있다. 한
편, ㉡의 예문에서는 안은 문장의 서술어 '몰랐다'에 사용
된 과거 시제 선어말 어미 '-았-'을 통해 절대 시제가 과
거임을 알 수 있다. 그리고 안긴 문장 '(그녀가) 어찌할'에
서 미래 시제를 나타내는 관형사형 어미 '-(으)ㄹ'이 사용
되었음을 확인할 수 있다. 이때 안은 문장의 사건시인 그
녀가 (어찌할 바를) 몰랐던 시점을 기준으로 볼 때, 안긴
문장에 나타난 사건시인 그녀가 '어찌하다'의 시점은 미래
이므로, 상대 시제는 미래임을 알 수 있다. 즉, 선지의 ㉠,

㉡ 모두 〈학습 활동〉의 조건을 만족하고 있다.

* 오답 해설

① ㉠의 예문에서는 안은 문장의 서술어 '맞으셨다'에 사용된
과거 시제 선어말 어미 '-었-'을 통해 절대 시제가 과거임
을 알 수 있다. 그리고 안긴 문장인 '(어머니가) 집안일을
하시던'의 '하시던'에서 과거 시제를 나타내는 관형사형 어
미 '-던'이 사용되었음을 확인할 수 있다. 이때 안은 문장
의 사건시인 어머니가 손님을 맞은 시점을 기준으로 볼
때, 안긴 문장의 사건시인 어머니가 집안일을 하신 시점은
과거이므로, 상대 시제 역시 과거임을 알 수 있다. 한편,
㉡의 예문에서는 안은 문장의 서술어 '왔었다'의 과거 시
제 선어말 어미 '-었-'을 통해 절대 시제가 과거임을 알
수 있다. 그리고 안긴 문장 '내가 출장을 가는'에서 현재
시제를 나타내는 관형사형 어미 '-는'이 사용되었음을 확
인할 수 있다. 이때 안은 문장의 사건시인 비가 왔던 시
점을 기준으로, 안긴 문장의 사건시인 내가 출장을 가는
시점이 현재이므로, 상대 시제가 현재임을 알 수 있다. 즉,
선지의 ㉠과 ㉡ 모두 〈학습 활동〉의 조건에 부합하지
않는다.

② ㉠의 예문에서는 안은 문장의 서술어 '보호자들이었다'에
사용된 과거 시제 선어말 어미 '-었-'을 통해 절대 시제가
과거임을 알 수 있다. 그리고 안긴 문장 '병원에서 웅성대
는'에서 현재 시제를 나타내는 관형사형 어미 '-는'이 사용
되었음을 확인할 수 있다. 이때 안은 문장의 사건시인 사
람들이 모두 보호자라는 시점을 기준으로 볼 때, 안긴 문
장의 사건시인 사람들이 병원에서 웅성대는 시점은 현재
이므로, 상대 시제가 현재임을 알 수 있다. 한편, ㉡의 예
문에서는 안은 문장의 서술어 '나섰다'에 사용된 과거 시
제 선어말 어미 '-었-'을 통해 절대 시제가 과거임을 알
수 있다. 그리고 안긴 문장 '동생이 집에 도착한'에서 '도
착한(도착하다)'은 동사이므로 과거 시제를 나타내는 관형
사형 어미 '-(으)ㄴ'이 사용되었음을 확인할 수 있다. 이때
안은 문장의 사건시인 내가 집을 나선 시점을 기준으로
볼 때, 안긴 문장의 사건시인 동생이 집에 도착한 시점은
과거이므로, 상대 시제 역시 과거임을 알 수 있다. 즉, 선
지의 ㉡은 〈학습 활동〉의 조건에 부합하지 않는다.

④ ㉠의 예문에서는 안은 문장의 서술어 '정하지 못하였다'에
사용된 과거 시제 선어말 어미 '-였-'을 통해 절대 시제가
과거임을 알 수 있다. 그리고 안은 문장 '저녁에 먹을'에서
미래 시제를 나타내는 관형사형 어미 '-(으)ㄹ'이 사용되었
음을 확인할 수 있다. 이때 안은 문장의 사건시인 그녀가
음식을 정하지 못한 시점을 기준으로 볼 때, 안긴 문장의
사건시인 그녀가 음식을 저녁에 먹는 시점은 미래이므로,
상대 시제가 미래임을 알 수 있다. 한편, ㉡의 예문에서는
안은 문장의 서술어 '지나가겠구나'의 미래 시제 선어말
어미 '-겠-'을 통해 절대 시제가 미래임을 알 수 있다. 그
리고 안긴 문장 '온 국토를 휩쓸던'에서 과거 시제를 나타

내는 관형사형 어미 '-던'이 사용되었음을 확인할 수 있다. 이때 안은 문장의 사건시인 태풍이 지나가는 시점을 기준으로 볼 때, 안긴 문장의 사건시인 태풍이 국토를 휩쓴 시점은 과거이므로, 상대 시제가 과거임을 알 수 있다. 즉, 선지의 ㉠, ㉡ 모두 〈학습 활동〉의 조건을 만족하지 않는다.

⑤ ㉠의 예문에서는 안은 문장의 서술어 '낳는다'에 사용된 현재 시제 선어말 어미 '-는-'을 통해 절대 시제가 현재임을 알 수 있다. 그리고 안긴 문장 '봄에 우리나라를 찾은'에서 '찾은(찾다)'은 동사이므로 과거 시제를 나타내는 관형사형 어미 '-(으)ㄴ'이 사용되었음을 확인할 수 있다. 이때 안은 문장의 사건시인 제비가 새끼를 낳는 시점을 기준으로 볼 때, 안긴 문장의 사건시인 제비가 우리나라를 찾는 시점이 과거이므로, 상대 시제가 과거임을 알 수 있다. 한편, ㉡의 예문에서는 안은 문장의 서술어 '준비했다'의 과거 시제 선어말 어미 '-였-'을 통해 절대 시제가 과거임을 알 수 있다. 그리고 안긴 문장 '집에서 나를 반겨 줄'에서 미래를 나타내는 관형사형 어미 '-(으)ㄹ'이 사용되었음을 확인할 수 있다. 이때 안은 문장의 사건시인 꽃을 준비한 시점을 기준으로, 안긴 문장의 사건시인 아내가 나를 반겨 줄 시점이 미래이므로, 상대 시제가 미래임을 알 수 있다. 즉, 선지의 ㉠은 〈학습 활동〉의 조건을 만족하지 않는다.

39. ③
* 정답 해설
③ '네 뜻이 정 그렇다면 나는 이제 너를 응원하겠다.'에서 '뜻'은 '뜻**1**'의 의미로 쓰이고 있다. 〈보기〉에서 '뜻**1**'과 '뜻**2**'는 다의 관계를 이루고 있으므로, 제시된 예문의 '뜻'은 ㉡과 다의 관계라고 할 수 있다.

* 오답 해설
① '그는 만족하지 못한 채 계속 욕심을 부렸다.'에서 '욕심'은 '분수에 넘치게 무엇을 탐내거나 누리고자 하는 마음'이라는 뜻으로 쓰였다. 이때 '욕심'의 의미는 ㉠의 의미를 포함하지만 그보다 더 구체적이므로, ㉠과는 상하 관계를 이룬다고 볼 수 있다. 즉 '뜻**1**'의 의미가 더 포괄적이므로, '욕심'을 ㉠의 하의어로 보는 것이 적절하다.
② '그는 과거에 응시하고자 학문에 뜻을 품었다.'에서 '뜻'은 ㉠의 의미로 쓰이고 있다. 이때 '뜻'을 '공명심'으로 대체하면 '학문에 공명심을 품었다.'와 같이 어색한 표현이 되므로, 해당 예문의 '뜻'을 '공명심'으로 대체할 수는 없다. 이는 '공명심'이 '공을 세워 자기의 이름을 널리 드러내려는 마음'이라는 뜻으로, '뜻'보다 더 구체적인 의미를 띠는, '뜻'의 하의어이기 때문이다. 따라서 ㉠과 ㉢은 '≒'가 아닌 '⇕'로 연결되어야 한다.
④ '두 단어는 의미는 같지만, 쓰임새가 다르다.'에서 '의미'는 '말이나 글의 뜻'의 의미로 쓰였다. 즉, 해당 예문의 '의미'는 '가치'의 유의어가 아닌 '함의'의 유의어로, ㉣이 아

닌 '의미 **1**'에 해당한다고 볼 수 있다.
⑤ '민주주의의 가치는 그 함의만으로 표현할 수 없다.'에서 '가치'는 '민주주의'가 지니는 '의미'라는 뜻으로 '사물이 지니고 있는 쓸모'의 의미로 쓰였다. 또한, '함의'는 '민주주의'라는 말에 담긴 '의미'로서 '말이나 글 속에 들어 있는 어떠한 뜻.'이라는 의미로 쓰이고 있다. 즉, '가치'와 '함의'는 의미상 어떠한 관계를 이룬다고 보기 어렵다.

40. ③
* 정답 해설
③ '기자'는 '2만 개의 공감을 받은 영상'에 대한 누리집 소통망의 댓글 일부를 화면에 제시하고 있다. 하지만 이는 '며칠 전' 누리집 소통망에 올라온 영상에 대한 시청자의 반응이지, 현재 방송 중인 뉴스에 대한 시청자의 반응이 아니다. 또한 (가)에서 '기자'가 시청자와 실시간으로 소통하는 모습은 확인할 수 없다.

* 오답 해설
① '진행자'는 "여러분은 '미디어 리터러시'라는 단어를 아시나요?"라며 시청자에게 질문을 던짐으로써 뉴스에서 전달할 화제인 '미디어 리터러시'를 제시하고 있다.
② '진행자'는 "현 교육 과정에 미디어 리터러시 교육을 도입하자는 내용과 가짜 뉴스에 특히 취약한 고령자를 위해 지역 사회 차원에서 노인 대상의 교육 프로그램을 마련하자는 내용이 포함되어 있습니다."라는 기자의 발화 내용을 "체계적인 교육이 필요하다는 거군요."로 요약하여 자신의 언어로 바꾸어 말하고 있다. 이는 '기자'의 발화를 통해 제시된 정보를 간략히 전달하는 것으로 볼 수 있다.
④ '기자'는 "미디어 리터러시에 관한 법안에는 구체적으로 어떤 내용이 포함되어 있나요?"라는 '진행자'의 질문에 "현 교육 과정에 미디어 리터러시 교육을 도입하자는 내용과 가짜 뉴스에 특히 취약한 고령자를 위해 지역 사회 차원에서 노인 대상의 교육 프로그램을 마련하자는 내용이 포함되어 있습니다."라고 답함으로써 뉴스에서 전달하고자 하는 정보를 구체화하고 있다.
⑤ '캘리포니아 주의 관계자'의 영어 인터뷰 영상을 보면 '관계자'의 말을 번역하여 한글 자막으로 제시하고 있다. 이는 외국어에 익숙하지 않은 시청자를 배려하기 위한 것으로 볼 수 있다.

41. ④
* 정답 해설
④ (나)에서 블로그 운영자인 '봄바람'은 '미디어 리터러시'라는 문구에 하이퍼링크를 걸어 '미디어 리터러시'와 관련해 본인이 '이전에 작성한 글'로 이동할 수 있도록 하고 있다. 이는 수용자의 선택에 따라 정보를 추가적으로 확인할 수 있도록 유도하는 것이므로 적절하다.

* 오답 해설

① (나)는 댓글 기능을 활용하여 글에 대한 수용자들의 반응을 유도하고 있다. '버섯돌이'의 댓글에 '고령자를 대상으로 한 교육이 현실적으로 가능할까요?'라는 질문이 제시되어 있지만, 이와 관련하여 '봄바람'이 답변을 하고 있지는 않으므로 적절하지 않다.

② (나)에서 '봄바람'은 '블로그 카테고리' 기능을 활용하여 글을 주제에 따라 '미디어 비평 연습', '맛집 탐방기', '잡학 지식 모음', '맞춤법 공부'로 분류하고 있다. 이를 통해 글의 체계적 분류가 가능함을 확인할 수는 있지만, 상위에 표시된 '미디어 비평 연습'이 가장 인기 있는 주제인지는 알 수 없으므로 적절하지 않다.

③ (나)의 "'미디어 리터러시 교육 법안 발의?'를 보고"라는 글의 작성일 옆의 '(수정됨)'이라는 표시를 통해 글이 수정되었다는 사실을 알 수 있다. 하지만 글에서 수정된 부분을 구체적으로 밝히고 있지 않으므로 적절하지 않다.

⑤ (나)는 글 하단에 '공감' 기능을 제공함으로써, 수용자가 게시글에 제시된 글쓴이의 주장에 대한 공감을 표시하도록 유도하고 있다. '공감'의 수를 통해 글의 내용에 대한 수용자들의 선호를 확인할 수 있으나, 글에 담긴 정보의 신뢰도를 검증할 수는 없으므로 적절하지 않다.

42. ④
* 정답 해설

④ (나)에서 '봄바람'은 '뉴스를 시청한 이후로 미디어 리터러시에 관해 꾸준히 검색해 보면서, 최근 벌어진 일련의 상황에 우리나라가 어떻게 대응하는지 관심을 가지고 지켜보아야겠다는 생각이 들었다.'라고 말하고 있다. 또한 '버섯돌이'는 댓글에서 '어제 뉴스를 보고 미디어 리터러시에 관해 검색했다가 이 블로그에 오게 되었'다고 말하였다. 이를 통해 '봄바람'과 '버섯돌이' 모두 뉴스를 시청한 이후에 추가적인 정보 탐색을 실행하였음을 알 수 있다. 그러나 '버섯돌이'가 '고령자를 대상으로 한 교육이 현실적으로 가능할까요?'라고 말하며 뉴스 내용의 실현 가능성을 검토한 것과 달리, '봄바람'은 뉴스 내용의 실현 가능성을 검토하고 있지 않으므로 적절하지 않다.

* 오답 해설

① (나)에서 '봄바람'이 '최근 화제가 되었던 가짜 뉴스를 소개하면서 그 뉴스 수용자들의 반응을 생생하게 보여 준 점이 특히 좋았다.'라고 말한 것을 통해, 뉴스가 최근의 사건과 그에 대한 실제 반응을 제시했다는 점을 긍정적으로 평가하고 있음을 알 수 있으므로 적절하다.

② (나)에서 '봄바람'은 '뉴스에서는 가짜 뉴스가 최근 더욱 교묘한 방식으로 생성되고 있다는 점을 근거로 뉴스 수용자에 대한 미디어 리터러시 교육이 필요하다고 말했는데'와 '고령자가 가짜 뉴스에 취약하다고 말하면서'에서 뉴스 내용을 구체적으로 언급하였다. 이에 대해 '가짜 뉴

스를 생성하는 이들에 대한 처벌이 강화되어야 한다는 점을 함께 언급했다면 좋았을 것 같다.', '이를 뒷받침하는 객관적인 자료를 제시하지 않았다는 점도 아쉬웠다.'와 같이 자신의 견해를 드러내고 있으므로 적절하다.

③ (나)에서 '봄바람'은 '고령자가 가짜 뉴스에 취약하다'는 사실에 관한 객관적인 자료가 제시되지 않았다는 점을 언급하면서, '실제로 내 주변을 보면 오히려 어른들이 뉴스를 더 비판적으로 수용하는 것처럼 보'인다고 말하였다. 이는 자신의 경험을 근거로 하여 뉴스에서 구성한 정보의 문제점을 지적한 것이므로 적절하다.

⑤ (나)에서 '봄바람'은 '뉴스 수용자에 대한 미디어 리터러시 교육이 필요하다고 말했는데, 가짜 뉴스를 생성하는 이들에 대한 처벌이 강화되어야 한다는 점을 함께 언급했다면 좋았을 것 같다.'라고 말하였다. 이는 가짜 뉴스가 생성되는 문제 상황과 관련하여 수용자의 역량만을 강조한 기자의 관점이 균형적이지 않음을 지적한 것이다. 한편, '하얀풍선'은 댓글에서 '미디어 리터러시가 가짜 뉴스에 대응하는 데만 필요한 건 아닌데, 미디어 리터러시가 필요한 다른 분야는 알려주지 않아서 아쉬웠'다며 '정보 생산자 관점에서도 미디어 리터러시의 필요성을 다뤄주었으면 좋았겠'다고 말하였다. 이는 '봄바람'과 마찬가지로, 균형적이지 않은 관점에서 정보를 전달한 뉴스에 아쉬움을 표한 것으로 볼 수 있으므로 적절하다.

43. ③
* 정답 해설

③ ⓒ에서 '이'는 바로 앞에서 이야기한 대상을 가리킬 때 쓰는 지시 관형사로, 앞서 제시된 '며칠 전 누리집 소통망에 올라와 무려 2만 개의 공감을 받은 영상'을 가리키기 위해 사용되었다. 따라서 바로 앞에서 언급된 '진행자'의 발언을 집약적으로 가리키고 있다는 선지의 내용은 적절하지 않다.

* 오답 해설

① ㉠에서 '-시-'는 어떤 동작이나 상태의 주체가 화자에게 사회적인 상위자로 인식될 때 그와 관련된 동작이나 상태 기술에 결합하여 그것이 상위자와 관련됨을 나타내는 선어말 어미로, 뉴스를 시청하는 주체인 '여러분'을 높이는 데 사용되었다.

② ㉡에서 '무려'는 그 수가 예상보다 상당히 많음을 나타내는 부사로, 영상에 대한 공감 수가 보편적이지 않음을 부각하기 위해 사용되었다.

④ ㉣에서 '-니'는 앞말이 뒷말의 원인이나 근거, 전제 따위가 됨을 나타내는 연결 어미로, 영상이 가짜라는 사실이 밝혀진 계기가 '영상을 만든 사람이 영상 제작 과정을 자신의 누리집 소통망에 올'린 것임을 설명하기 위해 사용되었다.

⑤ ㉤에서 '와'는 일 따위를 함께 함을 나타내는 격 조사로,

'기자'가 과거에 인터뷰라는 특정 행위를 '캘리포니아 주의 관계자'와 함께했음을 나타내기 위해 사용되었다.

44. ①
＊정답 해설
① (가)는 기사 글과 '눈 검사를 받고 있는 청소년'의 사진을 결합하여 의미를 이루는 복합 양식으로 구성되어 있다. 하지만 글과 사진 모두 시각 자료이다. 즉, 다양한 감각이 아닌 시각만을 활용하여 기사 내용을 이해하도록 하고 있으므로 선지의 내용은 적절하지 않다.

＊오답 해설
② (가)에서는 '청소년 눈 건강 적신호… 과도한 전자 기기 사용 삼가야'라는 제목을 기사 상단에 제시하고 있다. 이는 기사의 전체 내용을 요약한 것으로, 수용자가 제목만 읽고도 기사 내용을 예측할 수 있도록 한다.
③ (가)에서는 '△△대학 병원의 유◇◇ 전문의'의 말을 인용하여 청소년기의 근시가 얼마나 위험한지를 설명하고 있다. 이는 신뢰할 수 있는 전문가의 말을 통해 문제 상황의 심각성을 부각한 것으로 볼 수 있다.
④ (가)에서는 '그렇다면 청소년기 근시를 억제하기 위해서는 어떻게 해야 할까?'와 같은 질문을 던진 후, 그 답을 제시하는 방법을 사용하고 있다. 이는 앞에 제시된 기사의 내용을 읽은 수용자가 궁금해할 만한 정보를 효과적으로 전달한 것으로 볼 수 있다.
⑤ (가)에서는 기사의 정보 생산자인 김□□ 기자의 메일 주소 'kim-nemo@○○news.com'를 제시하여 수용자가 정보 생산자와 소통할 수 있도록 하고 있다.

45. ⑤
＊정답 해설
⑤ (나)에서 엄마는 (가)의 기사를 촬영한 사진을 공유하고 있으나 '통신 상태가 별로 안 좋'아서 사진이 제대로 전송되지 않았음을 알 수 있다. 이는 (나)가 사용자의 통신 환경에 영향을 받는 매체임을 보여 준다. 반면 (가)는 종이 신문으로, 매체를 사용할 때 통신 환경이 정보 공유에 영향을 미치지 않는다. 따라서 (나)는 (가)와 달리 사용자의 통신 환경에 따라 정보 공유의 속도가 달라질 수 있음을 알 수 있다.

＊오답 해설
① (나)에서 엄마가 중요하다고 판단되는 기사 내용의 일부를 '채팅방 공지로 등록'한 것을 통해 '공지' 기능을 사용하여 사용자가 강조하고 싶은 내용을 매체 상단에 고정할 수 있음을 알 수 있다. 반면, (가)의 기사 상단에 있는 제목은 기사 내용을 요약한 것으로, 강조하고 싶은 가장 핵심적인 정보를 담고 있다고 볼 수 있다. 그러나 이는 정보 생산자가 제목으로 설정하여 제시한 것일 뿐,

매체 사용자가 고정할 수 있는 것이 아니므로 선지의 내용은 적절하지 않다.
② (가)는 종이 신문으로, 하이퍼링크 기능을 사용할 수 없다. 반면, (나)에서 민호는 대화방에 기사를 읽을 수 있는 하이퍼링크를 공유하여 누리 소통망 사용자가 외부 정보에 쉽게 접속할 수 있도록 하고 있으므로 선지의 내용은 적절하지 않다.
③ (가)는 종이 신문으로, 불특정 다수를 대상으로 발간되는 대중 매체이므로 일대일 소통을 기반으로 하는 매체가 아님을 알 수 있다. 또한 (나)는 일대일 소통만 이루어지는 것이 아니라 누리 소통망 대화방에 초대된 사용자들이 함께 소통한다. 따라서 (가)와 (나) 모두 일대일 소통을 기반으로 하는 매체의 성격을 지니지 않으므로 선지의 내용은 적절하지 않다.
④ (나)에서 엄마는 직접 촬영한 '사진'을 공유하고 있으므로, 시각적 이미지를 사용하여 정보를 전달하고 있다고 볼 수 있다. 한편, (가) 역시 글과 함께 시각적 이미지를 제시하고 있으므로 선지의 내용은 적절하지 않다.

[언어와 매체]

35	②	36	③	37	⑤	38	⑤	39	①
40	②	41	⑤	42	②	43	④	44	③
45	④								

35. ②
* 정답 해설
② '덤벼들었다'의 어간 '덤벼들-'은 어근 '덤비-'와 '들-'이 결합한 합성어이다. 이처럼 용언 어간끼리 결합하여 단어가 형성되는 경우, 자연스러운 연결을 위해 연결 어미 '-어'가 개입하여 '덤벼들-(덤비-+-어+들-)'과 같은 형태가 만들어지는데, 이를 통해 '-어'가 어근에 붙어 단어 형성에 관여함을 알 수 있다.

* 오답 해설
① '짓밟혔다'에서 분석되는 '-었-'은 과거 시제 선어말 어미로, 용언의 어간과 어말 어미 사이에 결합하여 문법적 의미를 더하는 요소이다. '짓밟혔다'에서 어간은 '짓밟히-'이므로, 그 뒤에 붙는 '-었-'이 파생된 용언의 어간을 이룬다는 설명은 적절하지 않다.
③ '떠밀린다'에서 분석되는 '-ㄴ-'은 현재 시제 선어말 어미로, 용언의 어간과 어말 어미 사이에 결합하여 문법적 의미를 더하는 요소이다. 하지만 '떠밀리다'는 '떠밀다'에 피동 접미사 '-리-'가 붙어 파생된 용언으로, 이때 '떠밀다'의 형태소를 분석해 보면, '뜨-/-어/밀-/-다'가 된다. 즉, '떠'를 '떠-'로 분석하는 것은 적절하지 않다.
④ '짤막합니다'의 원형 '짤막하다'는 어근 '짤막-'에 형용사 파생 접사 '-하-'가 결합한 형태이다. 이때 '-하-'는 단어를 파생하는 데 기여하므로, 문장 구성이 아닌 단어 형성의 차원에서 기능한다고 보아야 한다.
⑤ '잡아먹히겠다'에서 '-다'는 종결 어미로, 용언 어간이 문장에서 쓰이도록 돕는 형태소이다. 하지만 '잡아먹히겠다'의 원형 '잡아먹히다'는 어근 '잡아먹-'에 피동 접미사 '-히-'가 붙어 파생된 형태로, '잡-/-아/먹-/-히-/-다'와 같이 분석된다. 즉, '먹-/-히-'를 '먹히-'로 분석하는 것은 적절하지 않다.

36. ③
* 정답 해설
③ ㉡의 '늚'은 동사 '늘다'의 어간 '늘-'에 명사형 어미 '-ㅁ'이 결합한 형태이다. 이때 '늚'의 품사는 '늘다'에서 바뀌지

않으므로 동사이며, 관형어의 수식을 받을 수 없다. 한편, ㉣의 '삶'은 '살다'의 어근 '살-'에 명사 파생 접사 '-ㅁ'이 붙어 파생된 명사로, 관형어의 수식을 받을 수 있다.

* 오답 해설
① ㉠의 '날개'와 ㉢의 '코흘리개'에서 모두 접사 '-개'가 쓰였음을 확인할 수 있다. 그런데 '날개'의 '-개'는 '그러한 행위를 하는 간단한 도구'의 의미를 지니고 있으나, '코흘리개'의 '-개'는 '그러한 행위를 특성으로 지닌 사람'이라는 의미를 지니고 있다. 따라서 접사의 의미가 일정하지 않음을 알 수 있다는 선지의 설명은 적절하다.
② ㉠의 '보였다'의 원형 '보이다'는 어근 '보-'에 피동 접미사 '-이-'가 결합한 형태이다. 용언 '보다'는 목적어를 필요로 하는 두 자리 서술어이지만, '보다'에서 파생된 피동사 '보이다'는 '~가 보이다' 혹은 '~가 ~게/~으로 보이다'의 형태로 쓰여 목적어를 요구하지 않는다. 즉, '보다'에 '-이-'가 결합하면서 통사 구조에 영향을 미치고 있으므로 선지의 설명은 적절하다.
④ ㉡의 '악화되기'는 어간 '악화되-'에 명사형 어미 '-기'가 결합한 형태이다. 이때 '악화되기'의 품사는 '악화되다'의 품사와 다르지 않으므로 동사이며, 이에 따라 주어 등의 문장 성분을 이끄는 서술성을 유지한다. 반면, ㉤의 '달리기'는 어근 '달리-'에 명사 파생 접사 '-기'가 결합한 파생어로, 품사가 명사로 바뀜에 따라, 문장 성분을 이끄는 서술성을 잃는다. 따라서 어미와 결합한 어간은 서술성을 잃지 않는다는 선지의 설명은 적절하다.
⑤ ㉢의 '울보'는 어근 '울-'에 명사 파생 접사 '-보'가 결합한 형태이다. 이때 '-보'는 '웃음'의 어근 '웃'과 결합하여 '웃보'와 같이 쓰일 수 없다. 따라서 접사에 결합 제한이 있다는 선지의 설명은 적절하다.

37. ⑤
* 정답 해설
⑤ 선지의 문장에서는 주어, 목적어, 필수적 부사어를 요구하는 세 자리 서술어 '보내다'가 쓰였으므로 ⓑ를 만족한다. 그리고 서술어 '드리자'에는 화자가 청자에게 공동의 행동을 요구하는 청유형 종결 표현이 쓰였으므로, ⓒ 또한 만족한다.

* 오답 해설
① 선지의 문장은 '파괴되다'라는 피동 표현을 활용하고 있으므로, ⓐ를 만족한다. 하지만 서술어 '파괴되다'는 한 자리 서술어이고, '복구하다'는 목적어를 요구하는 두 자리 서술어이므로 선지의 문장은 ⓑ를 만족하지 않는다.

② 선지의 문장은 '거칠어지다', '얹히다'와 같은 피동 표현을 활용하고 있으므로 ⓐ를 만족한다. 하지만 서술어 '거칠어지다'는 한 자리 서술어이고, '얹히다'는 필수적 부사어를 요구하는 두 자리 서술어이므로 선지의 문장은 ⓑ를 만족하지 않는다.

③ 선지의 문장에서는 피동 표현이 활용되지 않았으므로 ⓐ를 만족하지 않는다. 참고로 '앉히다'는 사동접사가 결합한 사동사이므로 해당 문장은 사동 표현을 활용하고 있음을 알 수 있다. 한편, '앉히세요'에서는 명령형 종결 표현을 통해 화자가 청자에게 행동을 요구하고 있으므로 선지의 문장은 ⓒ를 만족한다.

④ 선지의 문장에서는 목적어와 필수적 부사어를 요구하는 세 자리 서술어 '삼다'가 쓰였으므로 ⓑ를 만족한다. 한편, '너였구나'와 같이 화자의 감탄을 나타내는 감탄형 종결 표현이 활용되었을 뿐, 화자가 청자에게 행동을 요구하고 있지는 않으므로 선지의 문장은 ⓒ를 만족하지 않는다.

38. ⑤
* 정답 해설

⑤ ⓔ의 '덧없다'는 명사 '덧' 뒤에 모음으로 시작하는 형용사 '없다'가 붙은 형태이다. 이때 '덧'은 '없다'가 실질 형태소이므로, 음절의 끝소리 규칙이 적용된 후 연음이 일어나야 한다. 이에 따라 '덧없다'의 발음은, '덧'의 끝소리 'ㅅ'이 음절 끝소리 규칙에 의해 'ㄷ'으로 교체된 후에 뒤 음절의 '없'의 초성으로 연음되어 [더덥따]로 발음되어야 한다. 그러나 ⓔ는 음절 끝소리 규칙이 일어나지 않은 채, '덧'의 'ㅅ'이 바로 연음되어 발음되고 있으므로 잘못된 발음이다. 따라서 ⓔ의 경우, 음절의 끝소리 규칙 후 연음되어야 하므로 선지의 설명은 적절하지 않다. 참고로 '없다' 부분이 [업따]로 발음되는 것은 자음군 단순화 이후 발생한 된소리되기의 결과로 볼 수 있다.

* 오답 해설

① ⓐ의 '몫을'은 명사 '몫' 뒤에 모음으로 시작하는 조사 '을'이 붙은 형태이다. '을'은 형식 형태소이므로 연음이 곧바로 이루어지는 환경을 갖추고 있다. 따라서 '몫을'의 발음은 '몫'의 끝소리 'ㅅ'이 '을'의 초성으로 발음되어 [목슬]이 된 후, '목'의 'ㄱ'에 의해 된소리되기가 일어나서 최종적으로는 [목쓸]이 된다. 즉, ⓐ의 잘못된 발음은 연음되어야 할 'ㅅ'이 자음군 단순화로 인해 탈락하여 발생한 것으로 볼 수 있다.

② ⓑ의 '부엌에'는 명사 '부엌' 뒤에 모음으로 시작하는 조사 '에'가 붙은 형태이다. 이는 연음이 일어나는 환경으로, 이때 '부엌에'의 발음은 '엌'의 종성 'ㅋ'이 '에'의 초성으로 발음되는 [부어케]가 된다. ⓑ에서 잘못 발음된 [부어게]는 '엌'의 'ㅋ'이 음절 끝소리 규칙이 일어나지 않는 환경임에도 'ㄱ'으로 교체되었기 때문이다. 즉, ⓑ의 잘못된 발음은 '에'가 형식 형태소임에도 그 앞소리인 'ㅋ'이 음절 끝소리 규칙에 의해 'ㄱ'으로 교체되어 발생한 것으로 볼 수 있다.

③ ⓒ의 '끝을'은 명사 '끝' 뒤에 모음으로 시작하는 조사 '을'이 붙은 형태이다. 이는 연음이 일어나는 환경으로, 이때 '끝을'의 발음은 '끝'의 끝소리 'ㅌ'이 '을'의 초성으로 연음되어 [끄틀]이 되어야 한다. 그런데 [끄츨]이라는 발음은, 받침 'ㄷ, ㅌ'이 'ㅣ' 모음 계열의 형식 형태소와 결합되어 'ㅈ, ㅊ'으로 교체되는 구개음화의 조건이 아님에도 불필요하게 구개음화가 일어나 발음된 형태이다. 즉, ⓒ의 잘못된 발음은 불필요한 구개음화로 인해 종성의 소리 'ㅌ'이 있는 그대로 연음되지 않았기에 발생한 것으로 볼 수 있다.

④ ⓓ의 '흙 알갱이'는 명사 '흙' 뒤에 모음으로 시작하는 실질 형태소 '알갱이'가 결합한 형태이다. 이는 연음이 일어나지 않는 환경으로, 이때 '흙 알갱이'의 발음은 '흙'의 종성에서 자음군 단순화가 먼저 일어나 '흑'이 된 후, '흑'의 종성 'ㄱ'이 연음되어 '알갱이'가 '갈갱이'로 실현됨에 따라 최종적으로는 [흐갈갱이]가 된다. 그러나 [흘갈갱이]라는 발음은, 뒤에 결합되는 형태소가 실질 형태소임에도 자음군 단순화로 'ㄹ'이 탈락하지 않은 채 바로 연음된 형태이다. 즉, ⓓ의 잘못된 발음은 자음군 단순화가 이루어져야 할 환경임에도 자음군 단순화가 이루어지지 않았기에 발생한 것으로 볼 수 있다.

39. ①
* 정답 해설

ⓐ에서는 명사절 '오싀 가비야옴(옷의 가벼움)'이 보조사 '으란(일랑)'과 결합하여 쓰였음을 알 수 있다. 이때 명사절의 내용은 서술어 '얻디 말라(얻지 말라)'의 대상이 되므로, 목적어에 해당한다. 즉, ⓐ에서는 명사절이 안은문장의 주성분 중 하나인 목적어로 쓰였다.

ⓑ에서는 명사절 '여름 미줌(열매를 맺음)'이 주격 조사 '이'와 결합하여 쓰였음을 알 수 있다. 이때 명사절은 서술어 '일리라(이루어지리라)'의 주체가 되므로, 주어에 해당한다. 즉, ⓑ에서는 명사절이 안은문장의 주성분 중 하나인 주어로 쓰였다.

ⓓ에는 명사절 '흔 번 許諾홈(한 번 허락함)'이 보조사 '은(은)'과 결합하여 쓰였음을 알 수 있다. 이때 명사절의 내용은 서술어 '驕慢이며 쟈랑이리오(교만이며 자랑이리오)'의 주체에 해당하므로, 주어에 해당한다. 즉, ⓓ에서는 명사절이 안은문장의 주성분 중 하나인 주어로 쓰였다.

* 오답 해설

ⓒ에는 명사절 '무리 챗 그르멜 보고 념(말이 채찍의 그림자를 보고 감)'이 부사격 조사 '이'와 결합하여 쓰였음을 알 수 있다. 즉, ⓒ에서는 명사절이 안은문장의 부속 성분인 부사어로 쓰였다.

ⓔ에는 명사절 '봄과 겨슬왜 섯굼(봄과 겨울이 섞임)'이 부사격 조사 '에'와 결합하여 쓰였음을 알 수 있다. 즉, ⓔ에서는 명사절이 안은문장의 부속 성분인 부사어로 쓰였다.

40. ②
*** 정답 해설**
② (가)에서 진행자는 스튜디오에 나와 있는 리포터가 미리 취재해 온 영상을 보며 그에 대한 반응을 보이고 있다. 즉, 진행자는 현장에 있는 리포터와 소통하고 있는 것이 아니며, 외부 상황을 실시간으로 전달하고 있지도 않으므로 선지의 내용은 적절하지 않다.

*** 오답 해설**
① 진행자는 방송의 시작에 "김○○ 리포터. 오늘 강원도의 산천어 축제를 생생하게 전해 주신다면서요?"라고 말하며 방송 내용을 간략히 안내하고 있다. 이를 통해 방송에 대한 수용자의 기대를 높이고 있으므로 선지의 내용은 적절하다.

③ 진행자는 "우와, 지금 화면에 나오는 음식이 산천어 구이지요? 화면만 봐도 군침이 돕니다."라고 말하며 화면에 나오는 내용에 대한 감탄을 표하고 있다. 이를 통해 방송의 분위기를 밝게 형성하고 있으므로 선지의 내용은 적절하다.

④ 리포터는 "축제장의 1일 최대 수용 인원은 8,000명인데, 매일 최대 수용 인원을 모두 채우고 있는 것으로 보입니다."라고 말하며 방송의 화제인 '강원도의 산천어 축제'와 관련된 수치 자료를 언급하고 있다. 이를 통해 '강원도의 산천어 축제'에 관한 구체적인 정보를 제시하고 있으므로 선지의 내용은 적절하다.

⑤ 리포터는 "굉장히 중요한 1년을 앞두고 있군요. 이번 여행 덕에 힘낼 수 있을 것 같은가요? 어때요?"라고 말하며 인터뷰 대상의 특성(고등학교 3학년)을 반영한 질문을 던지고 있다. 이를 통해 강원도 산천어 축제에 대한 긍정적인 반응을 끌어내고 있으므로 선지의 내용은 적절하다.

41. ⑤
*** 정답 해설**
⑤ 시청자 5는 (가)가 '방송 자막보다 강원도의 풍경을 많이 보여' 준 것과 관련하여 자신의 '고민이 다 사라지는 것 같았어요.'라며 방송의 화면 구성에 대해 긍정적으로 평가하고 있다. 하지만 방송의 정보 전달력을 점검하고 있지는 않으므로 선지의 내용은 적절하지 않다.

*** 오답 해설**
① 시청자 1은 (가)가 '지금 진행 중인 축제를 소개해줘서 좋았'다고 말하고 있다. 이는 방송 주제의 시의성(그 당시의 사정이나 사회적 요구에 들어맞는 성질)을 긍정적으로 평가한 것으로 볼 수 있다. 또한 '이번 주말에 바로 가 보려고 합니다.'라고 말함으로써, (가)에서 리포터가 "겨울 여행을 계획하고 계신 분들, 산천어 축제는 어떠신가요?"라며 제안한 바를 수용하고 있으므로 선지의 내용

은 적절하다.

② 시청자 2는 (가)에서 리포터가 제공한 내용인 "매일 최대 수용 인원을 모두 채우고 있는 것으로 보"인다는 정보가 객관적인지 의문을 제기하고 있다. 이는 방송 내용의 신뢰성을 점검한 것으로 볼 수 있으므로 선지의 내용은 적절하다.

③ 시청자 3은 '찾아보니 얼음낚시와 겨울 놀이 말고도 진행되는 행사가 많던데'라고 말하며, 강원도의 산천어 축제에 관해 자신이 새로 획득한 지식을 언급하고 있다. 또한 '언급하지 않아서 아쉬웠어요.'라며 해당 내용을 언급하지 않은 방송에 대한 아쉬움을 드러내며 방송 내용의 충분성을 점검하고 있으므로 선지의 내용은 적절하다.

④ 시청자 4는 '우리나라 방방곡곡의 축제 소식을 전해'주는 방송 프로그램의 취지와 관련하여 '저처럼 지역 축제 관련 정보를 어디서 얻어야 할지 모르는 사람들에게 정말 유용한 방송'이라고 판단하고 있다. 이는 방송의 효용성을 긍정적으로 평가하는 것으로 볼 수 있으므로 선지의 내용은 적절하다.

42. ②
*** 정답 해설**
② (나)에서 학생은 ㉠에서 '정보 간 관계를 잘 드러내'겠다고 계획하고 있다. 이를 바탕으로, ㉠에서는 얼음낚시로 잡은 산천어를 축제 현장에서 먹을 수 있는 과정을 화살표를 사용하여 순서대로 제시하고 있다. 이는 얼음낚시를 위해 준비해야 하는 것들을 단계별로 제시한 것이 아니므로 선지의 내용은 적절하지 않다.

*** 오답 해설**
① (나)에서 학생은 ㉠에서 '리포터의 말을 참고하여 산천어 축제에서 할 수 있는 활동들을 제시'하겠다고 계획하고 있다. 이를 바탕으로, ㉠에서는 (가)에서 리포터가 방문한 두 체험 공간인 '얼음낚시를 할 수 있는 체험장'과 '놀이터'에 관한 정보를 제시하고 있다.

③ (나)에서 학생은 ㉠에서 '시각적 이미지도 사용'하겠다고 계획하고 있다. 이를 바탕으로, ㉠에서는 강원도의 산천어 축제에서 즐길 수 있는 얼음낚시, 눈썰매, 봅슬레이 활동의 그림을 제시하고 있다.

④ (나)에서 학생은 ㉡에서 '강원도의 산천어 축제에 방문하고 싶어 하는 학생들을 위한 정보를 제시'하겠다고 계획하고 있다. 이를 바탕으로, ㉡에서는 '더 알고 싶다면 포털 사이트에 "산천어 축제"를 검색하세요!'라는 문구를 삽입하여, 축제에 관한 추가 정보를 얻을 수 있는 방법을 제시하고 있다.

⑤ (나)에서 학생은 ㉡에서 '슬라이드를 만든 목적이 잘 드러나는 제목을 넣어야겠다'고 계획하고 있다. 이를 바탕으로, ㉡에서는 '강원도의 겨울을 "제대로" 즐길 수 있는 산천어 축제로 가자!'라는 제목을 제시하여, 축제에 참여

하기를 권하고 있다.

43. ④
＊ 정답 해설
④ ⓓ의 '보다'는 "서로 차이가 있는 것을 비교하는 경우, 비교의 대상이 되는 말에 붙어 '~에 비해서'의 뜻을 나타내는 격 조사"이다. 얼음낚시 체험장에 방문했던 '아까'의 상황과 현재가 차이가 있음을 비교하고 있으므로 선지의 설명은 적절하다.

＊ 오답 해설
① ⓐ의 '드리다'는 '주다'의 높임말로, 축제 소식을 전달하는 주체가 아니라 객체인 불특정 다수의 방송 시청자들을 높이기 위해 사용되었다.
② ⓑ의 '-었-'은 '이야기하는 시점에서 볼 때 사건이나 행위가 이미 일어났음을 나타내는 선어말 어미'로, 강원도의 산천어 축제 현장을 취재하러 갔던 당시 현장의 인파가 몰렸음을 드러내고 있다. 즉, 축제 현장의 인파가 몰린 상황이 현재까지 지속됨을 나타내는 것은 아니므로 적절하지 않다.
③ ⓒ의 '만'은 '다른 것으로부터 제한하여 어느 것을 한정함을 나타내는 보조사'로, 화면으로만 보았음에도 산천어 구이가 먹고 싶어진다는 진행자의 감상을 드러내기 위해 사용되었다. 따라서 진행자가 축제에 직접 가지 못하는 아쉬움을 나타낸 것으로 볼 수 없다.
⑤ ⓔ의 '-니까'는 '앞말이 뒷말의 원인이나 근거, 전제 따위가 됨을 나타내는 연결 어미'로, "산천어를 먹"은 것이 "힘"이 나는 원인임을 나타내기 위해 사용되었다.

44. ③
＊ 정답 해설
③ (가)의 하단에 제시된 '글자 크기'라는 항목을 통해 화면에 제시된 글자의 크기를 조정할 수 있다. 이때 화면의 크기는 한정되어 있으므로, 글자의 크기에 따라 제시되는 정보의 양을 바꿀 수 있다. 반면, (나)는 글자 크기를 조정할 수 있는 기능을 제공하고 있지는 않으므로 선지의 내용은 적절하다.

＊ 오답 해설
① (나)는 '작성일 : 2024.02.15. 18:00:03', '작성일 : 2024.02.16. 10:12:41'과 같이 글이 작성된 시각을 구체적으로 제시하고 있다. 그러나 (가)는 글이 작성된 시각을 표기하고 있지 않다.
② (나)의 '고객 게시판'은 고객이 작성한 문의 글과 그에 대해 관리자가 작성한 답변 글을 한 화면에 노출하고 있다. 그러나 (가)는 사용자가 보고 있는 전자책 내용의 일부만 제시하고 있을 뿐, 다른 작성자의 글을 함께 노출하고 있지 않다.

④ (가)에서는 상단의 '검색 기능'을 통해 사용자가 찾고자 하는 정보인 '생각의 구체화'를 쉽게 찾을 수 있도록 편의를 제공하고 있다. 반면, (나)에서는 '검색 기능'이 제공되고 있지 않으므로 적절하지 않다.
⑤ (나)에서는 "'1/n' 글자", '다음 업데이트', "우측 하단의 'X'" 등과 같은 문구에 음영을 추가하여 해당 내용을 강조하고 있다. 하지만 (가)에서도 '형광펜' 기능을 통해 '메모하는 습관은 작가에게만 좋은 것이 아니다.'의 문구에 음영을 추가해 사용자가 해당 내용을 강조하고 있음을 알 수 있다.

45. ④
＊ 정답 해설
④ (나)에서 학생은 본문을 가리는 알림창(ⓔ)으로 인해 캡처가 불편함을 말하며, '저작권 관련 알림은 다른 방식으로 알려 주면 좋겠어요.'와 같이 ⓔ을 개선할 새로운 방안을 제안하고 있다. 하지만 학생이 저작권 보호를 위한 알림의 효과가 미흡하다는 점은 언급하고 있지 않으므로 해당 선지는 적절하지 않다.

＊ 오답 해설
① (나)에서 학생은 ㉠과 관련하여 '검색어가 포함된 본문이 여러 개일 경우 모든 본문을 처음부터 순서대로 넘겨서 보아야 하는 게 불편'하다고 말하였다. 그리고 이를 보완하기 위해 관리자에게 '검색어가 포함된 부분을 목록으로 보여 주고, 특정 목록을 누르면 바로 그 페이지로 이동할 수 있도록' 해 줄 것을 요구하고 있으므로 선지의 내용은 적절하다.
② (나)에서 학생은 ㉡의 기능에 대해 '전자책을 보고 있는 기기의 배터리가 얼마나 남았는지 숫자로 표기하면 좋겠습니다.'라고 말하며 배터리 잔량 표기에 대한 개선을 요구하고 있다. 이에 관리자는 '배터리 잔량의 숫자 표기와 관련한 요청은 타당하다고 판단해 다음 업데이트에 해당 기능을 제공할 예정입니다.'와 같이 학생의 요청 사항에 대한 타당성을 검토하여 이를 수용하고 있으므로 선지의 내용은 적절하다.
③ (나)에서 학생은 ㉢의 기능에 대해 '특정 문장을 선택하면 노출되는 선택 창에 형광펜과 밑줄 긋기 기능이 굳이 두 개 다 있어야 하나요?'라며 '형광펜'과 '밑줄 긋기' 기능이 둘 다 노출되는 이유를 묻고 있다. 이에 관리자는 '내용을 구분하여 저장하고자 하는 고객들의 편의를 위해' 해당 기능이 필요함을 설명하고 있다. 즉, 목적에 따라 책의 내용에 다른 표기 기능을 적용하여 그 내용을 따로 저장하길 원하는 사용자들이 있음을 보여 주는 것이다. 이는 관리자가 사용자들이 전자책을 통해 얻는 정보를 관리하는 양상이 상이하다는 사실을 전제하고 있음을 보여 주므로 선지의 내용은 적절하다.
⑤ (나)에서 학생은 '누워서 책을 읽을 때 자꾸 전자책 화

면이 돌아'간다며 이를 해결할 수 있는 방법에 대해 묻고 있다. 이에 관리자는 화면이 돌아가지 않게 하는 방법에 대한 안내와 함께 '누워서 전자책을 보는 경우가 많다는 건, 밤에 책을 자주 읽으신다는 거겠죠?'라고 말하며 학생이 전자책을 읽는 환경을 예측하고 있다. 이후 밤에는 반드시 화면 밝기(ⓜ) 기능을 사용해 눈을 보호할 것을 안내하고 있으므로 제시된 선지의 내용은 적절하다.

언어와 매체 모의고사 6회 정답 및 해설

[언어와 매체]

35	③	36	①	37	①	38	③	39	④
40	①	41	④	42	①	43	④	44	④
45	③								

35. ③
＊ 정답 해설
③ 윗글에서 'ㄴ' 첨가 현상(ⓐ)은 첨가되는 'ㄴ'의 위치가 뒷말의 초성이며, 자음으로 끝난 앞말과 모음 'ㅣ'나 반모음 'j'로 시작하는 뒷말 사이에서 일어난다고 하였다. 또한 합성어에 국한되는 사잇소리 현상과 달리 'ㄴ' 첨가는 합성어뿐만 아니라 파생어나 단어 경계에서도 적용된다고 하였다. ⓛ의 '맨입[맨닙]'은 접사 '맨-'과 어근 '입'이 결합한 파생어로, 자음으로 끝난 말과 모음 'ㅣ'로 시작하는 말 사이에서 뒷말 초성에 'ㄴ'이 첨가되고 있으므로 'ㄴ' 첨가 현상(ⓐ)에 해당한다. 또한, ⓒ의 '눈요기[눈뇨기]'는 어근 '눈'과 어근 '요기'가 결합한 합성어로, 자음으로 끝난 말과 반모음 'j'로 시작하는 말 사이에서 뒷말 초성에 'ㄴ'이 첨가되고 있으므로 'ㄴ' 첨가 현상(ⓐ)에 해당한다. ⓔ의 '한여름[한녀름]'은 접사 '한-'과 어근 '여름'이 결합한 파생어로, 자음으로 끝난 말과 반모음 'j'로 시작하는 말 사이에서 뒷말 초성에 'ㄴ'이 첨가되고 있으므로 'ㄴ' 첨가 현상(ⓐ)에 해당한다.

한편, 윗글에서 사잇소리 현상으로서의 'ㄴ' 첨가(ⓑ)는 첨가되는 'ㄴ'의 위치가 앞말의 종성이며, 모음으로 끝난 앞말과 비음으로 시작하는 뒷말 사이에서 일어난다고 하였다. ㉠의 '툇마루[퇸:마루]'는 명사와 명사가 결합한 합성 명사이고 앞말의 종성에 'ㄴ'이 첨가된다는 점을 통해 사잇소리 현상으로서의 'ㄴ' 첨가(ⓑ)에 해당함을 알 수 있다. ㉡의 '뱃머리[밴머리]'는 명사와 명사가 결합한 합성 명사이며, 앞말의 종성에 'ㄴ'이 첨가된다는 점을 통해 사잇소리 현상으로서의 'ㄴ' 첨가(ⓑ)에 해당함을 알 수 있다. ㉢의 '잇몸[인몸]'은 명사와 명사가 결합한 합성 명사이고, 앞말의 종성에 'ㄴ'이 첨가된다는 점을 통해 사잇소리 현상으로서의 'ㄴ' 첨가(ⓑ)에 해당함을 알 수 있다.

36. ①
＊ 정답 해설
① '기와집[기와집]'은 '지붕을 기와로 인 집'이라는 단어의 뜻을 고려할 때, '도토리묵'과 마찬가지로 앞말이 뒷말의 재료가 됨을 나타내는 경우이므로, 사잇소리 현상이 적용되지 않는다.

＊ 오답 해설
② '불고기[불고기]'는 '살코기를 저며 불에 구운 음식'이라는 뜻을 고려할 때, 앞말이 뒷말의 수단을 나타내는 경우이므로, 사잇소리 현상이 적용되지 않는다. 한편, '물고기[물꼬기]'는 앞말이 뒷말의 장소가 됨을 나타내므로, 사잇소리 현상이 적용된다.
③ '물불[물불]'은 '물과 불을 아울러 이르는 말'이라는 뜻을 고려할 때, 앞말과 뒷말이 병렬적 관계를 형성함을 알 수 있다. 따라서 2문단에서 설명한 '비바람[비바람]'과 같이 사잇소리 현상이 적용되지 않는다.
④ '강줄기[강쭐기]'는 '강물이 뻗어 흐르는 선'이라는 뜻을 고려할 때, 앞말이 뒷말의 기원이 됨을 알 수 있다. 따라서 2문단에서 설명한 '밀가루[밀까루]'와 같이 사잇소리 현상이 적용된다.
⑤ '겨울비[겨울삐]'는 '겨울철에 오는 비'라는 뜻을 고려할 때, 앞말이 뒷말의 시간이 됨을 알 수 있다. 따라서 2문단에서 설명한 '어젯밤[어젠빰]'과 같이 사잇소리 현상이 적용된다.

37. ①
＊ 정답 해설
① (가)에서 '미틔'는 '밑 + 의'로 분석할 수 있는데, 중세 국어에서 일반적으로 무정 명사와 결합하는 관형격 조사는 '의'가 아니라 'ㅅ'의 형태이다. 또한 현대어 풀이를 고려하면 '미틔'가 '밑에'임을 알 수 있다. 이를 통해 해당 예문에서 쓰인 '의'는 관형격 조사가 아니라 체언 '밑'에 결합하여 부사어의 자격을 부여하는 부사격 조사임을 추론할 수 있다. 즉, (가)의 '의'는 앞말이 처소의 부사어임을 나타내는 부사격 조사이다.

＊ 오답 해설
② (나)에서 '업스니이다'는 '없- + -(으)니- + -이- + -다'로 분석할 수 있는데, 현대어 풀이를 고려하면 '업스니이다'가 상대를 아주 높이는 하십시오체 '없습니다'와 같이 해석됨을 알 수 있다. 즉, '-이-'는 상대 높임을 실현하는 선어말 어미임을 추론할 수 있다.
③ (다)에서 '부텨쯰'는 '부텨 + 쯰'로 분석할 수 있는데, 현대어 풀이를 고려하면 '부처께'와 같이 해석됨을 알 수 있다. 즉, '쯰'는 높임의 유정 체언에 결합하는 부사격 조사로, 객체를 높이는 현대 국어의 부사격 조사 '께'에 대응함을 추론할 수 있다.
④ (라)에서 '늙ᄂᆞ니라'는 '늙- + -ᄂᆞ- + -니라'로 분석할 수

있는데, 현대어 풀이를 고려하면 '늙는 것이다'와 같이 해석됨을 알 수 있다. 이때, '늙는'이 현재 시제를 나타내므로, '-ᄂ-'는 동사 어간에 결합해 현재 시제를 나타내는 선어말 어미로 쓰였음을 추론할 수 있다.

⑤ (마)에서 '귀예'는 '귀 + 예'로 분석할 수 있는데, 현대어 풀이를 고려하면 '귀예'가 '귀에'임을 알 수 있다. 즉, '예'는 현대 국어의 부사격 조사 '에'에 대응하는 중세 국어의 부사격 조사임을 추론할 수 있다. 이때, 중세 국어에서 부사격 조사는 결합하는 체언이 자음으로 끝나며 양성 모음을 가질 때는 '애', 음성 모음을 가질 때는 '에'의 형태로 실현되고, 체언이 'ㅣ'나 반모음 'j'로 끝나는 경우는 해당 예문과 같이 '예'의 형태로 실현된다. '귀'는 반모음 'j'로 끝난 체언이므로 부사격 조사 '예'가 결합한 것이다.

38. ③

＊ 정답 해설

ⓛ 직접 구성 요소는 어떤 단어를 직접 이루고 있는 두 부분으로 나누었을 때, 가장 먼저 나타나는 두 요소이다. '-음길'은 존재하지 않으므로 '얼음길'을 '얼-'과 '-음길'로 분석하는 것은 불가능하다. 따라서 '얼음길'의 직접 구성 요소는 '얼음'과 '길'이다. 이때 '얼음'과 '길'은 모두 명사 어근이므로 '얼음길'은 합성어에 속한다. 또한, '얼음'은 '얼다'의 어근 '얼-'에 명사 파생 접미사 '-음'이 결합한 파생어이다. 즉, '얼음길'은 합성어에 속하지만, '얼음길'의 직접 구성 요소 중에서 '얼음'은 파생어에 해당하므로, '얼음길'은 〈학습 활동〉에서 ⓒ로 분류되는 것이 적절하다.

ⓔ '불꽃놀이'를 '불'과 '꽃놀이' 또는 '불꽃놀-'과 '-이'로 분석하는 것은 의미적, 기능적으로 적절하지 않다. '불꽃놀이'는 일단 '불꽃'과 '놀이'의 두 부분으로 나뉘므로, 직접 구성 요소는 '불꽃'과 '놀이'라는 명사 어근이다. 즉, '불꽃놀이'는 합성어에 속한다. 그리고 '불꽃'을 다시 분석하면 '불'과 '꽃'이 결합한 합성어이고, '놀이'를 다시 분석하면 '놀다'의 어근 '놀-'과 명사 파생 접사 '-이'가 결합한 파생어임을 알 수 있다. 즉, '불꽃놀이'는 그 자체는 합성어이지만, 직접 구성 요소 중 하나가 파생어에 속한다. 따라서 〈학습 활동〉에서 '불꽃놀이'는 ⓒ로 분류되는 것이 적절하다.

＊ 오답 해설

ⓖ '비웃음'이라는 의미를 만들 수 있는 접두사 '비-'가 존재하지 않으므로, '비웃음'을 '비-'와 '웃음'으로 분석할 수 없다. 즉, '비웃음'은 직접 구성 요소 '비웃-'과 '-음'으로 분석되는데, 이는 '비웃다'의 어근 '비웃-'에 명사 파생 접미사 '-음'이 결합하는 구성이다. 즉, 직접 구성 요소 중에 접사가 있으므로 '비웃음'은 파생어이다. 따라서 〈학습 활동〉에서 '비웃음'은 ⓐ로 분류되는 것이 적절하다.

ⓒ '눈송'은 존재하지 않으므로 '눈송이'를 '눈송'과 '-이'로 분석하는 것은 불가능하다. '눈송이'는 합성어로서 그 직접 구성 요소는 '눈'과 '송이'임을 알 수 있다. 또 '송이'는 '송'

과 '-이'의 결합이 아니라 '송이' 자체로 명사 어근이다. 따라서 〈학습 활동〉에서 '눈송이'는 ⓑ로 분류되는 것이 적절하다.

ⓜ '닭고기덮밥'은 '닭고기'와 '덮밥'으로 나뉘는데, '닭고기'와 '덮밥'은 모두 명사 어근이므로 '닭고기덮밥'은 합성어에 해당한다. 그리고 '닭고기덮밥'의 직접 구성 요소 두 개를 다시 분석할 경우, '닭+고기'와 '덮-+밥'이므로 둘 다 합성어이다. 따라서 〈학습 활동〉에서 '닭고기덮밥'은 ⓑ로 분류되는 것이 적절하다.

39. ④

＊ 정답 해설

④ 〈보기〉에서 능동문의 주어는 피동문의 부사어로 바뀌고, 능동문의 목적어는 피동문의 주어로 바뀐다고 하였으므로 ⓓ를 피동문으로 바꾸면, '우리 가족이 밤새도록 모기 한 마리에게 물렸다.'가 된다. 이처럼 능동문에서 목적어였던 '우리 가족'이 피동문에서는 주어가 되고, 능동문에서 주어였던 '모기 한 마리'가 피동문의 부사어가 된다. 즉, 능동문인 ⓓ는 피동문으로 바꾸었을 때 의지나 의도를 가질 수 없는 무정물이 주어로 바뀌는 경우가 아니므로, 대응하는 피동문을 설정할 수 있다.

＊ 오답 해설

① ⓐ를 '＊동생에게 화를 낸 일을 마음이 걸다.'와 같은 능동문으로 바꾸면 어색한 문장이 된다. 이는 '마음에 걸리다'는 주체의 행동에 의한 상황이 아니기 때문이다. 참고로, ⓐ의 '걸리다'는 '어떤 물체가 떨어지지 않고 벽이나 못 따위에 매달리다.'라는 뜻의 피동사 '걸리다'와 같은 단어이다. 따라서 단어 형성 시에 피동 접사가 결합한 것은 맞지만, '눈이나 마음 따위에 만족스럽지 않고 언짢다.'라는 의미로 쓰여 피동의 의미에서 멀어진 경우이다.

② ⓑ를 '＊어제는 추웠는데 오늘은 (누가) 날씨를 풀었다.'와 같은 능동문으로 바꾸면 어색한 문장이 된다. 이는 '날씨가 풀리다'는 주체의 의도가 개입할 수 없는 자연적인 상황 변화를 나타내기 때문이다. 참고로, ⓑ의 '풀리다'는 '묶이거나 감기거나 얽히거나 합쳐진 것 따위가 그렇지 아니한 상태로 되다.'라는 뜻의 피동사 '풀리다'와 같은 단어이다. 따라서 단어 형성 시에 피동 접사가 결합한 것은 맞지만, '춥던 날씨가 누그러지다.'라는 의미로 쓰여 피동의 의미에서 멀어진 경우이다.

③ ⓒ를 피동문으로 바꾸면, '＊집 앞 공원을 청소하여 칭찬이 그에게 들렸다.'와 같이 적절하지 않은 문장이 된다. ⓒ에서 '칭찬을 듣다'라는 행위 자체의 의미가 피동적이므로, 피동문으로 바꾸어 쓰면 어색해지는 것이다. 물론 '칭찬이 들리다'라는 표현을 때에 따라 사용할 수도 있지만, 이는 칭찬의 내용을 담은 소리가 물리적으로 전달되었다는 의미로 해석하는 것이 자연스럽고, 본래 능동문에 대응하는 의미의 피동문으로 보기는 어렵다. 즉, ⓒ는 행위 자체가 이미 피동적인 경우이므로, 대응하는 피동문을 설정하기

어렵다.

⑤ ⓔ를 피동문으로 바꾸면, '*유치원에서 색종이가 그 아이에게 열심히 뜯겼다.'와 같이 적절하지 않은 문장이 된다. 능동문의 목적어였던 '색종이'가 피동문에서 주어가 되면서 주체의 의지를 나타내는 부사어 '열심히'와 함께 쓰이는데, 의지를 가질 수 없는 주어가 의지를 갖는다는 뜻이되어 어색한 문장이 되기 때문이다. 즉, ⓔ는 피동문으로 만들 경우 주어와 부사어가 호응이 되지 않는 경우이므로, 그에 대응하는 피동문을 설정하기 어렵다.

40. ①
* 정답 해설
① (가)의 [화면 1]에서 동영상 플랫폼이 '사용자가 좋아할 만한 동영상' 기능을 통해서 사용자의 취향을 반영하여 콘텐츠를 추천해 주고 있음을 알 수 있다. 이는 수용자가 정보를 효율적으로 얻을 수 있도록 할 것이므로 선지의 내용은 적절하다.

* 오답 해설
② (나)는 휴대 전화 메신저에서 이루어진 대화로, '현주', '하준', '고은', '진혁'과 같이 실명을 바탕으로 대화가 이루어지고 있다. 또한 이때 대화 참여자는 모두 '요리연구반'에 소속된 구성원으로, 불특정 다수가 아니다.
③ (가)에서는 '전통지키미', '한식대장', '역사를 알자', '한국방송국' 등 다양한 정보 생산자가 정보를 생산하고 있다. 한편 (나)에서도 마찬가지로 대화에 참여하는 모두가 정보 생산자의 역할을 하고 있으므로 '(나)와 달리'라는 표현은 적절하지 않다.
④ (나)에서는 '하준'이 시청각을 모두 활용하여 정보를 전달하는 동영상을 다른 대화 참여자에게 공유하고 있다. 한편 (가)는 동영상 플랫폼으로, 동영상은 보편적으로 시청각을 모두 활용하여 정보를 전달한다. 따라서 '(가)와 달리'라는 표현은 적절하지 않다.
⑤ (가)의 [화면 2]를 보면, (가)에서는 댓글을 통해 수용자의 반응을 확인할 수 있다. 그러나 해당 영상은 3년 전에 올라온 영상이고, 댓글은 '2일 전', '1주 전'에 작성된 것이라는 점에서 (가)의 정보 생산자가 수용자의 반응을 정보 생산 중에 확인할 수 있는지는 본문을 통해서는 알 수 없다. 한편 (나)는 휴대 전화 메신저에서 이루어진 대화로, 대화 참여자는 서로 즉각적으로 소통하여 정보 생산 과정에서 반응을 확인할 수 있으므로 인쇄 매체에 비해 수용자의 만족도가 높게 나타날 수 있을 것이다.

41. ④
* 정답 해설
④ ⓛ에서 '으로'는 '움직임의 방향을 나타내는 격 조사'이다. 여기서 '으로'는 인도의 공주가 시집을 간 장소가 가야국임을 나타내기 위해 사용되었다. 또한 이 문장에서는 인도의 공주가 우리나라에 차를 가지고 오게 된 이유를 밝히

고 있지 않다.

* 오답 해설
① ㉠에서 '그'는 '앞에서 이미 이야기하였거나 듣는 이가 생각하고 있는 대상을 가리키는 지시 대명사'이다. 이때 '그'는 앞에서 언급한 '차'를 가리키는 것으로 보는 것이 자연스럽다.
② '발자취'는 '지나온 과거의 역정을 비유적으로 이르는 말'이다. ㉠에서 '발자취'는 차에 관한 천 년의 역사를 비유하는 표현이므로 선지의 내용은 적절하다.
③ '-면서'는 '두 가지 이상의 움직이나 사태 따위가 동시에 겸하여 있음을 나타내는 연결 어미'이다. ㉡에서 '-면서'는 우리나라에 차가 들어오게 된 것이 인도의 공주가 가야국으로 시집을 오는 것과 동시에 벌어진 일임을 보여 주기 위해 사용되었다. 즉, 차가 우리나라에 들어오게 된 사건을 드러내므로 선지의 내용은 적절하다.
⑤ '그런데'는 '화제를 앞의 내용과 관련시키면서 다른 방향으로 이끌어 나갈 때 쓰는 접속 부사'이다. ㉢에서 '그런데'는 유밀과라는 화제를 유지하면서 유밀과가 한때는 금지 식품으로 여겨지기도 했다는 새로운 사실을 언급하기 위해 사용된 것이므로 선지의 내용은 적절하다.

42. ①
* 정답 해설
① '하준'은 '너네 혹시 이 동영상 봤어? 한국방송국에서 올린 건데...' 이후에 동영상의 하이퍼링크를 첨부하고 있다. 동영상의 하이퍼링크는 다른 대화 참여자가 바로 동영상 주소로 이동하여 정보를 빠른 시간에 얻을 수 있도록 하므로 선지의 내용은 적절하다.

* 오답 해설
② '하준'이 동영상을 공유하자, '보는 중'이라는 글씨와 무언가를 보고 있는 부엉이 그림이 병렬된 이모티콘을 활용하여 자신의 상태를 드러낸 사람은 '고은'이므로 '하준'의 행위를 드러내었다는 내용은 적절하지 않다.
③ '진혁'은 '포스터에는 약도를 넣어 주는 게 좋겠어.'라고 말하면서 행사 장소의 약도를 다른 대화 참여자에게 공유하고 있다. 이를 '진혁'의 현재 위치라고 보기는 어려우므로 선지의 내용은 적절하지 않다.
④ '하준'은 메신저 내부의 웹 검색 기능을 이용해 '유밀과 역사'를 검색하고 그 결과를 다른 대화 참여자에게 공유하고 있다. 이는 외부 정보를 새로 검색하여 공유한 것이므로, 이전에 나누었던 정보를 다시 공유했다고 볼 수 없다.
⑤ '현주'는 포스터를 만든 뒤에 '여기 파일함에 올려 둘' 것을 예고하고 있다. 그러나 현재 '현주'가 자료를 이미 파일함에 올린 것은 아니므로 선지의 내용은 적절하지 않다.

43. ④
* 정답 해설
④ (나)에서 '고은'은 '유밀과를 다양한 모양으로 만들 수 있다는 것도 알려 주면 학생들의 참여율이 더 높아질 것 같아.'라고 말하고 있다. 포스터에서는 이를 반영하여 다양한 틀의 그림을 제시하고 '다양한 모양 틀이 준비되어 있어요!'라는 문구를 제시하고 있다. 그러나 포스터에서의 유밀과 그림은 동그란 형태로만 제시되고 있을 뿐 다양한 형태로 제시되고 있지 않으므로 적절하지 않다.

* 오답 해설
① (나)에서 '하준'은 '일단 꼭 들어가야 할 내용은 요리 교실이 열리는 시간과 장소겠지!'라고 말하고 있다. 포스터에서는 '언제 열리나요?', '어디서 열리나요?'라는 질문에 대답하는 대화 형식을 취하여 이를 제시하고 있다.
② (나)에서 '현주'는 '아니면 우리도 동영상 플랫폼에 학교에서 공유 주방까지 가는 길을 찍어서 올리는 건 어때? QR 코드에 그 링크를 연결하는 거지.'라고 말하고 있다. 포스터에서는 이를 반영하여 '찾아오는 길'에 QR 코드를 제시하고 있으며, 이 QR 코드가 학교에서 행사 장소인 공유 주방으로 가는 길을 찍은 동영상으로 연결됨을 언급하고 있다.
③ (나)에서 '진혁'은 '하준'이 공유한 〈고려사〉의 기록에 대해 '오, 포스터에 이 문구를 적으면 학생들이 유밀과에 더욱 흥미를 가지겠는데!?'라고 대답하고 있다. 포스터에서는 이를 반영하여 〈고려사〉의 해당 문구를 인용하고 있다.
⑤ (나)에서 '고은'은 '포스터에 모든 정보를 담을 순 없으니, 문의를 받을 수 있는 연락처를 기재하자.'라고 말하고 있다. 포스터에서는 이를 반영하여 '문의 사항은 3학년 진고은 010-XXXX-XXXX로 연락 주세요♥'라는 문구를 기재하였다.

44. ④
* 정답 해설
④ ㉣에서 수용자는 기사의 생산자가 작성한 다른 기사로 이동할 수도 있으며, 현재 다른 수용자가 많이 보고 있는 기사로 이동할 수도 있다. 그러나 '기사의 작성자'와 '현재 조회수'라는 기준으로 기사의 신뢰도를 판단하기는 어렵다.

* 오답 해설
① ㉠에서 '○○일보'를 대표하는 문구가 '청소년이 쓰는 청소년을 위한 기사'임을 알 수 있다. 이는 '○○일보'가 청소년이라는 특정 계층의 목소리를 대변하는 언론임을 보여 주므로 선지의 내용은 적절하다.
② ㉡에서는 '○○일보'의 기사가 '최신기사', '정치', '사회', '교육', '인권', '문화'로 분류되어 있음을 확인할 수 있다. 이때 수용자는 ㉡을 통해 '○○일보'에서 발행한 기사를 주제별로 쉽게 찾아볼 수 있을 것이므로 선지의 내용은

적절하다.
③ ㉢에서는 기사에 대한 수용자의 반응을 확인할 수 있다. 수용자는 '흥미진진', '슬퍼요', '후속필요' 중 하나를 선택해 기사에 대한 반응을 표출할 수 있다. 특히 '후속필요'는 수용자가 다음 기사가 생산되는 데 어느 정도 영향을 미칠 수 있음을 보여 주므로 선지의 내용은 적절하다.
⑤ ㉤에서는 '샤랄라'의 질문에 '에버그린'이 다른 기사의 하이퍼링크를 제공하고 있다. 이를 통해 기사의 수용자끼리 상호 소통하면서 기사에 관한 정보를 확장하고 있음을 확인할 수 있다.

45. ③
* 정답 해설
③ '냉면사랑'은 '최근 OTT를 중심으로 한국 콘텐츠가 세계에서 많은 사랑을 받고 있'다면서 한국 콘텐츠의 위상을 밝히고 있다. 또한 이를 바탕으로 '우리나라 청소년도 그 콘텐츠를 자유롭게 즐길 권리가 있어야 한다'고 말하면서 정책을 비판하고 있다. 그러나 '냉면사랑'이 OTT 외의 매체에 대한 규제를 강화할 것을 제안하고 있지는 않다.

* 오답 해설
① '샤랄라'는 정책의 시행으로 인해 '청소년을 위한 콘텐츠 위축'이 나타날 수 있음을 언급하며, 정책의 위험성을 경고하고 있다.
② '코난도일'은 '청소년 시기는 성인 사회로 나가기 전에 판단력과 자율성을 길러야 할 때'라며 청소년 시기의 특징을 언급하고, '정책이 오히려 이를 방해하는 것으로 보'인다고 말하면서 정책의 부정적 영향을 언급하고 있다. 이는 정책이 청소년의 성숙(몸과 마음이 자라서 어른스럽게 됨.)을 저해할 수 있음을 우려하는 것으로 볼 수 있다.
④ '스핑크스'는 '저희 부모님은 안 그래도 OTT가 학업에 방해가 된다고 말씀하시던데'에서 자신의 경험을 언급하고, '이런 정책까지 있으면 앞으로 OTT 가입은 절대 못 하겠'다면서 정책 시행 후 발생할 상황을 예측하고 있다.
⑤ '에버그린'은 '다른 기사를 보니까'라며 다른 매체 자료에서 얻은 정보를 언급할 것임을 밝히고, 해당 정책의 입법 예고 기간까지 시간이 남았음을 말하고 있다. 또한 이를 바탕으로 '아직 협의할 시간이 많이 남았으니까 미리 열낼 필요는 없는 것 같'다고 말하고 있다. 이는 청소년의 OTT 가입에 제재가 가해진다는 내용에 다른 사용자들이 부정적으로 반응하는 것을 보고, 논의가 과열되는 것을 막기 위한 발언이라고 볼 수 있다.

[언어와 매체]

35	②	36	⑤	37	②	38	①	39	②
40	④	41	⑤	42	④	43	①	44	③
45	①								

35. ②

* 정답 해설

② 3문단에 따르면, 음절 구조 제약(ⓒ)에 따라 국어의 종성에 올 수 있는 자음은 7가지 종류 중 1개로 제한된다. 이를 고려할 때, 선지의 '부엌+만 → [부엉만]'에서 'ㅋ'은 음절 구조 제약에 따라 음절의 끝소리 규칙이 일어나 'ㄱ'으로 교체되는 것임을 확인할 수 있다. 이때 교체된 'ㄱ'은 비음 'ㅁ' 앞에서 'ㅁ'과 같은 조음 방법의 비음 'ㅇ'으로 한 번 더 교체된다. 즉, 여기서 ⓒ에 따른 음운 변동은 'ㅋ'이 곧바로 'ㅇ'으로 교체되는 것이 아니라, 'ㅋ'이 'ㄱ'으로 교체되는 것이다.

* 오답 해설

① 2문단에 따르면, 'ㄹ' 탈락은 'ㄹ' 뒤에는 'ㄴ'이 올 수 없다는 음소 배열 제약(ㄱ)에 따라 일어난다. 이를 고려할 때, 선지의 '알+는 → [아는]'에서는 'ㄹ' 뒤에 'ㄴ'이 오는 상황에서 'ㄹ'이 탈락하고 있음을 확인할 수 있다.

③ 2문단에 따르면, 음소 배열 제약(ㄱ)에 의해 평파열음 뒤에는 파열음, 파찰음, 마찰음과 같은 평장애음이 올 수 없다. 이 제약을 어기는 형태가 제시되면, 후행하는 평장애음이 된소리로 바뀌는 음운 변동이 적용된다. 이를 고려할 때, 선지의 '국+밥 → [국빱]'에서는 평파열음 'ㄱ'과 평장애음 'ㅂ'이 만나 후행하는 'ㅂ'이 된소리 'ㅃ'으로 교체되는 된소리되기가 일어난 것임을 확인할 수 있다.

④ 2문단에 따르면, 경구개음 뒤에 반모음 'ㅣ'가 올 수 없는 것도 음소 배열 제약(ㄱ)에 따른 것이다. 이를 고려할 때, 선지의 '지+어서 → [져서] → [저서]'를 보면, 경구개음 'ㅈ'이 반모음 'ㅣ'와 함께 쓰일 수 없다는 ㄱ에 따라 반모음 'ㅣ'가 탈락하여 [져서]가 아니라 [저서]로 발음되고 있음을 확인할 수 있다.

⑤ 3문단에 따르면, 음절 구조 제약(ⓒ)에 의해 종성에 올 수 있는 자음은 7가지 종류 중 1개로 제한되는데, 이러한 국어의 제약은 외국어에서 유래한 외래어의 발음에도 적용된다. 이를 고려할 때, 영어 'hint'가 우리말에 수용될 때 '[힌ㅌ]'와 같은 형태로 발음되지 않고, 음절 종성에 자음이 1개만 올 수 있도록 모음 'ㅡ'를 삽입하여 '힌트[힌트]'

와 같이 발음되는 것임을 확인할 수 있다.

36. ⑤

* 정답 해설

⑤ 3문단에 따르면, 현대 국어의 음절 구조 제약으로 인해 받침소리 'ㅇ'은 초성 자리에 오지 못한다. 하지만 4문단에 따르면 중세 국어에서는 초성에 연구개 비음 'ㆁ'이 올 수 있었다. 또한 4문단에 따라 중세 국어에서 단어를 소리 나는 대로 이어 적었음을 고려할 때, ⓔ의 '몰애'를 '모래'로 이어 적지 않은 것은 현대 국어와 달리 중세 국어에서는 두 번째 음절의 초성 자리에 오는 'ㅇ'이 연구개 비음이라는 음가(소릿값)를 지니고 있었음을 보여 준다. 따라서 중세 국어는 현대 국어와 달리 연구개 비음 'ㆁ'이 초성에서 발음될 수 있었음을 추론할 수 있다.

* 오답 해설

① 4문단에 따르면, 중세 국어에서는 초성에 두 개 이상의 자음군이 올 수 있었다. 또한, 중세 국어에서 단어를 소리 나는 대로 이어 적었음을 고려할 때, ⓐ의 'ᄢᅳᆮ'은 중세 국어가 현대 국어와 달리 초성에 어두 자음군을 설정하고, 적은 그대로의 소리로 발음하였음을 추론할 수 있다. 하지만 'ᄢᅳᆮ'은 초성에 자음이 3개까지 오고 있으므로, 중세 국어의 어두 자음군에서 초성에 자음이 2개까지 발음될 수 있다는 선지의 진술은 적절하지 않다.

② 3문단에 따르면, 현대 국어에서는 종성에 올 수 있는 자음을 7가지 종류 중 1개로 제한한다. 한편, 4문단에 따르면, 중세 국어에서는 음절 종성에서 발음할 수 있는 자음의 종류가 현대 국어와 달리 'ㄱ, ㄴ, ㄷ, ㄹ, ㅁ, ㅂ, ㅇ, ㅅ'의 8개로 제한되었다. 또한 4문단에 따라 중세 국어에서 단어를 소리 나는 대로 이어 적었음을 고려할 때, ⓑ의 '스ᄆᆞᆺ디'는 원형이 아닌 '스ᄆᆞᆺ디'로 표기되었다는 점에서, 중세 국어에서 'ㅊ'을 음절 종성에서 발음할 수 없기 때문이라고 추론할 수 있다. 즉, 중세 국어에서 종성에 오는 자음의 종류가 제한된 것은 맞으나, 현대 국어와 같이 7가지 종류로 제한되는 것은 아니다.

③ 1문단에 따르면, 국어에서 'ㄹ'이 단어의 어두에 올 수 없거나, 단어의 어두에서 'ㄴ'이 모음 'ㅣ'나 반모음 'ㅣ'와 함께 쓰일 수 없는 것은 단어 구조 제약 때문이다. 그런데 4문단을 보면, 중세 국어의 경우 두음 법칙이 적용되지 않아 단어의 어두에 'ㄹ'이나 'ㄴ'이 사용되었다고 하였다. 이를 고려할 때, ⓒ에서 '녀름'의 현대어 풀이가 '여름'인 것을 보면, 중세 국어에서는 현대 국어와 달리 어두에서 'ㄴ'이 반모음 'ㅣ'와 함께 올 수 있었음을 확인할 수 있다. 따라서 '현대 국어와 같이'라는 선지의 진술은 적절하지

않다.

④ ⓓ를 보면 중세 국어 '묽도다'가 현대 국어 '맑도다'로 풀이되어 있다. 즉, 표기상으로는 중세 국어와 현대 국어 모두 그 종성에 'ㄺ'이 적혀 있다. 그런데 4문단에 따르면 중세 국어에서는 단어를 소리 나는 대로 이어 적었으며, 음절 종성에서 자음이 2개까지 발음될 수 있었다고 하였다. 따라서 ⓓ의 '묽도다'는 '맑-[막-]'처럼 음절 종성에서 한 개의 자음만 발음될 수 있는 현대 국어와 달리, 음절 종성에서 'ㄺ'의 자음군이 모두 발음되었으리라고 추론할 수 있다.

37. ②

＊ 정답 해설

② '잠겨서'는 '잠그- + -이- + -어서'로 분석된다. 이때, '잠그-'는 반드시 어미와 함께 쓰이는 용언 어간이므로, 실질 형태소이자 의존 형태소이다. '-이-'는 피동의 뜻을 더하는 피동 접미사이므로, 형식 형태소이자 의존 형태소이다. '-어서'는 원인을 나타내는 연결 어미로, 형식 형태소이자 의존 형태소이다. 따라서 '잠겨서'는 의존 형태소 세 개(잠그-, -이-, -어서)로 분석되므로, 제시된 선지는 적절하다.

＊ 오답 해설

① '퍼'는 '푸- + -어'로 분석된다. 이때, '푸-'는 반드시 어미와 함께 쓰이는 용언 어간이므로, 실질 형태소이자 의존 형태소이다. '-어'는 시간상의 선후 관계를 나타내거나 방법 따위를 나타내는 연결 어미로, 형식 형태소이자 의존 형태소이다. 참고로, '푸다'의 어간 '푸-'는 어미 '-어'와 결합할 때, 어간의 모음 'ㅜ'가 탈락하는 'ㅜ' 불규칙 활용이 나타난다. 따라서 '퍼'는 실질 형태소 한 개(푸-)와 형식 형태소 한 개(-어)로 분석된다.

③ '단팥죽'은 '달- + -ㄴ + 팥 + 죽'으로 분석된다. 이때, '달-'은 반드시 어미와 함께 쓰이는 용언 어간이므로, 실질 형태소이자 의존 형태소이다. '-ㄴ'은 관형사형 어미로, 형식 형태소이자 의존 형태소이다. 참고로, '달- + -ㄴ'과 같이 'ㄹ'로 끝나는 용언 어간에 'ㄴ, ㅂ, ㅅ, ㅗ'로 시작하는 어미가 결합할 때, 어간의 'ㄹ'이 탈락하는 현상이 일어난다. '팥', '죽'은 모두 체언에 해당하므로, 실질 형태소이자 자립 형태소이다. 따라서 '단팥죽'은 자립 형태소 두 개(팥, 죽)와 의존 형태소 두 개(달-, -ㄴ)로 분석된다.

④ '달맞이꽃'은 '달 + 맞- + -이 + 꽃'으로 분석된다. 이때, '달', '꽃'은 모두 체언에 해당하므로, 실질 형태소이자 자립 형태소이다. '맞-'은 반드시 어미와 함께 쓰이는 용언 어간이므로 실질 형태소이자 의존 형태소이고, '-이'는 어근에 결합해 명사를 파생하는 접사이므로 형식 형태소이자 의존 형태소에 해당한다. 따라서 '달맞이꽃'은 자립 형태소 두 개(달, 꽃)와 의존 형태소 두 개(맞-, -이)로 분석된다.

⑤ '토라졌던'은 '토라지- + -었- + -던'으로 분석된다. 이때, '토라지-'는 반드시 어미와 함께 쓰이는 용언 어간이므로,

실질 형태소이자 의존 형태소이다. '-었-'은 과거 시제를 나타내는 선어말 어미로 형식 형태소이자 의존 형태소이다. 그리고 '-던'은 과거 회상을 나타내는 관형사형 어미로 형식 형태소이자 의존 형태소이다. 따라서 '토라졌던'은 실질 형태소 한 개(토라지-)와 형식 형태소 두 개(-었-, -던)로 분석된다.

38. ①

＊ 정답 해설

① ㉠에서는 국어의 사동 표현이 주동문의 서술어에 사동 접미사가 결합하는 파생적 방식으로 형성될 수 있음을 설명하고 있다. 이때 '날린(다)'는 서술어 '날다'의 어근 '날-'에 피동 접미사 '-리-'와 현재 시제 선어말 어미 '-ㄴ-'이 결합한 것으로, 문장의 주체인 '먼지'가 바람이나 힘의 작용에 의해 공중에 떠서 어떤 위치에서 다른 위치로 움직여진다는 의미를 나타낸다. 즉, 선지의 문장은 주체가 객체에게 특정 행위를 하게 만드는 의미의 사동문이 아니라, 주체인 '먼지'가 '날다'의 행위를 당한다는 의미의 피동문에 해당한다. 참고로, '날다'의 사동사 '날리다'는 '모형 비행기를 옥상에서 공중에 날렸다.'와 같은 용례로 쓰인다.

＊ 오답 해설

② ㉡에서는 국어의 사동 표현이 어간에 '-게 하다'가 결합하는 통사적 방식으로 형성될 수 있음을 설명하고 있다. 제시된 예문은 주체 '선생님'이 '우리'로 하여금 책을 읽는 행위를 시키고 있으므로, 사동문이라고 볼 수 있다. 즉, '읽게 하다'는 용언 어간 '읽-'에 '-게 하다'가 결합된 통사적 방식의 사동 표현임을 알 수 있다.

③ ㉢에서는 파생적 사동이 일반적으로 직접 사동과 간접 사동의 의미를 모두 지닐 수 있는 중의성이 있음을 설명하고 있다. '입혔(다)'는 동사 어근 '입-'에 사동 접미사 '-히-'와 과거 시제 선어말 어미 '-었-'이 결합한 것이다. 이는 누나가 직접 동생에게 옷을 입혀 준 직접 사동의 의미와, 누나가 동생에게 옷을 입으라고 지시하거나 명령한 간접 사동의 의미로 모두 해석할 수 있다.

④ ㉣에서는 사동사가 쓰였더라도 사동 표현에서 행위를 하는 객체인 피사동주가 무정물일 때는 통사적 방식이 아니라 사동 접미사가 결합한 파생적 사동 표현만이 가능하며 대응하는 주동문이 설정되기 어려움을 설명하고 있다. '남겼(다)'는 동사 어근 '남-'에 사동 접미사 '-기-'와 과거 시제 선어말 어미 '-었-'이 결합한 것이다. 여기서 다른 주어에 의해 행위를 하게 되는 피사동주는 '재산'으로, 이는 무정물 명사에 해당하므로 '*재산이 남다.'와 같이 대응하는 주동문이 설정되기 어려움을 알 수 있다. 또한, '*아버지는 형에게 많은 재산을 유산으로 남게 했다.'와 같이 '-게 하다'를 활용한 통사적 사동문도 설정되기 어렵다.

⑤ ㉤에서는 사동문의 표현이 관용적인 의미로 쓰이는 경우 대응하는 주동문을 설정하기 어려움을 설명하고 있다. 이때, 제시된 예문에서 '붉혔(다)'는 형용사 어근 '붉-'에 사

동 접미사 '-히-'와 과거 시제 선어말 어미 '-었-'이 결합한 것으로 분석할 수 있다. 그러나 사동 접미사가 결합하였어도 '낯을 붉혔다.'는 관용적으로 '부끄럽거나 성이 나다.'라는 의미를 나타내므로, '*낯이 붉다.'와 같이 대응하는 주동문을 설정하기 어렵다.

39. ②
＊ 정답 해설
② 〈보기〉에 따르면, 외래어 표기법 제2항에서는 외래어의 1 음운은 원칙적으로 1 기호로 적는다고 하였다. 선지에서 제시된 영어 음운 'sh[ʃ]'는 한국어에 존재하지 않는 소리이므로, 그와 비슷한 'ㅅ' 소리로 옮겨 적는 것은 〈보기〉의 선생님의 설명 및 외래어 표기의 기본 원칙에 부합한다. 그런데 〈보기〉에서는 영어의 'sh[ʃ]'가 우리말에서는 'ㅣ'라는 모음 앞에 위치하기 때문에 '쉬'가 아니라 '시'로 표기됨을 설명하였다. 이를 고려할 때, 'membership'에서도 'sh[ʃ]' 다음에 모음 'ㅣ'가 오므로, 'ship'은 '쉽'이 아니라 '십'과 같은 형태로 적어야 함을 추론할 수 있다.

＊ 오답 해설
① 외국어와 국어의 음운 체계는 서로 다르며 영어의 [f]는 우리말에는 없는 소리이다. 외국어를 수용할 땐 국어의 표기 원칙에 맞게 변환해야 한다는 〈보기〉의 설명을 고려할 때, 제1항에 따라 [f]를 표기하기 위한 새로운 음운을 만들지 않고 그와 유사한 'ㅍ'으로 옮겨 '파이팅'으로 적는 것은 적절하다.
③ 'racket'에서 마지막 소리 't'를 'ㅅ'으로 적는 것은, 〈보기〉에서 학생이 '로봇'에 대하여 물은 것과 같은 사례이다. 즉, '라켓을[라케슬]'은 모음 앞에서 연음되는 받침소리가 'ㅅ'이므로 제3항에 제시된 받침 중에서 'ㅅ'을 사용해 'racket'의 종성을 적어야 함을 추론할 수 있다.
④ 〈보기〉에 따르면, 외래어 표기법 제4항은 파열음 표기에 된소리를 쓰지 않는 것을 원칙으로 한다. 즉, 선지의 진술처럼 프랑스어 'Paris'가 '빠리'와 비슷하게 들린다고 하더라도, 〈보기〉의 제4항을 고려하여 '파리'로 적어야 하는 것이다.
⑤ 〈보기〉에 따르면, 외래어 표기법 제5항은 이미 굳어진 외래어는 관용을 존중한다고 하였다. '빵'의 경우, 본래 포르투갈어 'pão'가 일본을 거쳐 우리나라로 들어온 말이다. 현재 외래어 표기법에 따르면 '팡'으로 적어야하지만 '빵'은 사람들에게 외래어임이 잘 인식되지 않을 정도로 우리말처럼 쓰인 지 오래된 경우이다. 그러므로 〈보기〉의 제4항을 따르지 않고 예외적으로 된소리를 사용해, 제5항에 따라 '빵'으로 적는 것이다.

40. ④
＊ 정답 해설
④ ㄹ에서는 뉴스의 시청자 중 10~20대의 비율이 늘어났음을 보여 주기 위해 원그래프를 활용하고 있다. 그런데 여

기서는 10~20대의 시청자 유입을 부각하기 위해 해당 연령층의 증가를 구체적으로 시각화하고 있을 뿐, 다른 연령층의 감소나 증가에 대해서는 언급하고 있지 않다. 또한 숏폼 뉴스의 조회수가 전체적으로 늘어났기 때문에 해당 자료만으로는 특정 연령층의 시청자 수가 감소했다는 내용을 도출하기는 어렵다.

＊ 오답 해설
① ㄱ에서는 뉴스를 시작하면서 뉴스의 표제를 제시하고 있다. 이때 '열풍'은 '매우 세차게 일어나는 기운이나 기세를 비유적으로 이르는 말.'로, 중심 화제인 숏폼 뉴스에 대한 시청자의 흥미를 유도하기 위해 사용된 비유적 표현이다.
② ㄴ에서는 Z세대에 대한 분석을 문자로 제시하고 있다. 이때 효율적인 콘텐츠 소비를 선호하는 Z세대의 특징을 언급하고 있으며, 화살표를 통해 그 인과 관계를 나타냄으로써 기자의 발화 내용을 시청자가 더 쉽게 이해할 수 있도록 하고 있다.
③ ㄷ에서는 Z세대의 특징을 설명하는 화면에서 한△△의 사진을 제시한 이유를 밝히기 위해 해당 배우가 'Z세대를 대표하는 배우'라는 설명을 삽입함으로써 사진과 뉴스 내용 간의 관련성을 보여 주고 있다.
⑤ ㅁ에서는 관계자의 발화를 자막으로 제시하고 있다. 이때 실제 관계자가 "저,", "그,"를 사용하여 매끄럽지 않은 발화를 하고 있음에도 자막은 이를 정리된 형태로 명료하게 제시하고 있는데, 이는 관계자가 발화하는 내용의 의미를 정확하게 전달하기 위한 것으로 볼 수 있다.

41. ⑤
＊ 정답 해설
⑤ ⓔ의 '-을지'는 '추측에 대한 막연한 의문이 있는 채로 그것을 뒤 절의 사실이나 판단과 관련시키는 데 쓰는 연결 어미'이다. 이때 '-을지'는 막연한 의문을 나타내는 것이므로 '-을지'가 숏폼 뉴스가 Z세대에 미칠 영향에 관한 확신을 드러낸다는 내용은 적절하지 않다.

＊ 오답 해설
① ⓐ의 '와'는 '일 따위를 함께 함을 나타내는 격 조사'이다. 이때 '와'는 이야기를 나눌 대상인 박□□ 기자를 시청자에게 소개하기 위해 사용되었다.
② ⓑ의 '따라서'는 '앞에서 말한 일이 뒤에서 말할 일의 원인, 이유, 근거가 됨을 나타내는 접속 부사'이다. 이때 '따라서'는 앞에서 설명한 Z세대의 특성이 Z세대가 콘텐츠를 효율적으로 소비하기를 선호하는 원인임을 드러내기 위해 사용하였다.
③ ⓒ의 '저희'는 '우리'의 낮춤말이다. 이때 기자는 본인이 속한 ◇◇ 방송국을 낮춰 말함으로써 상대적으로 방송을 시청하는 시청자를 높이는 뜻을 밝히고 있다.
④ ⓓ의 '부터'는 '어떤 일이나 상태 따위와 관련된 범위의 시작임을 나타내는 보조사'이다. 이때 '부터'는 ◇◇에서

숏폼 뉴스를 올리기 시작한 시점이 작년 7월임을 나타내기 위해 사용하였다.

42. ④

* 정답 해설

④ 학생 4는 '얼마 전에 TV에서 숏폼 시청이 청소년의 문해력 저하의 원인이 된다는 얘기가 나왔어.'에서 숏폼의 부정적인 면을 지적한 매체를 언급하고 있다. 그러나 학생 4는 '솔직히 숏폼에서 우리가 맥락을 이해하는 능력을 기르기는 어렵다고 봐.'라며 숏폼의 부정적인 면에 대한 우려에 동의할 뿐, 전통 매체가 문해력 상승에 도움이 된다고 판단하고 있지는 않다.

* 오답 해설

① 학생 1은 숏폼 뉴스가 '중요한 이슈가 무엇인지 점검할 수 있다는 점에서 유용하다고 생각'한다. 이는 숏폼 뉴스가 수용자에게 현재 사회적으로 중요한 이슈가 무엇인지 알려 줄 수 있다는 점에서 유용하다고 판단한 것으로 볼 수 있다.

② 학생 2는 '숏폼 뉴스가 일반 뉴스에 비해 영상을 끝까지 보는 비율이 더 높다'는 사실을 언급하면서 '숏폼이 앞으로 보도의 주류가 될 것'이라고 판단하고 있다. 이는 숏폼 뉴스와 일반 뉴스의 시청 지속률을 비교했을 때 우위를 점하고 있는 숏폼 뉴스가 앞으로도 계속 성행할 것이라며, 숏폼 뉴스의 전망을 긍정적으로 판단한 것으로 볼 수 있다.

③ 학생 3은 '곰곰이 생각해 보니 나도 콘텐츠를 소비할 때 효율성을 많이 따지는 것 같아.'에서 자신의 콘텐츠 소비 성향을 점검하고, '뉴스에서 숏폼 뉴스의 등장을 Z세대의 특징과 연결한 게 뭔가 새로웠다'고 평가하고 있다. 이는 해당 보도가 참신하다고 판단한 것으로 볼 수 있다.

⑤ 학생 5는 '뉴스에서도 말했듯 하이퍼링크로 제공되는 기사나 보도 영상으로 청소년은 얼마든지 정보를 더 얻을 수 있어.'에서 숏폼의 한계를 보완하는 방법을 언급하고, '고쳐야 할 건 숏폼이 아니라 이용자의 태도'라고 말하고 있다. 이때 '이용자의 태도'란 정보를 주체적으로 더 탐색하려는 태도라 볼 수 있다.

43. ①

* 정답 해설

① (가)의 "숏폼이란 말씀하신 것처럼 짧은 동영상으로 제작된 콘텐츠를 말합니다.", "따라서 이들은 이동 시간과 같이 남는 시간을 활용해 콘텐츠를 효율적으로 소비하기를 선호하는데요, 그런 성향이 숏폼 콘텐츠의 인기 요인으로 분석됩니다."에서 각각 숏폼의 정의와 인기 요인을 분석하고 있다. 그런데 (나)의 '카드 1'에서는 숏폼의 정의만 제시했을 뿐, 숏폼의 인기 요인을 설명하고 있지는 않다. 숏폼의 인기 요인은 '카드 3'에서 숏폼의 장점으로 언급되었으며, 이때는 질문에 대답하는 형식이 활용되지 않았다.

* 오답 해설

② (가)에서 기자는 ◇◇ 숏폼 뉴스와 관련한 수치 자료를 제시하며 숏폼 뉴스의 파급력과 영향을 언급하고 있다. '카드 2'에서는 이를 활용하면서 그 자료의 출처가 "◇◇ '미디어 지금'"임을 밝히고 있다. 이는 카드 뉴스의 정보에 대한 신뢰도를 높이기 위한 전략으로 볼 수 있으므로 선지의 내용은 적절하다.

③ (가)의 "저희 ◇◇ 방송국도 지난해 7월부터 숏폼 뉴스를 제공했는데요. 이 숏폼 뉴스의 평균 조회수는 100만 회에 달합니다."에서 숏폼 뉴스의 파급력을 언급하고 있다. 한편, '카드 2'에서는 다른 글자보다 '숏폼 뉴스 평균 조회수 100만 회'라는 글자를 더 크게 제시함으로써 (가)의 기자가 제시한 숏폼 뉴스의 파급력을 한층 더 강조하고 있다.

④ (가)의 "따라서 이들은 이동 시간과 같이 남는 시간을 활용해 콘텐츠를 효율적으로 소비하기를 선호하는데요, 그런 성향이 숏폼 콘텐츠의 인기 요인으로 분석됩니다."에서는 숏폼 뉴스가 효율적인 정보 전달이 가능하다고 언급하고 있으며, "그런데 숏폼 형태는 내용을 충실히 전달하는 데 한계가 있다는 우려도 있는 것으로 압니다."에서는 숏폼 뉴스가 정보 전달 측면에서 한계를 지니고 있음을 언급하고 있다. '카드 3'에서는 이를 각각 숏폼 뉴스의 장점과 단점으로 제시하면서 이 대비를 시각적으로 부각하기 위해 화면을 분할하고, 비교의 의미인 'VS'라는 이미지를 중간에 배치하였다.

⑤ (가)에서 진행자는 "숏폼 콘텐츠가 뉴스 전반에 대한 Z세대의 관심을 끌어올릴 수 있을지 기대가 됩니다."라고 언급하였다. 이는 뉴스에서 기자가 숏폼 뉴스로 인해 뉴스 시청자의 10~20대 시청자의 비율이 늘어났음을 언급한 것 등을 고려한 발화일 것이다. '카드 4'에서는 이러한 숏폼 뉴스의 기대 효과를 청소년이 실제로 모바일 기기를 활용하여 숏폼 뉴스를 시청하며 "재밌고 간편해서 좋아!"라고 말하는 말풍선 이미지를 활용하여 구체화하고 있으므로 선지의 내용은 적절하다.

44. ③

* 정답 해설

③ '현서'는 "아, 그리고 화면을 보면서 손으로 메모를 적기는 힘들 수 있으니, 이 회의를 녹화해도 될까?"라며 화상 회의를 녹화하려는 이유를 밝히고, 녹화에 참여한 다른 참여자들의 동의를 구하고 있다.

* 오답 해설

① '서진'은 채팅창에서 '지금 카메라 켜기가 좀 그래서 나는 음성이랑 채팅으로만 참여할게!!!'라고 했다. '서진'은 카메라 켜기가 힘든 상황임을 알린 것일 뿐, 음성 언어를 사용하기 어려운 상황임을 알린 것이 아니다. 이후 회의에서 '서진'은 음성 언어로 참여자와 소통하고 있다.

② '윤호'가 "지금 현서가 말하는 중이라고 화면에는 뜨는데 목소리가 안 들려. 마이크 볼륨이 너무 작은 거 아닐까?"

라고 말하자, '현서'가 마이크 볼륨을 올렸다. 즉, '윤호'는 '현서'의 발화 사실을 확인하고 '현서'에게 음량을 조정해 줄 것을 제안한 것일 뿐, 자신의 음량 크기를 조정하고 있지 않다.

④ '윤진'은 "내가 가진 이미지 중에 괜찮은 게 있나 볼래?" 라고 말하면서 화면 공유를 통해 다른 참여자들에게 이미지를 제시하고 있다. 그러나 '윤진'은 이 이미지를 다른 참여자들에게 파일 형태로 전송하고 있지는 않다.

⑤ '서진'은 이전 청소년 영화제의 수상작을 시청할 수 있는 동영상 플랫폼의 하이퍼링크를 채팅 기능을 통해 다른 참여자들에게 전달하고 있다. 그러나 이는 새로운 참여자를 초대하기 위한 것이 아니다.

45. ①
* 정답 해설
① '서진'은 '윤진'이 화면 공유를 통해 제시한 2개의 이미지를 보고 "음, 2번도 좋기는 한데 다양한 나라의 학생들이 모인다는 의미를 생각하면 1번이 낫겠다."라고 말하고 있다. 이를 반영하여 포스터에는 1번 이미지가 중심 이미지로 활용되고 있다. 그러나 '서진'이 다양한 국가의 국기를 그려 넣자고 제안하거나, 그런 제안에 동의한 부분은 화상 회의에서 찾을 수 없다.

* 오답 해설
② '윤호'는 "그리고 청소년 영화제의 부제인 '우주'를 나타내기 위해 우주 배경을 활용하자!"라고 말하고 있다. 이를 반영하여 포스터에서는 우주를 배경으로 사용하고 있다.

③ '윤진'은 지난 영화제 수상작을 볼 수 있는 하이퍼링크를 포스터에 적자는 '윤호'의 말에 "음.. 그것보다는 동영상 플랫폼 '비디오집'에 들어가서 '제XX회 청소년 영화제'를 검색해 보라고 하는 게 어때?"라고 말하고 있다. 이를 반영하여 포스터에서는 동영상 플랫폼 '비디오집'에서 검색하는 그림을 제시해 지난 청소년 영화제 수상작을 볼 수 있는 방법을 안내하고 있다.

④ '현서'는 "약도를 함께 넣으면 찾아오기 쉬울 거야. 주변에 △△백화점이 유명하니까, 약도에 같이 표기해 주자." 라고 말하고 있다. 이를 반영하여 포스터에는 약도에 △△ 청소년 문화광장의 위치를 표시하고, 근처에 △△백화점이 있음을 함께 표기하고 있다.

⑤ '윤진'은 "저번에 보니까 청소년 영화제가 매일 진행되는 걸 잘 모르더라고. 영화제는 매일 진행된다는 걸 포스터에서 강조해 주면 좋을 것 같아."라고 말하고 있다. 이를 반영하여 포스터에서는 '매일'이라는 글자를 다르게 표기하여 강조하고 있다.

[언어와 매체]

35	④	36	④	37	⑤	38	④	39	③
40	④	41	③	42	⑤	43	④	44	③
45	⑤								

35. ④
* 정답 해설
④ 한 형태소 내부에서 일어나는 구개음화는 역사적 구개음화에 해당한다. 그러나 2문단에서 역사적 구개음화는 18세기 말에 종료되었다고 하였으므로 선지의 설명은 적절하지 않다.

* 오답 해설
① 1문단에서 '공시적 구개음화는 표준 발음으로는 인정되지만 표기에 반영하지는 않는다.'라고 하였으므로 적절하다.
② 1문단의 '공시적 구개음화는 받침 ㄷ, ㅌ이 모음 ㅣ나 반모음 ㅣ로 시작하는 형식형태소를 만날 때 ㅈ, ㅊ으로 변하는 동화 현상이다.'를 통해 음운적 조건뿐만 아니라 형태소의 종류도 구개음화가 일어나는 데에 영향을 미침을 알 수 있다.
③ 1문단의 'ㄷ, ㅌ은 치조음으로서 파열음인 반면 ㅈ, ㅊ은 경구개음으로서 파찰음이기에 조음위치와 조음방법이 모두 변화하는 경우이지만, 동화를 일으키는 ㅣ나 반모음 ㅣ는 모음이므로 조음위치로서의 성질만 분석되기 때문이다.'를 통해 확인할 수 있다.
⑤ 1문단의 '음운의 동화가 한 음운이 다른 음운의 영향을 받아 조음위치나 조음방법이 닮게 되는 현상'을 통해 확인할 수 있다.

36. ④
* 정답 해설
④ 2문단의 내용을 통해 역사적 구개음화는 '17세기 말에서 18세기 초'에 시작되었으며, '18세기 말'에 종료되었음을 알 수 있다. 한편, 4문단의 내용을 통해 자음 아래의 이중모음 'ㅢ'가 'ㅣ'로 바뀐 단모음화 현상은 '19세기 중반 이후'에 나타났음을 알 수 있다. 이러한 내용을 종합해 볼 때, '더듸다'가 '더디다'로 바뀐 19세기 중반 이후는 역사적 구개음화가 이미 종료된 상태이므로 '더디다'는 '더지다'로 바뀌지 않았음을 알 수 있다.

* 오답 해설
① '밭이랑[반니랑]'은 명사 어근 '밭'과 명사 어근 '이랑'이

결합한 단어이므로 파생어가 아닌 합성어이다. 이때 구개음화가 일어나지 않은 이유는 '이랑'이 형식형태소가 아닌 실질형태소이기 때문이다.
② '굳히다'는 거센소리되기(음운 축약)에 의해 [구티다], 구개음화에 의해 [구치다]로 발음된 사례이므로 음운 축약이 나타나는 경우에도 구개음화가 일어남을 알 수 있다.
③ 2문단에서 역사적 구개음화는 17세기 말에서 18세기 초에 시작되었다고 하였으므로, 15세기의 문헌에 나타난 '그티'는 구개음화가 일어나지 않은 형태임을 알 수 있다. 따라서 15세기에는 구개음화가 발생하지 않은 것이므로, 구개음화가 일어나더라도 표기에 반영되지 않았다는 선지의 설명은 적절하지 않다.
⑤ '됴흔'은 '텬'과 마찬가지로 이중모음 앞에 ㄷ이나 ㅌ이 온 경우로, [ㄷ+ㅣ+ㅗ+ㅎ+ㆍ+ㄴ]으로 분석되므로 반모음 ㅣ 앞에서 역사적 구개음화가 일어난 사례로 볼 수 있다.

37. ⑤
ㄱ은 '[{작년처럼(부사어) 올해에도(부사어) 너의(관형어) 일이(주어) 잘(부사어) 되기(서술어)}(명사절)를](목적어) 바란다(서술어).'와 같이 분석할 수 있다.
ㄴ은 '[{내가(주어) 어제(부사어) 책을(목적어) 산(서술어)}(관형절)](관형어) 서점은(주어) 학교(관형어) 바로(부사어) 옆에(부사어) 있다(서술어).'와 같이 분석할 수 있다.
ㄷ은 '정부가(주어) 마침내(부사어) [{외국인도(주어) 이곳에(부사어) 살도록(서술어)}(부사절)](부사어) 허가했다(서술어).'와 같이 분석할 수 있다.

* 정답 해설
⑤ ㄴ의 안은문장에는 부사어 '바로', '옆에'가 있다. ㄷ의 안은문장에는 부사어 '마침내', '외국인도 이곳에 살도록'이 있다.

* 오답 해설
① ㄱ의 '올해에도'는 안긴문장(명사절)의 부사어이다.
② ㄴ의 '서점은'은 안긴문장(관형절)의 생략된 부사어이자 안은문장의 주어이다.
③ ㄷ의 '정부가'는 안은문장의 주어일 뿐, 안긴문장(부사절)의 주어는 '외국인도'이다.
④ ㄱ의 안긴문장(명사절)에는 보어가 없다. '되다'가 '일이 잘 이루어지다.'라는 뜻으로 쓰이는 경우에는 서술어 앞에 보어가 아닌 부사어가 온다. ㄴ의 안긴문장(관형절)에는 목적어 '책을'이 있다.

38. ④
*** 정답 해설**
④ ⓔ는 대명사 '무어'의 준말로, 정하지 않은 대상이나 모르는 대상을 가리키는 지시 대명사다. 그러나 ⓖ는 일반적인 의미의 명사로 상점에서 파는 것들을 의미하므로 동일한 대상을 가리킨다고 볼 수 없다.

*** 오답 해설**
① ⓐ는 윤재의 손에 들린 수정테이프로 화자인 윤재에게 가깝다면, ⓑ는 같은 수정테이프가 은지의 입장에서는 물리적으로 멀기에 쓴 표현이다.
② ⓒ는 화자가 언급한 '수빈이 거'를 가리키는 표현이다.
③ ⓓ는 화자인 윤재와 청자인 은지를 포함하는 표현인 반면, ⓗ는 청자인 윤재를 포함하지 않는다. '우리'는 화자와 청자, 화자와 청자를 포함한 여러 사람을 가리킬 때 사용하기도 하지만, '우리 엄마'와 같이 화자가 어떤 대상이 자기와 친밀한 관계임을 나타낼 때도 사용한다.
⑤ ⓕ는 청자인 윤재가 앞서 말한 '매점'을 의미한다.

39. ③
*** 정답 해설**
③ 재우의 질문에 대한 승빈의 대답은 자기 자신도 풀 수 있을 정도로 수학 30번 문제가 어렵지 않다는 의미이므로 '자료'의 '풀겠다'는 미래시제 선어말어미 '-겠-'을 사용하여 미래에 대한 추측이 아니라 화자의 가능성을 드러낸 것으로 보는 것이 적절하다.

*** 오답 해설**
① '앉다'가 동사임을 고려할 때, 과거시제 선어말어미 '-았-'은 현준이가 의자에 앉는 행동이 끝난 후 그 결과가 지속되고 있음을 드러낸다.
② 유림의 질문이 '내일', 곧 미래에 대한 것임을 고려할 때, '간대'에 사용된 현재시제 선어말어미 '-ㄴ-'은 예정된 미래를 드러낸다.
④ '잤어'에 사용된 과거시제 선어말어미 '-았-'은 숙제를 다 하지 않아 오늘 밤에 잠을 잘 수 없을 것이라는 미래에 대한 부정적 감정을 드러낸다.
⑤ 지섭의 질문 속에는 지금 애들이 없다는 뜻이 내포되어 있으므로 과거시제 선어말어미 '었'을 겹쳐 사용한 '-었었-'은 현재와의 단절감을 드러낸다.

40. ④
*** 정답 해설**
④ '추천순 | 댓글순'으로 보아 게시판 내의 게시물들을 수용자가 선택한 배열 기준에 따라 재배열할 수 있음을 알 수 있다.

*** 오답 해설**
① 위 화면에서 '현재 접속 멤버', 즉 동시간대에 카페에 접

속한 이용자를 확인할 수는 있으나, 게시판별 이용자가 명시된 부분은 찾아볼 수 없다. 또한 게시물을 열람한 횟수는 '냥이 지식 정보'의 '조회'수를 통해 확인할 수 있다. 이를 게시판별 이용자의 명시를 통해 알 수 있다고 볼 수는 없다.
② '아래의 링크를 클릭하면 공지사항 게시판으로 연결됩니다.'를 통해 게시판과 연결된 하이퍼링크 기능을 확인할 수는 있으나, 이것이 글에 제시된 정보의 정확성을 강화할 수 있다고 이해하기는 어렵다.
③ 공지 글의 [ ] 안에 표기된 숫자는 댓글의 수를 나타낸 것으로 볼 수 있으며, 댓글이 많이 달린 게시물의 경우 이용자의 다양한 반응이 나타날 것이라는 사실을 유추할 수 있다. 그러나 글에 대한 이용자의 반응을 확인할 수 있기에 정보가 신속하게 확산될 수 있다고 이해하기는 어렵다.
⑤ '냥이 지식 정보'의 게시글에 나타난 '✎'로 보아 게시물이 첨부 자료와 함께 게재되었음을 확인할 수 있다. 하지만 이는 글의 내용과 연관된 자료가 첨부되어 있음을 의미할 뿐, 수용자가 직접 글의 내용을 수정할 수 있음을 의미한다고 이해하기는 어렵다.

41. ③
*** 정답 해설**
③ 카페 대문에 나타난 이용 안내를 살펴보면, 해당 카페는 '고양이에 진심인 사람들'이 이용하는 '사랑 넘치는 공간'이라는 사실을 알 수 있다. 이를 통해 해당 카페가 형성된 목적은 〈보기〉에 제시된 내용처럼 이용자들의 정보 공유와 동질감 및 친밀감을 느끼기 위함임을 알 수 있다. 따라서 카페 형성의 목적이 소통을 통해 이용자들의 관심사를 널리 퍼뜨리는데 있다는 설명은 적절하지 않다. 있다고 볼 수 있다. 이용자들의 관심사를 널리 퍼뜨리는 데 형성 목적을 두고 있다고 보기는 어렵다.

*** 오답 해설**
① 위 화면에서 해당 카페의 이름이 '어서 와, 집사는 처음이지? - 고양이 친목 카페'임을 확인할 수 있으며, 카페 배너를 통해 '냥이 용품 알뜰 D.I.Y 경연'이라는 정보를 제시하고 있음을 알 수 있다. 이를 통해 해당 카페는 고양이를 반려동물로 삼은 사람들이 친목을 도모하는 공간임을 파악할 수 있다. 이는 〈보기〉에 제시된 내용처럼 공통의 관심사를 바탕으로 형성된 인터넷 카페에서 이용자들이 친밀감을 느끼는 것이라고 볼 수 있다.
② 카페 게시판, 그중에서도 '냥이 지식 정보'나 '우리 동네 병원' 등을 살펴보면 각 게시판의 성격에 따른 게시물을 통해 카페 이용자들이 정보를 공유할 것임을 알 수 있다. 이는 〈보기〉에 제시된 내용처럼, 카페 이용자들이 게시판에 게재된 게시물을 매개로 정보를 공유하는 모습으로 볼 수 있다.
④ 카페의 공지 글 중 '규정에 어긋난 글은 삭제 또는 이동

조치'라는 제목의 글이 카페 관리자인 '냥집사'에 의해 작성된 것을 볼 때, 카페의 규정을 따르지 않는 게시물은 관리자에 의해 제재의 대상이 될 것임을 알 수 있다. 이는 〈보기〉에 제시된 내용처럼, 게시판 카테고리의 성격에 어긋나거나 카페에서의 소통에 방해가 되는 활동을 카페 관리자가 규제하는 것으로 볼 수 있다.

⑤ 위 화면을 통해 카페 이용자들이 '냥이맘', '냥집사' 등의 가명을 활용하고 있음을 확인할 수 있다. 이는 〈보기〉에 제시된 내용처럼, 인터넷 카페의 이용자들이 대부분 익명으로 활동하는 모습이라고 볼 수 있다.

42. ⑤
* 정답 해설

⑤ 학생은 다섯째 슬라이드에 관한 메모에서 '동물보호연대에서 밝힌 제안을 인용하여 올바른 반려동물 문화 전파에 따른 긍정적 전망'을 제시하겠다고 하였다. 실제 장면 스케치를 살펴보면, 의문문을 활용하여 동물보호연대에서 표명한 바를 인용하고 있으나, 올바른 반려동물 문화 전파에 따른 긍정적 전망을 제시하고 있지는 않다.

* 오답 해설

① 학생은 첫째 슬라이드에 관한 메모에서 '카페 이름의 특정 단어를 활용한 카드 뉴스 제목을 제시'하겠다고 하였다. 실제 장면 스케치를 살펴보면, 카페 이름에서 '집사'라는 단어를 활용하여 제목을 제시하고 있음을 알 수 있다. 또한 카드 뉴스의 제목에 권유의 대상인 '초보 집사'를 명시하고 있으므로 적절하다.

② 학생은 둘째 슬라이드에 관한 메모에서 '반려동물 문화에 관한 통념을 지적하고 반려인 능력시험의 취지를 함께 제시'하겠다고 하였다. 둘째 슬라이드의 '먹이만 제때 준다고 잘 기르는 게 아니에요'에서 반려동물 문화에 대한 통념을 지적한 부분을 찾을 수 있다. 또한 '자격있는 반려인으로서 제대로 알고 돌볼 수 있어요'에서 시험의 취지가 반려동물을 제대로 알고 돌볼 수 있도록 하는 것임을 진한 글씨체로 부각하고 있다.

③ 학생은 셋째 슬라이드에 관한 메모에서 '시험 접수와 응시 관련 정보'를 순차적으로 제시하겠다고 하였다. 이는 실제 장면 스케치에서 각각 '접수관련', '응시관련'으로 항목화되어 진행 흐름에 따라 화살표로 한눈에 이해하기 쉽도록 제시되고 있음을 알 수 있다.

④ 학생은 넷째 슬라이드에 관한 메모에서 '보상 계획을 항목화하여 한 화면에 제시'하겠다고 하였다. 실제 장면 스케치에서 '반려동물에 대해 공부하는 기회'라는 시험의 의의를 언급하고 있으며, 성적 우수자에게 주어지는 보상 계획을 항목화하여 한꺼번에 제시하고 있음을 알 수 있다.

43. ④
* 정답 해설

④ (가)는 [장면3]에서 소비자의 인터뷰 영상을 활용하고 있

으며, 이는 (나)에 비해 정보를 현장감 있게 전달한다고 할 수 있으므로 적절하다.

* 오답 해설

① (가)는 수용자가 프로그램의 정보를 장면마다 순차적으로 파악하게 되므로, 한눈에 정보를 파악할 수 있는 (나)에 비해 전체 정보의 제공 속도가 느리다고 할 수 있다.

② (가)는 [장면4]에서 '3M' 이벤트에 따른 음료 제조 과정이 '커피 내리는 방법에서부터 각종 토핑까지 총 5단계'임을 밝히고 있는데, 이때 제조 과정은 처음과 마지막 단계 정도만을 밝히고 있다. 따라서 (가)가 특정 상품의 제조 과정 전체를 구체적으로 밝히고 있다고 보기는 어렵다.

③ (나)에서는 이벤트의 대상자를 '☆☆커피앱 주문, 결제 완료자'라고 명시하고 있으나, 이를 통해 정보의 신뢰도를 판단할 수 없으므로 적절하지 않다.

⑤ (나)가 한 면 안에 정보를 집약해서 제시하고는 있지만 이벤트에 관련된 정보만 제공하고 있으므로, (가)에 비해 다양한 측면의 정보를 제공하고 있다고 보기는 어렵다.

44. ③
* 정답 해설

③ ⓒ은 '출시할 예정이라고 합니다'라는 인용 표현을 통해 커피 업체에서 밝힌 이벤트 내용을 전달하고 있을 뿐이다. 공정성이란 내용이나 주장이 편파적이지 않고 공평한가에 관한 것인데, 가장 인기 있는 조합이 실제 매장에서 정식 메뉴로 출시될 예정이라는 인용 표현을 통해 앞서 언급된 내용의 공정성을 높인다고 보기는 어렵다.

* 오답 해설

① ㉠은 '~고 있다'를 사용하여 유명 커피 전문점의 대응에 소비자들이 높은 호응을 보이고 있음을 드러내면서, 뉴스에서 주목한 상황이 현재 진행 중이라는 사실을 보여 준다.

② ㉡은 '어떠할까요?'라는 의문형 어미를 통해, 이어질 뉴스의 내용이 소비자의 반응을 보여 줄 것임을 예고하고 있다.

④ ㉣은 '이'라는 지시 표현을 통해 앞서 소개된 신메뉴를 '고객 참여형-맞춤 상품'의 일종으로 연결하여 내용 간의 응집성을 높이고 있다.

⑤ ㉤의 '똑부러지는 선택'이라는 표현은 자기의 취향에 따른 제품 선택이라는 의미를 함축하고 있다. 즉, 소수의 취향도 반영하는 제품들이 많아질 수 있도록, 자신의 취향에 맞는 제품을 선택할 것을 기대함을 뉴스를 시청하는 시청자들에게 전달하고 있다.

45. ⑤
* 정답 해설

⑤ (나)는 '합니다', '입니다'로 문장을 종결하는 단정적 어조의 표현을 사용하고 있으며, '자료'는 '마시자'와 같은 청유

형 어미를 사용하고 있다. 그러나 (나)와 '자료' 모두 수용자가 이벤트에 참여할 것을 유도하고 있을 뿐, '3M'을 접한 수용자가 대안을 제시하도록 유도하고 있다고 보기는 어렵다.

* 오답 해설

① (나)는 '☆☆커피앱' 내 '투표처'로 이동할 수 있는 QR 코드를 삽입함으로써, 인쇄 광고가 한 지면에 반영하기 어려운 정보를 수용자에게 부가적으로 제공하고 있다고 볼 수 있다.

② '자료'는 문자, 시각 이미지, 영상 자료를 활용하여 광고 메시지를 복합 양식으로 구성하고 있다. 특히 영상 자료를 통해 '실제 주문 과정'과 같은 연관된 정보에 수용자가 쉽게 접근할 수 있도록 하고 있음을 알 수 있다.

③ (나)는 '3M' 이벤트를 통해 고객이 자신의 취향에 맞는 음료를 제조할 때 선택할 수 있는 단계들 즉, '커피 내리는 방법', '원두 종류' 등의 5단계를 모두 제시하고 있다. 그러나 '자료'의 경우 우유 종류에 관한 선택지만을 수용자에게 보여 주고 있다. 따라서 (나)는 '자료'보다 전달하고자 하는 바를 세부적으로 제시함으로써 수용자의 이해를 돕고 있다고 볼 수 있다.

④ (나)와 '자료'는 모두 '3M'이라는 축약된 단어를 광고의 제목으로 활용하여, 각 매체를 접한 수용자의 주목을 집중시키고 있다고 볼 수 있다.

[언어와 매체]

35	③	36	⑤	37	④	38	③	39	④
40	②	41	②	42	③	43	⑤	44	⑤
45	④								

35. ③

* 정답 해설

③ 대명사 '나'와 '저'는 지시하는 대상이 같다는 점에서 유의어로 볼 수 있다. 이때 '저'는 '나'의 낮춤말로, 화자가 높임의 대상과 대화하는 담화 상황에서 자신을 낮출 때 쓰는 표현이다. 즉, '저'에는 그것이 쓰이는 담화 상황에 따라 부여된 화용적 의미로서 낮춤의 의미가 반영되어 있다고 볼 수 있다.

* 오답 해설

① 1문단에 따르면 유의어 간에는 의미와 용법의 차이가 존재한다. 선지에 제시된 '능력'과 '실력'은 유의 관계로 볼 수 있는데, 두 말을 '과시하다'와 어울려 쓸 때 '능력을 과시하다.', '실력을 과시하다.'와 같이 모두 자연스러운 표현을 이룬다. 즉, '과시하다'라는 말과 어울려 쓰는 상황에서는 '능력'과 '실력'의 용법 차이를 확인하기 어렵다.

② '빠르다'와 '재빠르다'는 모두 어떤 대상의 속도를 나타내는 유의어이다. 이때 '빠르다'는 '철수는 빠르다.', '철수가 탄 기차는 빠르다.'와 같이 유정물, 무정물 등을 대상으로 하여 그 상태를 나타낼 수 있다. 반면, '재빠르다'는 '철수는 재빠르다.', '*철수가 탄 기차는 재빠르다.', '*철수의 달리기는 재빠르다.'와 같이 오직 유정물의 상태만을 나타낼 수 있다. 즉, '빠르다'와 '재빠르다'의 의미 차이는 [무정물]이라는 의미 성분의 대조를 통해 드러나며, [유정물]의 여부에 따라 두 유의어의 의미를 구별하기는 어렵다.

④ '입다'와 '신다'는 모두 무언가를 착용한다는 의미를 공유한다는 점에서 유의 관계를 이룬다. 그러나 둘의 차이를 변별하고자 대립 검증의 방법을 적용하기는 어려운데, 이는 '입다'와 '신다' 모두 대립어로 '벗다'를 취하기 때문이다.

⑤ '염화나트륨'과 '소금'은 지시 대상이 동일하다는 점에서 유의 관계를 이룬다. 이때 '염화나트륨'은 과학 분야와 같이 전문적인 영역에서 일상어인 '소금'을 대신해 쓰이는 유의어로 볼 수 있다. 즉, '염화나트륨'이 '소금'을 대신하여 일상적인 상황에 사용되는 것은 아니다.

36. ⑤

* 정답 해설

⑤ ⓔ의 '시원하다'와 '상쾌하다'는 모두 불편하지 않은 알맞은 상태를 표현할 때 사용한다는 점에서 유의 관계를 이룬다. 그런데 '시원하다'와 '상쾌하다'는 기온과 어울려 쓰이는 유의어를 배열할 때 그 차이가 드러난다. '시원하다'의 경우 '선선하다-시원하다-서늘하다-싸늘하다-쌀쌀하다-차갑다-춥다'와 같이 온도라는 기준에 따라 계열을 이루지만, 여기에 '상쾌하다'는 포함되기 어렵다. 따라서 '상쾌하다'는 기온이 높고 낮은 정도에 따라 일정한 계열을 이루는 단어라고 볼 수 없다.

* 오답 해설

① ⓐ의 '안'과 '속'은 모두 내부를 의미한다는 점에서 유의 관계를 이룬다. 두 단어의 의미를 변별하기 위해서 ㉠으로 대립 검증을 적용하면 '안'의 대립어인 '밖'과 '속'의 대립어인 '겉'을 비교할 수 있다. '밖'과 '겉'을 비교할 때, '밖'은 구분된 영역을 가리키는 데 반해, '겉'은 표면에 드러난 부분을 가리킴을 알 수 있다. 그리하여 '학교'나 '병원'과 같이 내부와 외부를 구분할 수 있는 큰 공간에 대해서는 '겉'보다 '밖'이 자연스럽게 어울린다. 이처럼 대립어 간의 차이를 바탕으로 '안'과 '속' 중 '안'이 '학교, 병원'과 더 잘 어울림을 알 수 있다.

② ⓑ의 '아마'와 '혹시'는 모두 화자의 추측을 나타내는 부사라는 점에서 유의 관계를 형성한다. 그런데 '*혹시 철수는 곧 도착할 거예요.'의 '~ㄹ 거예요'와 같이 미래의 일에 대해 어느 정도의 확신을 드러내는 표현과 '혹시'는 함께 쓰는 것이 자연스럽지 않다. 반면 '아마 철수는 곧 도착할 거예요.'에서 보이듯, '아마'는 확신을 드러내는 표현과 함께 쓰는 것이 자연스럽다. 이를 통해 '아마'는 [+확신]을, '혹시'는 [-확신]을 의미 성분으로 포함함을 알 수 있다.

③ ⓒ의 '많다'와 '수많다'는 모두 어떤 대상의 수량이 일정한 기준을 넘음을 나타낸다는 점에서 서로 유의 관계를 이룬다. 그런데 '많다'가 '사람이 너무 많다.'와 같이 문장의 서술어로 쓰일 수 있는 데 반해, '*사람이 너무 수많다.'와 같이 '수많다'가 문장의 서술어로 쓰인 문장은 비문이 된다. '수많다'는 '수많은 사람'과 같이 언제나 관형사형으로만 쓰인다는 문장 유형의 제약을 포함하므로, '많다'와 '수많다'는 의미 차이보다는 그것이 제약하는 문장 구조에서의 차이를 보인다고 할 수 있다.

④ ⓓ의 '오래되다'와 '케케묵다'는 '관습'과 어울려 쓰일 때는 모두 오래되어 시대에 뒤떨어졌다는 의미를 나타낸다는 점에서 유의 관계를 이룬다. 그런데 대상의 상태를 가치 중립적으로 나타내는 '오래되다'와 달리, '케케묵다'는 대상

의 상태와 함께 그 대상에 대한 화자의 부정적 평가를 나타내는 것처럼 보인다. 이처럼 '오래되다'와 '케케묵다' 간의 의미 차이는 개념적 의미의 차이라기보다는 주체의 평가, 태도, 기분을 반영한다는 점에서 정서적 의미의 차이로 볼 수 있다.

37. ④
* 정답 해설

④ 〈보기〉에 따르면 형용사는 사물의 일정한 속성이나 상태를, 동사는 사물의 작용으로 인한 상태 변화를 나타낸다. '그는 내일 날이 밝는 대로 떠나겠다고 말했다.'에서 '밝다'는 '밤이 지나고 환해지며 새날이 오다.'라는 뜻을 나타내는데, 이때 '밤이 지나고 환해지'는 상태 변화를 가리킨다는 점에서 해당 문장의 '밝다'는 동사임을 알 수 있다. 한편, '새로 산 조명으로 바꾸었더니 방안이 전보다 밝다.'의 '밝다'는 상태 변화를 전제하지 않고 '방안이 밝'은 상태 자체를 나타내므로 형용사임을 알 수 있다.

* 오답 해설

① '빵이 딱딱하게 굳어 먹을 수가 없다.'의 '굳다'는 '무른 물질이 단단하게 되다.'의 뜻을 나타내는데, 이때 '무른 물질이 단단하게 되'는 상태 변화를 가리킨다는 점에서 해당 문장의 '굳다'는 동사임을 알 수 있다. 또한, '한번 습관이 굳어 버리면 고치기 어렵다.'의 '굳다'는 '몸에 배어 버릇이 되다.'의 뜻을 나타내는데, 이때 어떠한 습관이나 행동 따위가 '몸에 배'는 상태 변화를 가리킨다는 점에서 해당 문장의 '굳다' 역시 동사임을 알 수 있다.

② '그녀는 제 나이보다 훨씬 젊어 보였다.'의 '젊다'는 '보기에 나이가 제 나이보다 적은 듯하다.'의 뜻을 나타내는데, 이때 '제 나이보다 적은 듯'한 상태를 가리킨다는 점에서 해당 문장의 '젊다'는 형용사임을 알 수 있다. 또한, '시청 광장에는 젊은 사람들이 모여 있었다.'의 '젊다'는 '나이가 한창 때에 있다.'의 뜻을 나타내는데, 이때 '나이가 한창 때에 있'는 상태를 가리킨다는 점에서 해당 문장의 '젊다' 역시 형용사임을 알 수 있다.

③ '그는 늙으신 부모님을 모시고 살고 있다.'의 '늙다'는 '사람이나 동물, 식물 따위가 나이를 많이 먹다. 사람의 경우에는 흔히 중년이 지난 상태가 됨을 이른다.'의 뜻을 나타내는데, 이때 '나이를 많이 먹'어 '중년이 지난 상태'가 되는 상태 변화를 가리킨다는 점에서 해당 문장의 '늙다'는 동사임을 알 수 있다. 또한, '그 사건의 충격으로 그는 폭삭 늙어 버렸다.'에서 '늙다'는 '제 나이보다 더 들어 보이다.'의 뜻을 나타내는데, 이때 어떠한 일로 사람의 겉모습 따위가 '제 나이보다 더 들어 보이'는 상태 변화를 가리킨다는 점에서 해당 문장의 '늙다' 역시 동사임을 알 수 있다.

⑤ '아버지는 시골에서 커서 꽃 이름을 많이 안다.'의 '크다'는 '사람이 자라서 어른이 되다.'의 뜻을 나타내는데, 이때 '사람이 자라서 어른이 되'는 상태 변화를 가리킨다는 점에서 해당 문장의 '크다'는 동사임을 알 수 있다. 또한, '밤나무가 다 크면 키가 약 20미터에 이른다고 한다.'의 '크다'는 '동식물이 몸의 길이가 자라다.'의 뜻을 나타내는데 이때 '크다'도 '몸의 길이가 자라'는 상태 변화를 가리킨다는 점에서 역시 동사임을 알 수 있다.

38. ③
* 정답 해설

③ '먹였다'는 '먹이었다'의 준말로, 어근 '먹-'에 사동 접사 '-이-'가 결합한 파생어이다. 이때 '먹다'라는 주동사가 사동 접사와 결합하여 '먹이다'라는 사동사로 문법적인 변화를 이뤘으므로 '먹였다'는 ㉠에 해당한다고 볼 수 있다.

* 오답 해설

① '낚시꾼'은 명사 어근 '낚시'에 접미사 '-꾼'이 결합한 파생어이다. 이때 '-꾼'은 '어떤 일을 전문적으로 하는 사람' 또는 '어떤 일을 잘하는 사람'의 뜻을 더하는 접사로, 어근에 결합하여 의미를 제한한다. 또한 '낚시'와 '낚시꾼'은 모두 명사이므로, 문법적인 변화가 일어나지 않음을 알 수 있다.

② '군침'은 명사 어근 '침'에 접두사 '군-'이 결합한 파생어이다. 이때 '군-'은 '쓸데없는'의 뜻을 더하는 접사로, 어근에 결합하여 의미를 제한하고 있다. 또한 '침'과 '군침'은 모두 명사이므로, 문법적인 변화가 일어나지 않음을 알 수 있다.

④ '치솟다'는 동사 어근 '솟-'에 접두사 '치-'가 결합한 파생어이다. 이때 '치-'는 '위로 향하게', 또는 '위로 올려'의 뜻을 더하는 접사로, 어근에 결합하여 의미를 제한하고 있다. 또한 '솟다'와 '치솟다'는 모두 동사에 해당하므로, 문법적인 변화가 일어나지 않음을 알 수 있다.

⑤ '새파랗다'는 형용사 어근 '파랗-'에 접두사 '새-'가 결합한 파생어이다. 이때 '새-'는 '매우 짙고 선명하게'의 뜻을 더하는 접사로, 어근에 결합하여 의미를 제한하고 있다. 또한 '파랗다'와 '새파랗다'는 모두 형용사에 해당하므로, 문법적인 변화가 일어나지 않음을 알 수 있다.

39. ④
* 정답 해설

④ ㉣의 '내'는 '나+ㅣ'로 분석할 수 있는데, 이때 '내'는 후행 체언 '아들'을 꾸미는 관형어이다. 즉 ㉣의 'ㅣ'는 모음으로 끝난 체언 뒤에 주격 조사 'ㅣ'가 결합한 것이 아니라, 체언 '나' 뒤에서 관형격 조사의 특수한 형태인 'ㅣ'가 결합한 것이다.

* 오답 해설

① ㉠의 '이르ᄉᆞᆸ보리이다'는 '일-+-ᄋᆞ-+-ᄉᆞᆸ-+-오-+-리-+-이-+-다'로 분석할 수 있는데, 이때 '-이-'는 청자를 높이는 상대 높임 선어말 어미에 해당한다.

② ㉡의 '나랏'은 '나라+ㅅ'으로 분석할 수 있는데, 이때 'ㄴ

랏'은 후행하는 무정물 체언 '말씀'을 꾸며 주는 관형어에 해당한다. 즉 'ㅅ'은 체언에 결합하여 관형어의 자격을 부여하는 관형격 조사임을 알 수 있다. 중세 국어의 관형격 조사는 유정 명사와 결합하는 경우, 평칭의 유정 명사 뒤에서는 '-익/의'의 형태로, 존칭의 유정 명사 뒤에서는 'ㅅ'의 형태로 실현되었다. 그리고 무정 명사와 결합하는 경우, 존칭의 유정 명사 뒤에서와 마찬가지로 'ㅅ'의 형태로 실현되었다.

③ ⓒ의 '듕귁에'는 '듕귁 + 에'로 분석할 수 있는데, 이때 '듕귁에'가 현대어 풀이 '중국과'에 대응함을 확인할 수 있다. 이때 '중국과 달라'에서 '과'는 다른 것과 비교하거나 기준으로 삼는 대상임을 나타내는 부사격 조사이므로, ⓒ의 '에' 역시 '나랏 말씀'이 '듕귁'과 다르다는 비교의 의미를 나타내는 부사격 조사임을 알 수 있다.

⑤ ⓜ의 '일케'는 '잃- + -게'로 분석할 수 있다. 이때 용언 어간 '잃-'에 어미 '-게'가 결합한 형태를 밝혀 '잃게'로 표기하지 않고, 용언 어간의 종성 'ㅎ'과 후행하는 어미의 초성 'ㄱ'이 축약하여 발음되는 '일케'로 표기하고 있다. 따라서 어간에 어미가 결합할 때 형태를 밝혀 적지 않고 소리 나는 대로 표기하고 있다는 선지의 진술은 적절하다.

40. ②
* 정답 해설
② '관련 기사(제목을 눌러 바로 가기)'를 통해 기사 내용과 관련된 다른 기사를 제공하고 있다. 이를 통해 특정 분야에 관련된 다각적인 정보를 획득할 수 있을 것이다.

* 오답 해설
① 2022.12.19. 07:02:01 최초 작성 / 2022.12.20. 08:11:22 수정'과 같이 최초 작성 시각과 수정 시각을 명시하고 있다. 그러나 이를 통해 정보의 신뢰도를 검증할 수 있다고 보기는 어렵다.

③ '기사 내용을 자동으로 분석하여 관련 광고가 노출됩니다. 관련 없는 광고가 노출되었을 때는 여기를 눌러 신고할 수 있습니다.'를 통해 기사 내용과 관련이 없는 광고가 노출될 경우 수용자가 이를 신고할 수 있음을 알 수 있다. 그러나 이를 통해 수용자가 광고 분야를 직접 선택할 수 있다고 보기는 어렵다.

④ 기사에서는 문자와 이미지를 복합적으로 활용하고 있다. 그러나 수용자가 기사의 양식을 선호에 따라 고를 수 있다고 보기는 어렵다.

⑤ 댓글난에서는 '최신순✔ | 오래된순'과 같이 기사 댓글을 정렬하는 방법을 구분하고 있다. 그러나 이는 댓글의 작성 시각에만 관련된 것일 뿐, 댓글 내용에 대한 호감도 등을 기준으로 삼고 있는 것이 아니다. 따라서 이를 통해 기사에 관한 지배적 의견을 확인할 수 있다고 보기는 어렵다.

41. ②
* 정답 해설
② [A]의 왼쪽에 제시된 이미지는 도서 정가제 개정안이 시행된 후 대형 서점이 할인 행사를 시작하는 상황을 이미지로 나타낸 것이다. 그런데 [A]에서 웹 기반 콘텐츠의 성장에 대한 이미지 자료는 제시되고 있지 않다.

* 오답 해설
① "도서 정가제 시행 전과 마찬가지로 대형 서점이 출판 시장을 독과점하는 상황이 되면, 독립 서점들이 제공하는 다양한 종류의 책들은 시장에서 자취를 감추게 된다. 이른바 '책들의 죽음'이 초래되는 것이다."에서 사용된 '책들의 죽음'이라는 비유적 표현은 도서 정가제 개정안에 대한 비판적 견해를 부각하려는 의도가 담긴 것으로 볼 수 있다.

③ 도서 정가제 개정안의 실행으로 책들의 죽음이 초래될 것이라고 말하면서 개정안에 대한 비판적 관점을 보이고 있으며, 이러한 관점이 위태롭게 흔들리는 책들의 이미지를 통해 전달되고 있다고 볼 수 있다.

④ [A]의 오른쪽에 제시된 이미지 자료는 도서 정가제 개정안이 실시되기 전에 독립 서점의 수가 증가하던 추세를 나타낸 것이다. 기사에서는 이번 도서 정가제 개정안을 실시하게 되면, 대형 서점이 출판 시장을 독과점했던 도서 정가제 시행 전으로 돌아가는 꼴이 될 것이라고 비판하고 있다. 따라서 해당 이미지에서 사용된 화살표는 도서 정가제 개정안 전에 유지되었던 긍정적 상황을 강조하기 위한 것으로 볼 수 있다.

⑤ '이○○ 정책연구가는 "서점과 소비자가 '원윈'하는 도서 정가제를 위해 불필요한 논쟁은 줄이고 현행 도서 정가제의 원활한 시행에 주목할 필요가 있다"라고 말했다.'에서 전문가의 말을 인용하고 있음을 알 수 있다. 기사에서는 도서 정가제 개정안의 실시가 도서 정가제의 이점을 없애는 결과를 초래할 것이라며 비판하고 있다. 전문가의 말은 해당 견해를 지지하는 내용에 해당하며, 표현의 의도를 살폈을 때 기사 작성자의 시선이 드러난다고 볼 수 있다.

42. ③
* 정답 해설
③ #3에서는 문화체육관광부가 발표한 도서 정가제 개정안의 내용을 항목화하여 제시하고 있다. 그러나 이를 개정안이 발표되기 전 도서 정가제의 내용과 비교하여 제시하고 있지는 않다.

* 오답 해설
① #1에 제시된 제목은 "도서 정가제 개정, '책들의 죽음' 예고"라는 기사의 제목을 활용한 것이며, 제목의 내용을 시각화한 이미지 아래에 영상의 제목을 나타내고 있다.

② #2는 도서 정가제의 내용('10% 이상 할인 ×')과 그로 인해 기대되는 효과('건전한 거래 질서 확립 ○')를 한 화면에 제시하고 있으며, 둘의 인과 관계를 화살표를 통해 나

타내고 있다.

④ #4는 도서 정가제 개정안이 실시되기 전에 독립 서점이 잘 운영되던 상황과 도서 정가제 개정안 실시로 독립 서점이 폐점한 상황을 이미지를 통해 시각적으로, 배경 음악을 통해 청각적으로 대비하여 나타내고 있다.

⑤ #5는 기사의 댓글 중 작성자 '조아책'의 '웹툰이나 웹 소설은~이상한데요?'라는 견해를 활용하여 도서 정가제 개정안에 대한 긍정적인 견해도 존재함을 제시하고 있으므로 적절하다.

43. ⑤
* 정답 해설
⑤ 진행자는 "네, 말씀을 듣고 보니 학생과 교사 그리고 여러 교육 관계자 모두가 만족할 수 있는 교육이 이루어질 때 진정한 한국 교육의 발전이 이루어질 수 있다는 생각이 드네요."라고 말하면서 방송을 마무리하고 있다. 여기에 방송을 진행하며 느낀 진행자의 소감은 드러나 있지만, 방송 내용의 요약이 드러나 있다고 보기는 어렵다.

* 오답 해설
① 진행자는 □□ 신문 기사의 내용은 비교적 자세히 다루는 반면, "방송 시간이 충분하지 않으니 △△ 신문은 간단히 보겠습니다."라고 말하면서 △△ 신문 기사는 간단히 언급하고 있다. 이는 진행자가 제한적인 방송 시간을 효율적으로 활용하고 있음을 보여 준다.
② "최근 온라인 수업을 실시하는 학교가 많아지고 있습니다."에서 방송에서 다루는 주제가 시의성을 가진 최근의 사안임을 알 수 있다. 또한, 두 개의 신문 기사와 한 개의 인터뷰 영상을 통해 학생, 교사의 관점에서 사안에 대한 다각적인 정보를 전달하고 있다.
③ 진행자는 "□□ 신문에서는 학생들 간의 학력 격차도 심각한 문제로 지적하고 있는데, 실제로도 그런가요?", "여기선 온라인 수업 확대보다는 플랫폼 개선이 시급하다고 말하네요." 등과 같이 □□ 신문 기사와 △△ 신문 기사의 내용 중 일부를 선별하여 방송에서 언급하고 있다. 이때 언급된 내용들은 모두 온라인 수업 확대에 대한 비판적 입장에 해당한다.
④ 진행자는 "왜 이렇게 저조할까요?", "□□ 신문에서는 학생들 간의 학력 격차도 심각한 문제로 지적하고 있는데, 실제로도 그런가요?"라고 질문을 던지며 □□ 신문 기사에서 제시한 문제 상황에 대해 전문가에게 구체적으로 설명해 줄 것을 요구하고 있다.

44. ⑤
* 정답 해설
⑤ ⑩에서 전문가는 간접 인용 부사격 조사 '고'를 활용하고 있다. 그런데 "앞으로는 이를 보완하여 학생들의 학습 능력에 따라 개별적이면서도 능동적인 학습이 이루어질 수 있도록 하는 것이 필요하다"라는 것은 전문가 본인의 생

각이므로, 타인의 말을 간접적으로 인용한 것은 아니다.

* 오답 해설
① ㉠에서는 '-고 있-'이라는 연결 어미와 보조 용언을 활용하여 온라인 수업을 진행하는 학교가 증가하는 현상이 현재 진행 중인 사건임을 알리고 있다.
② ㉡에서는 '-시-'라는 선어말 어미를 활용하여 '보다'라는 행위의 주체인 시청자를 높이고 있다.
③ ㉢에서는 '-는데'를 활용하여, 학생들을 대상으로 온라인 수업 만족도 조사를 실시한 것과 '만족한다'고 답한 학생이 절반도 되지 않는 조사 결과가 서로 연관된 사건임을 밝히고 있다.
④ ㉣에서는 '따라서'라는 접속 부사를 활용하여 앞 문장의 내용인 학교 현장의 변화가 ㉣의 내용인 다양한 교수·학습 방식 개발이 필요한 원인임을 밝히고 있다.

45. ④
* 정답 해설
④ 시청자 3은 □□ 신문 기사의 내용을 바탕으로, 온라인 수업에 대한 학생들의 불만족도가 높다는 설문 조사 내용과 관련하여 실제로 학생들이 그렇게 생각하는지 궁금증을 드러내고 있다. 한편, 시청자 4는 □□ 신문 기사에서 온라인 수업으로 인해 학력 격차가 심화하고 있다는 문제를 지적한 것과 관련하여, 자신이 다니는 학교의 선생님들도 그렇게 생각하는지 궁금하다고 언급하고 있다. 따라서 학생 3과 4가 □□ 신문 기사 내용과 관련하여, 온라인 수업을 경험한 대상인 학생들과 선생님들의 실제 반응에 대한 궁금증을 표하고 있는 것을 알 수 있다.

* 오답 해설
① 시청자 1은 방송이 교사, 학부모의 의견을 중점적으로 다루면서 학생의 의견은 별로 언급하지 않았음을 비판하고 있다. ○○ TV 인터뷰의 내용은 교사의 의견을 담고 있으므로 시청자 1이 비판하는 대상으로 적절하다. 그러나 시청자 2는 방송 내용이 자신에게 유용했다고 말하며 긍정적으로 평가하고 있을 뿐, 온라인 수업 확대에 대한 의견을 공평하게 다뤘는지 점검하고 있지 않다.
② 시청자 1은 방송이 학생의 의견은 별로 언급하지 않았음을 비판하고 있다. 이는 방송에서 언급하는 정보의 양이 충분하지 않음을 비판한 것으로 볼 수 있다. 그러나 시청자 4는 학력 격차에 대한 자신의 학교 선생님들의 실제 반응을 궁금해 하고 있을 뿐, 방송에서 제공하는 정보의 양이 충분한지 점검하고 있지 않다.
③ 시청자 2는 방송 내용이 '한국형 온라인 수업 플랫폼을 기다리던' 자신에게 유용했다고 평가하고 있으므로, '외국에서 만든 온라인 수업 플랫폼'을 '국내 교육 현장에서 그대로 활용'함에 따라 여러 문제를 겪고 있는 사람들에게 해당 플랫폼이 유용할 수 있음을 점검하였다고 볼 수 있다. 그러나 시청자 5는 자신이 '온라인 수업이 확대되어야

한다는 의견에 동의'해 왔으나, '그러한 주장의 근거는 잘 몰랐'는데, 방송을 통해 도움을 얻었다고 말하고 있다. 즉, 시청자 5가 한국형 온라인 수업 플랫폼이 어떤 사람에게 유용할지 평가하고 있다고 보기는 어렵다.

⑤ 시청자 3은 온라인 수업에 대한 학생의 불만족도를 보여 주는 자료에 의문을 제기하고 있다. 따라서 이는 온라인 수업 확대를 지지하는 견해의 근거가 타당한지 점검한 것이라고 볼 수 없다. 시청자 5 역시 온라인 수업 확대를 지지하는 견해의 근거가 타당한지 점검하고 있다고 보기 어렵다.

[언어와 매체]

35	②	36	③	37	⑤	38	②	39	⑤
40	④	41	②	42	③	43	⑤	44	①
45	⑤								

35. ②
* 정답 해설
② 'ㅂ'은 안울림 예사소리이고 'ㄴ'은 비음, 'ㅉ'은 된소리이다. 세 소리의 음운론적 강도는 1문단을 통해 확인할 수 있는데, 음운론적 강도가 가장 낮은 것은 비음 'ㄴ'이고 그 다음은 안울림 예사소리 'ㅂ', 음운론적 강도가 가장 높은 것은 된소리 'ㅉ'이다. 이를 음운론적 강도와 반비례 관계인 울림도에 적용하면, 울림도가 가장 큰 소리는 비음 'ㄴ'이고 그 다음은 안울림 예사소리 'ㅂ', 울림도가 가장 작은 것은 된소리 'ㅉ'이다. 이를 바탕으로 선지의 진술을 판단해 보면, 'ㅂ'은 'ㄴ'보다 음운론적 강도가 높은 음운이며, 'ㅉ'보다 울림도가 높은 음운이다.

* 오답 해설
① '곰'이라는 음절은 자음 'ㄱ', 'ㅁ'과 모음 'ㅗ'로 이루어진다. 1문단에 따르면 모음 'ㅗ'는 음절의 중심으로서, 음절을 이루는 데 반드시 필요한 음운이다.
③ '값'은 모음 'ㅏ'가 중심이 되는 한 음절이다. 그리고 종성 위치에 'ㅂ'과 'ㅅ'으로 자음이 둘 오고 있는데, 1문단에 따르면 이는 종성에 둘 이상의 자음이 올 수 없다는 음절 구조 제약을 위배하므로, 'ㅂ'과 'ㅅ' 중 하나가 탈락해야만 한다. 이를 볼 때, '값'이라는 음절 하나로는 자음 둘이 연달아 발음될 수 있는 조건을 만족하지 못한다. 1문단에 따르면 우리말에서 둘 이상의 자음이 이어서 발음되려면 앞 음절 종성과 뒤 음절 초성이 이어져야만 한다.
④ '몫도'의 앞 음절 '몫'을 보면, 종성 위치에 자음 'ㄱ', 'ㅅ'이 오고 있다. 1문단에 따르면, 이는 음절의 초성이나 종성 위치에 자음이 둘 이상 위치할 수 없다는 '음절 구조 제약'을 위배한 것이다. 따라서 제약을 위배하는 상황을 해소하기 위해 '몫'은 종성에서 'ㅅ'이 탈락하여 [목]으로 발음된다. 한편, 음절 경계에서는 '몫[목]'의 종성 'ㄱ'과 '도'의 초성 'ㄷ'이 연결되고 있는데, 이때 'ㄱ'과 'ㄷ'은 모두 안울림 예사소리로, 음운론적 강도가 동일하다. 따라서 '몫도'에서는 음절 연결 제약의 위배가 나타나지 않는다.
⑤ '강물'의 음절 간 경계에서는 자음 'ㅇ'과 'ㅁ'이 연결되는데, 두 음운 모두 비음이므로 음운론적 강도가 동일하다.

한편, '빈손'의 음절 간 경계에서는 자음 'ㄴ'과 'ㅅ'이 연결되는데, 'ㄴ'은 비음이고 'ㅅ'은 안울림 예사소리이므로, 두 음절 초성의 음운론적 강도가 더 높다. 1문단 마지막 문장에 따르면, 이처럼 앞 음절 종성보다 뒤 음절 초성의 음운론적 강도가 더 높은 것은 음절 초성의 강도를 높게 유지하여 음절 간 경계를 명확히 하려는 언중의 무의식적 노력에 따른 것이다. 즉, 이를 참고할 때 언중들은 앞 음절 종성과 뒤 음절 초성의 음운론적 강도가 같은 '강물'보다는 뒤 음절 초성의 음운론적 강도가 더 높은 '빈손'의 음절 간 경계가 더 명확하다고 여길 것이다.

36. ③
* 정답 해설
③ ⓒ의 '달님'은 앞 음절 종성에 유음 'ㄹ'이 오고 뒤 음절 초성에 비음 'ㄴ'이 오고 있으므로, 앞 음절 종성이 뒤 음절 초성보다 강도가 낮은 음절 연결 제약을 만족한다. 따라서 음절 연결 제약의 위배를 해소하기 위한 음운 변동은 '달님'에서는 나타날 수 없다. 그러나 [A]에서 음절 연결 제약의 예외로 'ㄹ' 뒤에 'ㄴ'이 올 때 'ㄴ'이 'ㄹ'로 교체되거나 선행하는 'ㄹ'이 탈락하는 음운 연결 제약의 예가 제시되는데, '달님[달림]'은 이 음운 연결 제약의 예로 볼 수 있다. 즉, '달님'은 음절 연결 제약을 위배하지 않지만, 음운 연결 제약이 우선하여 작용함에 따라 [달림]으로 실현되고 있으므로, 제시된 선지의 설명은 적절하다.

* 오답 해설
① ⓐ의 '섭리'는 앞 음절 종성에 안울림 예사소리 'ㅂ'이 오고 뒤 음절 초성에 유음 'ㄹ'이 와서 앞 음절 종성의 강도가 더 높은 음운 환경을 이룬다. 이때 앞 음절 종성 'ㅂ'의 강도가 낮아져서 'ㅁ'이 되는 음운 변동과 뒤 음절 초성 'ㄹ'의 강도가 높아져서 'ㄴ'이 되는 음운 변동이 일어나야만 '섭리'가 [섬니]로 실현될 수 있다. 즉 [A]의 설명에 따르면 '섭리→[섬니]'는 첫째 유형과 둘째 유형의 음운 변동이 모두 일어난 셋째 유형에 해당한다. 그런데 ⓑ의 음운 변동은 앞 음절 종성 'ㄴ'의 강도가 낮아져 'ㄹ'이 되는 음운 변동으로서 첫째 유형에 해당하고, ⓔ의 음운 변동은 앞 음절 종성 'ㅂ'의 강도가 낮아져 'ㅁ'이 되는 음운 변동으로서 마찬가지로 첫째 유형에 해당한다. 즉 ⓐ의 음운 변동은 ⓑ와 ⓔ 유형의 음운 변동이 일어난 것만으로는 설명할 수 없다.
② ⓑ의 '권력'은 앞 음절 종성 'ㄴ'이 강도가 더 낮은 'ㄹ'로 교체됨에 따라 [궐력]으로 실현되고 있다. 이를 볼 때 ⓑ의 '권력'에서 뒤 음절 초성 'ㄹ'의 강도는 변하지 않는다.

④ ⓓ의 '생산량'은 앞 음절 종성에 비음 'ㄴ'이 오고 뒤 음절 초성에 유음 'ㄹ'이 옴에 따라 앞 음절 종성의 강도가 뒤 음절 초성의 강도보다 더 높은 경우이므로, 음절 연결 제약을 위배한다.

⑤ '톱날'이 [톰날]로 실현되는 것을 보면, 앞 음절 종성 'ㅂ'이 'ㅁ'으로 교체되어 음운론적 강도가 낮아지고 있다. 그리고 앞 음절 종성과 뒤 음절 초성에 모두 비음이 오면서 두 소리의 음운론적 강도가 같아지고 있다.

37. ⑤

정답 해설

⑤ 〈보기 1〉에 따르면, '-아/어지다'가 타동사 어근에 결합하면 피동의 의미를, 형용사나 자동사에 결합하면 상태 변화의 의미를 나타낸다. ⓜ에서 '그리다'는 항상 목적어를 요구하는 타동사로, 타동사의 어근에 '-아/어지다'가 결합하여 피동의 의미를 나타내고 있다. 참고로, 형용사 어근에 '-어지다'가 결합하여 상태 변화를 나타내는 경우로 '학교가 달라지니 친구하고도 멀어지는구나.' 등의 예문을 들 수 있다.

오답 해설

① 〈보기 1〉에 따르면 중세 국어에서는 피동 요소가 결합하지 않고 타동사가 바로 피동의 의미를 나타내기도 한다. ㉠에서 '박거늘'의 '박다'는 '…에 …을'과 같이 목적어를 요구하는 타동사이다. 그런데 이때 ㉠ '뫼해 살이 박거늘'에서는 타동사가 목적어를 요구하지 않는 자동사로 쓰이고 있으며, 현대어 풀이 '화살이 박히거늘'을 보면 피동의 의미를 나타냄을 알 수 있다.

② 〈보기 1〉에 따르면 피동 표현은 타동사 어근에 피동 접사가 결합한 파생적 피동이나 '-아/어지다'가 결합한 통사적 피동으로 나뉜다. ㉡에서 '둪다'는 '덮다'의 옛말이다. '두피고'의 현대어 풀이는 '덮이고'인데, 이때 '덮다'는 목적어를 요구하는 타동사이다. 이를 통해 '두피고'의 '둪-'도 목적어를 요구하는 타동사에 해당함을 추론할 수 있다. 즉, ㉡에서 '두피고'는 타동사 어근 '둪-'에 피동 접사 '-이-'가 결합한 파생적 피동 표현에 해당함을 알 수 있다.

③ 〈보기 1〉에 따르면 피동문은 목적어가 없는 문장이지만, 특수하게 목적어를 요구하는 문장도 있다. ㉢에서 '앗이리니'의 현대어 풀이는 '빼앗길 것이니'인데, 이때 '빼앗다'는 목적어를 요구하는 타동사이다. 일반적으로 타동사에 피동 접사가 결합하면 목적어를 요구하지 않는 자동사가 되는데, '빼앗다'에 피동 접사가 결합한 '빼앗기다'는 특수한 경우로 항상 목적어를 요구한다. ㉢에서도 타동사 어간 '앗-'에 피동 접사 '-이-'가 결합한 '앗이리니'는 '나라흘'과 같은 목적어를 필수적으로 요구하고 있다.

④ ㉣에서 '읽히다'는 어근 '읽-'에 피동 접사 '-히-'가 결합한 것으로, '읽다'가 목적어를 요구하던 것과 달리 '읽히다'는 목적어를 요구하지 않는 자동사이다. ㉣에도 목적어가 제시되어 있지 않으므로, '읽히다'는 어근에 피동 접사가

결합하여 목적어가 없는 자동사가 된 것임을 알 수 있다.

38. ②

* 정답 해설

② 〈보기〉에 따르면 과거 시제를 나타내기 위해 관형사형 전성 어미를 활용할 수 있다. '높은 목표를 세워야 성장할 수 있다.' 중 '높은'에 관형사형 전성 어미 '-(으)ㄴ', '성장할'에 관형사형 전성 어미 '-(으)ㄹ'이 쓰였는데, 두 관형사형 전성 어미는 각각 '목표'의 현재 상태와 미래의 가능성을 나타내며 과거 시제가 아니다.

* 오답 해설

① '가더라'에는 선어말 어미 '-더-'가 쓰여 화자가 과거에 경험한 사실을 나타냄으로써 과거 시제가 실현되고 있다.

③ '잠겼다'에는 선어말 어미 '-었-'이 쓰였는데, 이를 통해 과거 목이 잠긴 상태가 현재까지 이어지고 있음을 나타내고 있다.

④ '갔다'에는 선어말 어미 '-았-'이 쓰였는데, 이때 '-았-'은 문맥상 '비가 계속 내'리기 때문에 오늘 예정된 소풍이 제대로 진행되지 않을 것이라는 인식을 나타낸다. 즉, 과거 시제 선어말 어미 '-았/었-'이 과거가 아니라, 어떠한 일이 미래에 실현되리라는 인식을 나타낸다고 볼 수 있다.

⑤ '피었었다'에는 선어말 어미 '-었었-'이 쓰였다. 여기 울타리에 장미꽃이 피는 사태가 작년까지는 이어졌으나, 현재인 올해에는 이어지지 못하였음을 나타내기 위해 '-었었-'이 활용된 것으로 볼 수 있다.

39. ⑤

* 정답 해설

⑤ ㉤은 '내 말을 듣기'라는 명사절이 안긴문장으로 포함되어 있다. 이는 '내 말을 듣다.'라는 문장에 명사형 어미 '-기'가 결합하여 명사절을 형성한 것이다. 이때 '내 말을 듣기(가) 싫거든'에서 알 수 있듯이, 명사절이 주격 조사와 결합하지 않고 문장에서 주어 역할로 기능함을 알 수 있다. 따라서 ㉤의 안긴문장이 조사와 결합하지 않은 것은 적절하나, 부속 성분이 아닌 주성분으로 쓰였음을 알 수 있다.

* 오답 해설

① ㉠은 '어제 산'이 후행하는 명사 '꽃'을 수식하고 있으므로, 관형절임을 알 수 있다. 이는 '어제 (꽃을) 사다.'라는 문장에 관형사형 어미 '-ㄴ'이 결합하여 관형절을 형성한 것이다.

② ㉡은 '그 일을 다 끝내라'라는 인용절이 안긴문장으로 포함되어 있다. 이는 '그 일을 다 끝내다.'라는 문장에 간접 인용을 나타내는 조사 '고'가 결합하여 인용절을 형성한 것이다.

③ ㉢은 '그녀가 그 사건의 진짜 범인임'이라는 명사절이 안긴문장으로 포함되어 있다. 이는 '그녀가 그 사건의 진짜 범인이다.'라는 문장에 명사형 어미 '-(으)ㅁ'이 결합하여

명사절을 형성한 것이다. 한편, '그녀가 그 사건의 진짜 범인임이 밝혀졌다.'에서 명사절이 주격 조사 '이'와 결합하여 문장에서 주어로 기능하고 있음을 알 수 있다.

④ ㉣은 '발에 땀이 나도록'이라는 부사절이 안긴문장으로 포함되어 있다. 이는 '발에 땀이 나다.'라는 문장에 부사형 어미 '-도록'이 결합하여 부사절을 형성한 것이다. 이때 부사절 '발에 땀이 나도록'은 문장에서 부사어로 기능하므로 부속 성분으로 쓰였음을 알 수 있다. 또한 안긴문장이 조사와 결합하고 있지 않으므로, 선지의 진술은 적절하다.

40. ④
* 정답 해설

④ ⓓ에서는 '당류의 과잉 섭취는 혈관성 치매, 후천성 당뇨병, 암의 위험 증가의 원인이 될 수 있습니다.'라는 자막을 활용하고 있다. 그런데 이 내용은 전문가의 발화를 요약하고만 있을 뿐이다. ⓓ에서 전문가의 발화 내용과 관련한 정보들을 새로 추가하여 인과 관계를 드러내고 있는 부분은 찾을 수 없다.

* 오답 해설

① ⓐ의 하단에서는 '[생활 정보 콕콕!]이 끝나면 날씨 예보가 이어집니다.'라는 자막을 통해 이후의 방송 순서를 안내하고 있다. 이는 이후 방송에 대한 시청자의 관심을 유도하기 위한 것으로 볼 수 있다.

② ⓑ에서는 기자가 언급하지 않은 정보인 19~29세의 일일 칼로리 대비 평균 당류 섭취량을 제시하고 있다. 이는 기자의 발화에서 언급되지 않은 정보까지 제시하여 정보를 보다 구체적으로 나타낸 것으로 볼 수 있다.

③ ⓒ에서는 기자가 '탄산음료와 빙과류'라고만 발화한 것을 보완하여 탄산음료와 빙과류에 속하는 구체적인 음식을 이미지 자료로 제시하고 있다. 이는 해당 내용에 대한 시청자의 이해를 도울 수 있을 것이다.

⑤ ⓔ에서는 물을 나타낸 그림 위에 기호 'O'를, 탄산음료를 나타낸 그림 위에 기호 'X'를 겹치는 방식을 활용하였다. 이를 통해 탄산음료를 대신해 시원한 물을 선택하여 수분을 보충해야 한다는 권고 사항을 제시하고 있다.

41. ②
* 정답 해설

② ㉡의 '는'은 '어떤 대상이 다른 것과 대조됨을 나타내는 보조사'이다. ㉡에서 기자는 국민 전체의 일일 칼로리 대비 평균 당류 섭취량은 세계보건기구의 하루 권고 기준량에 미치지 못하지만, 유아와 청소년에서는 이 기준을 초과한다고 설명하고 있다. 여기서 '는'은 유아와 청소년의 당류 섭취량 수준이 국민 전체의 당류 섭취량 수준과 대비됨을 강조하기 위해 쓰인 것으로 볼 수 있다.

* 오답 해설

① ㉠의 '-ㄴ다면서'는 연결 어미가 아니라 들어서 아는 사

실을 확인하여 물을 때 쓰는 종결 어미이다. 또한 ㉠에서 어떤 두 가지 행동이 동시에 일어나고 있음을 드러내고 있지는 않다.

③ ㉢의 '특히'는 '보통과 다르게'라는 의미의 부사이다. ㉢에서는 다른 계절에 비해 여름철에 탄산음료와 빙과류의 섭취량이 증가한다는 점을 강조하기 위해 '특히'라는 부사를 사용하고 있다. ㉢에서는 오히려 여름철에 발생하는 식생활의 변화가 보편적임을 전제하고 있다.

④ ㉣의 '-ㄹ까'는 질문을 위한 종결 어미이다. 그런데 기자는 ㉣에서 당류를 과잉 섭취하지 않을 수 있는 방안에 대해 설명할 것임을 알리기 위해 질문의 형식을 사용하고 있을 뿐, 당류 섭취를 줄여야 하는 이유에 대한 시청자의 이해를 점검하고 있는 것은 아니다.

⑤ ㉤의 '수'는 '어떤 일을 할 만한 능력이나 어떤 일이 일어날 가능성'을 나타내는 의존 명사이다. 그런데 기자는 ㉤에서 당류 섭취량의 감소를 위해 제철 과일을 섭취해야 한다고 말하고 있을 뿐, 당류 섭취량의 감소로 인한 효과를 예측하고 있지는 않다.

42. ③
* 정답 해설

③ (가)에서는 "다음으로 여름철에는 빙과류보다는 비타민과 무기질이 풍부한 제철 과일을 섭취할 수 있어야 합니다."라고 설명하고 있다. 학생 3은 이에 주목하여 보도에서 언급하지 않은 내용에 대한 궁금증을 드러내고 있다. 그러나 학생 3이 보도 내용의 타당성에 대해 부정적으로 평가하고 있는 것은 아니다.

* 오답 해설

① (가)에서는 "특히 여름철에는 탄산음료와 빙과류의 섭취량이 늘어나므로, 다른 계절에 비해 당류 섭취량이 증가합니다."라고 설명하고 있다. 학생 1은 이에 주목하여 (가)의 보도가 여름에 접어드는 시점에 방영되었음을 언급하며 보도 내용의 시의성 측면을 긍정적으로 평가하고 있다.

② (가)에서는 당류 섭취량과 관련하여 "세계보건기구의 하루 권고 기준량"이 "10%"라고 설명하고 있다. 학생 2는 이에 주목하여 해당 내용이 일상생활에서 적용되기에 편리함을 언급하고 있으므로 선지의 내용은 적절하다.

④ (가)에서는 "음료를 고를 때에는 품질인증 마크가 있는 제품을 선택해야 합니다."라고 설명하며 화면으로 품질인증 마크의 이미지를 보여 주고 있다. 학생 4는 이에 대해 긍정적으로 평가하고 있다.

⑤ (가)에서는 "당류의 과잉 섭취는 기억력의 중추 역할을 하는 해마를 위축시켜 혈관성 치매 위험을 높입니다. 또한 후천성 당뇨병을 넘어 다양한 암의 위험도 높아질 수 있습니다."라고 설명하고 있다. 학생 5는 이에 주목하여 혈관성 치매와 당류 과잉 섭취의 연관성은 비교적 자세히 설명하면서도 암과 당류 과잉 섭취의 연관성은 자세히 설명하지 않았음을 지적하고 있으므로 선지의 내용은 적

절하다.

43. ⑤
정답 해설
⑤ (나)에서는 콜라 그림에는 손가락을 아래로 내린 그림을, 물에는 손가락을 위로 올린 그림을 덧붙여 탄산음료 대신 물을 마셔야 함을 강조하고 있다. 그러나 (나)에서 당류가 포함된 음식으로 제시된 것은 탄산음료뿐이며, 당류가 포함된 음식들이 병렬된 부분은 찾을 수 없다.

오답 해설
① (나)에서는 '우리나라 12~18세의 일일 섭취 칼로리 대비 당류 섭취량'이 '10.8%'임을 제시하고 있다. 이는 (가)에 제시된 자료에서 '△△고등학교 캠페인'에 걸맞은 수용자인 고등학생 나이에 해당하는 부분을 선별하여 제시한 것으로 볼 수 있다.
② (나)에서는 '△△고등학교 친구들아! 하루에 단 음식을 얼마나 먹니?'에서 수용자를 △△고등학교 학생으로 제한하고 있다. (가)는 텔레비전 보도라는 점에서 이는 수용자 범위가 축소된 것으로 볼 수 있다. 이렇게 수용자 범위를 축소하고 직접 호명한 것은 메시지에 대한 관심을 유도하기 위한 전략이다. 또한 (나)는 전체적으로 비격식체를 활용하여 수용자에게 친근감을 부여함으로써 메시지의 전달 효과를 높이고 있다.
③ (나)에서는 '청소년기의 습관은 평생 가니까!'를 학생이 말하는 이미지로 제시하고 있다. 이는 (가)에서 기자가 "어린 시절 형성된 당류 섭취 습관은 성인 시기까지 이어질 수 있어 유의해야 합니다."라고 말한 내용을 반영한 것이다.
④ (나)에서는 '탄산음료 대신 물을 마시자!'라는 문구를 통해 (가)에서 제시한 당류 섭취량을 줄이는 방안 중 하나를 선택해 표현하고 있다. (가)에서는 해당 방안을 "가장 일상적으로 쉽게 실천할 수 있는 방법"이라고 설명하고 있다.

44. ①
정답 해설
① 진행자는 "(그림을 보여 주며) 자, 이게 오늘 필요한 준비물입니다. 혹시 필요하신 분은 지금 이 화면을 카메라로 찍어서 저장해 두시면 좋을 것 같아요."에서 크루아상을 만들기 위해 필요한 준비물을 그림으로 제시하면서 해당 정보를 저장할 수 있는 방법으로 화면을 카메라로 찍을 것을 안내하고 있다. 이는 화면에 표시할 수 있는 정보의 양에 한계가 있는 실시간 인터넷 방송의 특성상 화면에 해당 정보를 계속 띄워둘 수 없기 때문이다.

오답 해설
② 진행자는 "(미리 준비한 반죽을 꺼내며) 짠! 시간 관계상 반죽은 미리 해 왔어요."에서 반죽을 미리 준비해 왔음을 밝히고 있다. 따라서 진행자가 반죽을 만드는 과정이 생략

되었으므로 이를 최대한 자세히 보여 주었다는 선지의 내용은 적절하지 않다.
③ 진행자는 "혹시 크루아상이 무슨 뜻인지 아시나요? 정답을 맞히는 분께 제가 오늘 크루아상을 만드는 데 사용할 '□□버터'를 보내 드릴게요. 저에게만 보이게 비밀 댓글을 체크하고 보내 주세요."에서 퀴즈와 함께 사은품에 대해 안내하고 있다. 그러나 이는 방송 도입부에 이루어진 발화에 해당하므로, 방송 끝 부분에 사은품을 증정할 것임을 알려 준다고 할 수 없다.
④ 진행자는 "오늘 처음 오신 분들은 왼쪽 아래 구독을 누르시면 새로운 영상이 올라갈 때마다 알림을 받으실 수 있어요."에서 구독을 통해 방송에 대한 알림을 받을 수 있음을 설명하고 있다. 그러나 화면에는 접속자 수만 표시되고 있을 뿐, 계정의 구독자 수는 표시되고 있지 않다.
⑤ 진행자는 '□□버터 광고가 포함되어 있습니다.'라는 문구를 통해 방송에 광고가 포함되었음을 알리고 있으며 실제 방송에서도 □□버터에 대해 설명하고 있다. 그러나 제시된 화면에서 해당 제품을 구매할 수 있는 경로를 제시하고 있는 부분은 찾을 수 없다.

45. ⑤
*** 정답 해설**
⑤ [E]에서 진행자는 '빵덕후'의 긍정적 반응을 보고 "빵덕후님, 감사합니다."라며 감사를 표하고 있다. 이는 진행자와 '빵덕후' 간의 일대일 소통이 이루어지고 있다고 볼 수 있으므로 선지의 내용은 적절하지 않다.

*** 오답 해설**
① [A]는 "저에게만 보이게 비밀 댓글을 체크하고 보내 주세요."라는 진행자의 요청에 맞게 '방송 진행자에게만 보이는 댓글'로 전송되었다. 이를 통해 수용자가 자신의 글이 노출되는 범위를 한정할 수 있음을 알 수 있다.
② [B]에서 '빵순이'는 진행자가 제시한 화면에 오타가 있음을 언급하고 있으며 진행자는 이를 반영하여 정보를 수정할 것을 안내하고 있다. 이는 수용자의 직접적인 평가가 방송 내용에 반영되는 위 방송의 특성을 보여 주는 것으로 적절하다.
③ [C]에서 '비행기'가 방송의 진도를 따라가지 못하겠다고 말하자 진행자는 "방송이 끝나면 바로 제 계정에 오늘 방송이 그대로 올라가니까요. 잠깐 방송 멈추셨다가 반죽 완성되면 다시 방송 보면서 진행하시면 됩니다."라고 말하고 있다. 즉, 수용자는 꼭 실시간 방송에 참여하지 않더라도 언제든 해당 방송을 다시 시청할 수 있는 것이다. 따라서 해당 방송의 정보를 수용하는 데에 시공간적 제약이 존재하지 않는다.
④ [D]에서 진행자는 '똥손'의 댓글을 통해 버터가 많이 녹아 있는 상태임을 깨달은 후, "이럴 때는 버터를 냉장고에 넣어 좀 차갑게 해 주시면 됩니다."라는 정보를 추가하고 있다.